Geschichte
der deutschen
Literatur
2

Herausgeber:
Joachim Bark
Dietrich Steinbach †

Klassik

Romantik

Von Wilhelm Große
und Ludger Grenzmann

Ernst Klett Schulbuchverlag Leipzig
Leipzig · Stuttgart · Düsseldorf

Geschichte der deutschen Literatur
NEUAUSGABE

Herausgeber: Joachim Bark
Dietrich Steinbach †

Klassik verfasst von Wilhelm Große
Romantik verfasst von Ludger Grenzmann

9 783123 474316

1. Auflage A 1 [5 4 3 2 1] | 2006 2005 2004 2003 2002

Dieses Werk folgt der reformierten Rechtschreibung und Zeichensetzung. Ausnahmen bilden Texte, bei denen künstlerische, philologische oder lizenzrechtliche Gründe einer Änderung entgegenstehen.

Alle Drucke dieser Auflage können im Unterricht nebeneinander benutzt werden, sie sind untereinander unverändert. Die letzte Zahl bezeichnet das Jahr des Druckes.

Internetadresse: http://www.klett-verlag.de

Redaktion:	Dr. Gabriela Scherer
Umschlag:	Prof. Frank Neubauer, Leipzig
Layout und Satz:	Ernst Klett Schulbuchverlag Leipzig GmbH, Leipzig
Repro:	Huth & Möller, Leipzig
Druck:	Ludwig Auer GmbH, Donauwörth

ISBN: 3-12-347431-3

Vorwort zur ersten Ausgabe

Wie und zu welchem Ende schreibt man heute eine Literaturgeschichte? Und was vermag ihr Studium zu bewirken? So mag Schillers Frage, unter die er am 26. Mai 1789 seine berühmte Antrittsvorlesung in Jena gestellt hat, abgewandelt werden: Was heißt und zu welchem Ende studiert man Universalgeschichte? Zwischen der Literaturgeschichte und einigen Ansichten von Schillers Geschichtsdeutung einen – zwar sehr lockeren – Zusammenhang zu stiften, bedeutet, die Voraussetzungen zu erhellen, die diese Geschichte der deutschen Literatur in ihren inhaltlichen und methodischen Grundannahmen, ihrer Zielsetzung und Darstellungsweise geprägt haben (Schillers weltgeschichtliche Perspektive hat hier freilich keine Entsprechung):
Demnach kommt es nicht darauf an, den Gang der Literatur vollständig und scheinbar unmittelbar im Gang der Literaturgeschichte einfach zu wiederholen, womöglich in allen einzelnen Schritten und Schöpfungen. Die universalhistorische Blickrichtung ist vielmehr bestrebt, das „zusammenhängende Ganze" zu sehen, den Gang der Literatur als Prozess zu erkennen. Von daher wird eine „Ordnung der Dinge" gestiftet. „Verkettungen", Gliederungen und Zusammenhänge werden ins Werk gesetzt. Dies bewirkt Zusammenziehungen und Auslassungen, die ein „Aggregat" von Einzelstücken zum epochengeschichtlichen „System" erheben. Darin ist ein weiteres Moment des Geschichtsverständnisses beschlossen: Dem universalhistorischen Blick erscheint die Vergangenheit auch im Licht der Gegenwart, in der Perspektive der „heutigen Gestalt der Welt" und des „Zustands der jetzt lebenden Generation", so dass stets auch „rückwärts ein Schluss gezogen und einiges Licht verbreitet werden kann". Wechselseitige Erhellung von Einst und Jetzt wird daher möglich. [...]
Es geht um historisches Verstehen von Literatur, das sich zugleich selbst als etwas Geschichtliches begreift. Die historische Besinnung verliert allerdings ihren Grund, sobald frühere Epochen und Werke im Aneignungsprozess allein vom heutigen Standpunkt aus betrachtet und kritisiert werden. Die historische Dimension wird durch bloße Aktualisierung verkürzt, das Verstehen um die Möglichkeit der wechselseitigen Erhellung von Vergangenheit und Gegenwart gebracht. Verloren geht die Spannung zwischen Traditionsbewahrung und Traditionskritik. Es kommt vielmehr darauf an, die Literatur auch aus ihrer Zeit, aus dem Erfahrungsraum und der geschichtlichen Konstellation ihrer Epoche zu verstehen. Der geschichtliche Gehalt einer bestimmten Zeit und Epoche liegt in den Werken selbst, in ihrem historischen und literarischen Eigensinn. Die (auch widerspruchsvolle) Einheit von Geschichte und Kunstcharakter deutlich zu machen, ist die vornehmste Aufgabe der Literaturgeschichte.

Diese Vorstellungen versucht die vorliegende Literaturgeschichte einzulösen. Sie gliedert den Literaturprozess in Epochen von der Aufklärung bis zur Gegenwart. Mit der Epoche der Aufklärung zu beginnen, hat gute historische Gründe: Sie setzt, mit dem Anbruch des bürgerlichen Zeitalters, nicht nur eine deutliche geschichtliche Zäsur; sie ist auch das Epochenfundament der Folgezeit über die Romantik hinaus. Auch wenn man sich nicht, wie im Falle der Aufklärung, auf das Selbstverständnis der schreibenden und lesenden Zeitgenossen berufen kann, besteht kein Grund, von den bislang gängigen Bezeichnungen für die großen Epochen der Literaturgeschichte abzugehen. Doch muss deutlich bleiben, dass es sich hierbei um eine Konstruktion handelt, die eine Verständigung über die jeweiligen Zeiträume und ihre Literaturen ermöglicht. Das Urteil dessen, der ein Werk als exemplarisch für einen geschichtlichen Zeitraum auswählt und an ihm Epochenaspekte darlegt, ist subjektiv; es ist Wertung und muss sich im Verlauf des Lesens und Verstehens bewähren.
Damit ist schon einiges gesagt über die Art und Weise, in der diese Literaturgeschichte dem Ziel nahe kommen will, die Kluft zwischen der ästhetischen Betrachtung des Einzelwerks und der historischen Erschließung einer Epoche zu überbrücken. Es soll wenigstens tendenziell eine Einheit zwischen Literatur und Geschichte gestiftet werden. Deshalb verzichtet dieses Werk auf eine je vorausgehende Gesamtdarstellung der Epochen, in die die einzelnen Werke hernach kurzerhand eingeordnet werden müssten. Solche epochalen Überblicke, losgelöst von den literarischen Individualitäten, den Werken, bleiben unsinnlich; sie führen zu Verkürzungen, weil sie einen Drang zur Einlinigkeit haben. Der Blick auf das einzelne Werk soll auch nicht dadurch verengt werden, dass ein Abriss der politischen und kulturellen Verhältnisse vorausgeschickt wird.
Mittelpunkt der Darstellung sind die einzelnen Werke. Die Darlegung ihrer ästhetischen Struktur soll die Erhellung der Epochenstruktur fördern; die Aspekte, die zum Verständnis der Poesie fruchtbar sind, taugen auch zur Skizze des literaturgeschichtlichen Zeitraums. Dabei trägt nicht nur das „Meisterwerk" die Zeichen seiner geschichtlichen Zeit in sich; zuweilen können gerade an dem unvollkommenen, aber weit verbreiteten und insofern für die Literaturrezeption typischen Werk die Züge der Epoche abgelesen werden. Der Autor tritt in den Hintergrund. Schriftstellerbiografien werden daher nur kursorisch eingeblendet, wenn sie etwas zum Verständnis der epochentypischen Werke beitragen.
Am besten wird die geistige Spannweite einer Epoche sichtbar, wenn unterschiedliche, unter dem epochenerhellenden Aspekt antipodische Werke oder Gattungsreihen in Konstellationen einander gegenübergestellt werden, die einen aufschlussreichen geschichtlichen Augenblick der Epoche er-

fassen. In derartigen „Zusammenstößen“ von Autoren und Werken, die auf die Herausforderung ihrer Zeit gegensätzlich reagieren, lässt sich die Gleichzeitigkeit von Gegensätzen erkennen.
Um die Literaturgeschichte nicht nur als Epochengeschichte, sondern auch als Nachschlagewerk tauglich zu machen, sind den Kapiteln, die unter je einem epochentypischen Aspekt stehen, tabellarische Übersichten von inhaltlich zugehörigen Werken vorangestellt. Eine Synopse von Daten zur Literatur und Philosophie sowie allgemeinen kulturgeschichtlichen und politischen Daten beschließt die Bände.
Die Form dieser Literaturgeschichte macht es nicht möglich, Bezüge zu wissenschaftlicher Literatur ausdrücklich auszuweisen.
Joachim Bark *Dietrich Steinbach †*

Vorwort zur Neuausgabe

Die Konzeption dieser Literaturgeschichte stammt aus den späten 1970er-Jahren, der Text war das Ergebnis langer und intensiver Diskussionen von Leuten, die das Reformjahrzehnt in Universität und Schule aktiv miterlebt haben. Nach sorgfältiger Prüfung der Konzeption gut zwanzig Jahre später sind die damals Beteiligten – auch im Gedenken an Dietrich Steinbach, den Spiritus Rector der Unternehmung – zum Schluss gekommen, dass die wissenschaftliche Anlage und die didaktische Ausrichtung immer noch, vielleicht sogar: gerade heute, Sinn machen. Denn die Annäherung an historische Zeiträume der Literatur und Künste gleichsam von unten, vom Werk und seiner Eigenart, sodann von der Gattungsentwicklung her erlaubt die Nachzeichnung der Physiognomie eines solchen Zeitraums in der Weise einer subjektiven, in ihren Argumentationsschritten nachvollziehbaren Lektüre.
Gleichwohl wurde viel geändert, in der mittlerweile angehäuften Forschungsliteratur recherchiert und, vor allem im 6. Band, neu geschrieben; Neuausgabe meint: über die Einarbeitung neuer Forschung und über eine eventuelle Neubewertung des einzelnen Literaturwerks oder eines ganzen Œuvres hinaus auch die Einbeziehung neuer literaturtheoretischer und -didaktischer Positionen. Dass all dies möglich geworden ist, verdankt sich dem spontanen Interesse und der Arbeitsfreude der damals Beteiligten, dem erfreulich leicht gemachten Zugewinn neuer Mitarbeiter und dem Angebot des Verlages, den Umfang zu erweitern, das Bildmaterial zu ergänzen und – vor allem – eine ständige Redakteurin zur Verfügung zu stellen.
Stuttgart, im Oktober 2001 *Joachim Bark*

Zu diesem Band

„Klassik“ ist in Deutschland weitgehend als „Weimarer Klassik“ verstanden worden, die ihre Physiognomie aus der Spezifik der von Goethe und Schiller zwischen 1786 und 1805 verfassten Werke erhält. Sie scheint identisch mit dem Wirken dieser beiden Autoren. Doch besonders die Schaffenszeit Goethes greift über die „Klassik“ hinaus, gehört auch anderen literarischen Epochen an. – Die Kennmarken der deutschen „Romantik“ lassen sich aus der literarischen Theorie und Praxis von Schlegel, Novalis und Tieck in den Jahren um 1800 gewinnen. Da diese Autoren um diese Zeit in engster Verbindung miteinander arbeiten, ähneln sich ihre Grundsätze, ihre Schreibweisen, ihre Themen in hohem Maß. Eine Reihe von Autoren lässt sich ihnen zugesellen, die, zeitlich unmittelbar anschließend, ihren Grundsätzen verpflichtet ist.
So faszinierend die Epocheneinteilung in „Klassik“ und „Romantik“ mit ihren zeitweise parallelen, aber kontrastiven Richtungen ist, die großen Einzelnen dieser Jahre machen sie problematisch: Jean Paul, Hölderlin, Kleist. Sie fügen sich nicht dem gewählten Epochenschema, können aber auch nicht als „Mischtypen“ abgetan werden. Ihr außergewöhnlicher dichterischer Rang liegt in der persönlichen Ausprägung klassischer und romantischer Ideen und Formen, in der persönlichen Einschmelzung älterer Traditionen, in der Wirkung auf Zeitgenossen und Spätere begründet. Die traditionelle epochengliedernde Literaturgeschichtsschreibung hat ihnen behelfsweise ein gemeinsames Zwischenkapitel gewidmet. Doch sie stellen keine geschlossene dritte Strömung oder Richtung dar: Gemeinsam ist ihnen zunächst nur ihre diese Epochenaufteilung aufbrechende Statur. Jeder von ihnen ist eine eigene Kraft, jeder ist fast seine eigene „Epoche“.
Je reicher eine Zeit an disparaten, großen Gestalten ist, um so schwerer wird die Herausarbeitung der vielfältigen Facetten und Gegenrichtungen fallen. Eine Literaturgeschichte in Epochen stößt hier an ihre Grenzen in der Bevorzugung des Typischen vor dem Besonderen.

Inhaltsverzeichnis

Erster Teil: Klassik

Zweiter Teil: Romantik

Erster Teil: Klassik

1 Einführung in die Epoche

1.1 Gebrauch der Begriffe „Klassik“ und „klassisch“ bei Goethe und Schiller

Weder Goethe noch Schiller beziehen die Bezeichnung „klassisch“ auf ihr eigenes Werk; auch bezeichnen sie die Zeit, in der sie schreiben, nicht als „Deutsche Klassik“. Im Gegenteil: In einem Aufsatz über den „Literarischen Sansculottismus“ (1795), erschienen im ersten Jahrgang der von Schiller herausgegebenen Zeitschrift „Die Horen“, schreibt Goethe:
„Wir wollen die Umwälzung [gemeint ist die Französische Revolution] nicht wünschen, die in Deutschland klassische Werke vorbereiten könnte.“ Er fragt: „Wann und wo entsteht ein klassischer Nationalautor?“ und gibt folgende Antwort:

„Wenn er in der Geschichte seiner Nation große Begebenheiten und ihre Folgen in einer glücklichen und bedeutenden Einheit vorfindet, wenn er in den Gesinnungen seiner Landsleute Größe, in ihren Empfindungen Tiefe und in ihren Handlungen Stärke und Konsequenz nicht vermisst; wenn er selbst vom Nationalgeiste durchdrungen, durch ein einwohnendes Genie sich fähig fühlt, mit dem Vergangenen wie mit dem Gegenwärtigen zu sympathisieren; wenn er seine Nation auf einem hohen Grade der Kultur findet, sodass ihm seine eigene Bildung leicht wird [...] und so viele äußere und innere Umstände zusammentreffen, dass er kein schweres Lehrgeld zu zahlen braucht, dass er in den besten Jahren seines Lebens ein großes Werk zu übersehen, zu ordnen und in einem Sinne auszuführen fähig ist.“

Von diesen Bedingungen sieht Goethe nur wenige erfüllt. Es mangelt an der wichtigsten Voraussetzung: „Einen vortrefflichen Nationalschriftsteller kann man nur von der Nation fordern.“ Eine Nation ist aber Deutschland zu dieser Zeit keineswegs. Durch seine „geographische Lage eng zusammengehalten“, ist es „politisch zerstückelt“. Und jene revolutionären Umwälzungen, die nötig wären, aus Deutschland eine Nation zu machen, will Goethe angesichts der Französischen Revolution nicht wünschen. Es fehlt „ein Mittelpunkt gesellschaftlicher Lebensbildung“, ein „großes Publikum ohne Geschmack“ beherrscht die literarische Szene. Der Schriftsteller lebt isoliert innerhalb einer „durch alle Teile des großen Reiches zerstreuten Menge“, und er sieht sich zumeist dem Zwang ausgesetzt, sich „aus Sorge für einen Unterhalt“ Arbeiten hinzugeben, „die er selbst nicht achtet“, durch die er sich aber die Mittel verschaffen muss, „dasjenige hervorbringen zu dürfen, womit sein ausgebildeter Geist sich allein zu beschäftigen strebt“.

Wissend um die Trostlosigkeit der deutschen Zustände, begreifen weder Goethe noch Schiller ihre eigene Zeit als eine Zeit der „Deutschen Klassik." Wo sie von „Klassik" sprechen, meinen sie entweder die Tendenz der Kunst zur „Klassizität" im Sinne formvollendeter dichterischer Größe und „Simplizität", die Schiller in der griechischen Kunst vorgebildet sieht, oder sie meinen mit „klassisch" „antik", wie Goethe, wenn er in der fünften „Römischen Elegie" schreibt: „Froh empfind ich mich nun auf klassischem Boden begeistert." Sieht man einmal von Goethes späterer Verwendung des Begriffs „klassisch" als Oppositionsbegriff zu „romantisch" im Sinne des Gegensatzes „objektiv"/„subjektiv" bzw. „gesund"/„krank" ab, lehnen sich somit Goethe und Schiller ganz an den üblichen Gebrauch des Begriffs „klassisch" im 18. Jahrhundert an.

1.2 Begriffsgeschichtliche Aspekte: „klassisch", „Klassik"

Der lateinische Ausdruck „classicus" gilt zunächst in Rom der Bezeichnung von Angehörigen der höchsten Vermögensklasse (classis prima). Der steuerrechtliche Terminus wird erst in der Spätantike von dem Gelehrten Gellius auf den „Autor von Rang" übertragen. Im 18. Jahrhundert schließlich wird der Begriff „klassisch" zum ersten Male auch von deutschen Schriftstellern verwandt. 1748 spricht man in Bezug auf Gottscheds „Grundlegung einer Deutschen Sprachkunst" von einem „klassischen", d. h. mustergültigen bzw. meisterhaften Werk. Da die abendländische Kultur seit dem Mittelalter, insbesondere aber seit der Renaissance, in der Antike Vorbild und Maßstab fand, erweitert sich die Bedeutung des Begriffs „klassisch" im deutschen wie vorher schon im französischen Sprachraum, indem „klassisch" und „antik" nun miteinander gleichgesetzt werden. Klassische Autoren sind demnach die antiken Autoren, aber auch die nicht antiken, jedoch nach den Maßstäben der Antike gemessenen, mustergültigen Autoren einer Nation. Entsprechend bezeichnet „Klassik" die gesamte griechisch-römische Antike, dann aber auch die wesentlichen Kulminationspunkte einer kulturgeschichtlichen Entwicklung überhaupt.

Neben die historische Bedeutung („klassisch" im Sinne von „antik") und neben die normative für mustergültige, aufgrund bestimmter Normen den antiken Schriftstellern gleichgestellte neuzeitliche Autoren und Künstler tritt schließlich noch eine dritte Bedeutung: „Klassisch" ist nun auch die Bezeichnung für einen bestimmten Stil, den man als „harmonisch", „maßvoll", „in sich vollendet", „ausgewogen in Form und Inhalt", „ausgereift" glaubt charakterisieren zu können.

1.3 „Deutsche Klassik" als Produkt der nationalpolitischen Literaturgeschichtsschreibung des 19. Jahrhunderts

Erst die Literaturgeschichtsschreibung des 19. Jahrhunderts spricht von der Zeit Schillers und Goethes als der Zeit der „Deutschen Klassik". Erstmals gebraucht *Heinrich Laube* diesen Begriff in seiner „Geschichte der deutschen Literatur" (1839) als Epochenbezeichnung für die Zeit von Lessing bis Goethe, die er mit „Das Klassisch-Deutsche" überschreibt. Er folgt dabei einem Periodisierungsschema, wie es einige Jahre zuvor *Georg Gottfried Gervinus* in seiner „Geschichte der poetischen National-Literatur der Deutschen" (1834) geprägt hatte. Gervinus, der als einer der Göttinger Sieben 1837 seines Amtes als Professor an der dortigen Universität enthoben wurde, Mitarbeiter an der propreußisch-liberal gesinnten „Deutschen Zeitung" und Mitglied der Frankfurter Nationalversammlung plante eine Literaturgeschichte, in der „durch die scheinbar chaotische Mannigfaltigkeit [der Literatur] aus der Ferne ein Gesetz der Entwicklung" zu erblicken war. Die Vollendung der gesamten deutschen Literatur sieht Gervinus in den klassischen Werken Goethes und Schillers. Die „Deutsche Klassik" als Kulminationspunkt der geistigen Entwicklung der Deutschen sei das Versprechen, das nun auch politisch durch die Einigung Deutschlands und dessen demokratische Umgestaltung eingelöst werden müsse. Der Vollendung der deutschen Nationalliteratur, in der „Goethe und Schiller zu einem Kunstideal zurückführten, das seit den Griechen niemand mehr als geahnt hatte", sollte eine nationale Blütezeit folgen.
Der von Gervinus vorgeschlagenen Periodisierung der deutschen Literaturgeschichte folgen im Wesentlichen die Literaturhistoriker des 19. Jahrhunderts. Mit der Reichsgründung von 1871 verschieben sich jedoch die politischen Bezüge dieser Art der Literaturgeschichtsschreibung. Was Gervinus noch als Aufgabe in der Zukunft erschienen war, scheint mit der Reichsgründung selbst eingelöst worden zu sein. Die Klassik als geschichtliches Vorbild und als Mahnung wird nun zum Besitz und zur Bestätigung. In den „Klassikern" Schiller und Goethe spiegelt sich das deutsche Bürgertum, in ihnen findet es Selbstbestätigung und Glorifizierung. Die Klassik wird in den Dienst der Nation und der Germanisierung gestellt, sie wird ihres europäischen Kontextes im 18. Jahrhundert wie auch ihrer eigenen Widersprüche beraubt. Dabei gerät zu sehr in Vergessenheit, dass es vor allem Goethe war, der im Vermittlungsversuch von Antike und Moderne Zeitgrenzen wohl reflektiert zu sprengen versuchte und gleichzeitig nicht nur ein Werk hinterlassen wollte, in dem „mustergültig" einzelne Literaturgattungen vorgestellt wurden, sondern das sich parallel dazu auch einem Konzept von „Weltliteratur" angliederte, das jede nationale Verengung zugunsten einer orchestralen

Harmonie unterschiedlichster nationaler Stimmen zu überwinden versuchte: „Nationalliteratur will jetzt nicht viel sagen; die Epoche der Weltliteratur ist an der Zeit, und jeder muss jetzt dazu wirken, diese Epoche zu beschleunigen." (Goethe im Gespräch mit Eckermann, 31. 1. 1827) Brieflich äußerte sich Goethe zum Sinn seines Projektes „Weltliteratur": „Hierbei lässt sich ferner die Bemerkung machen, dass dasjenige, was ich Weltliteratur nenne, dadurch vorzüglich entstehen wird, wenn die Differenzen, die innerhalb der einen Nation obwalten, durch Ansicht und Urteil der übrigen ausgeglichen werden." (Goethe an Boisserée, 12. 10. 1827)

1.4 Gefahren der Enthistorisierung der „Deutschen Klassik"

Die ideologische und politische Inanspruchnahme der Klassiker durch das deutsche Bürgertum verschuldete die Enthistorisierung der „Deutschen Klassik", zwang den Werken Schillers und Goethes den Schein des Überzeitlichen auf, gewann ihnen „ewige" Stilnormen und Gehalte ab und verkürzte das literarische Geschehen, indem sie aus dem Zeitraum zwischen 1780 und 1805 nur noch den Werken Schillers und Goethes Geltung zuerkannte. Solche verengte und unhistorisch wertende Literaturgeschichtsschreibung verstellt die Sicht auf die literarische Entwicklung. Sie verdrängt beispielsweise den europäischen Kontext des Klassizismus, innerhalb dessen auch die Werke Goethes und Schillers stehen. Sie lässt Kleist, Jean Paul oder Hölderlin zu Randfiguren des literarischen Geschehens werden. Sie ist außerdem blind für literarische Strömungen, die sich parallel zur Weimarer Klassik entwickeln oder ungebrochen fortsetzen. Dazu gehören beispielsweise die Literatur der sog. Spätaufklärung und der literarische Jakobinismus. Da sie ihren Blick nur auf den literarischen Höhenkamm einstellt, bemerkt sie nicht, von welchen Zeugnissen der literarische Markt beherrscht wird, und verzichtet so auf die Möglichkeit, das Weimarer Literaturkonzept u. a. auch als eine Gegenbewegung eines kleinen Kreises von Intellektuellen gegen die Masse der Trivialliteratur der Zeit zu verstehen.

Es geht nicht an, die Weimarer Klassik aus ihrem literarischen Umfeld herauszulösen. Sie integriert das in Aufklärung und Sturm und Drang Geleistete, hebt es in Form einer Synthese auf höherer Ebene auf. Der Prozess literarischer Entwicklung macht es schwer, feste Grenzen zu ziehen. Bezeichnend ist, dass in der literaturgeschichtlichen Forschung der DDR die Klassik als Kulminationspunkt der bürgerlichen Aufklärung galt, zu der auch der Sturm und Drang gerechnet wurde. Für die englische Forschung existierte lange Zeit die Klassik als Epoche gar nicht, Goethe und Schiller galten als Romantiker.

1.5 Grundzüge der Epoche

Geht es um die Abgrenzung der Epoche, sind einige Schwierigkeiten zu bedenken:
Die Literatur der so genannten Weimarer Klassik ist in die europäische Literatur am Ausgang des 18. Jahrhunderts verwoben. Sie ist auch der Tradition der deutschen Aufklärung und den Impulsen des Sturm und Drang verpflichtet, und ihre Grenzen zur Romantik verschwimmen. Anfang und Ende der Weimarer Klassik lassen sich anhand von historischen Ereignissen oder anhand des Erscheinens bestimmter literarischer Werke nicht eindeutig bestimmen. Auch fällt es schwer zu entscheiden, welche Schriftsteller der Weimarer Klassik zuzurechnen sind. Dennoch ist es gerechtfertigt, die Weimarer Klassik als einen bestimmten Abschnitt innerhalb der Entwicklung der deutschen Literatur herauszustellen. Dafür gibt es folgende Gesichtspunkte:

a) Die Klassik ist eine Abgrenzungsbewegung in mehrfacher Hinsicht. Goethe und Schiller lösen sich aus dem Kreis der Sturm-und-Drang-Autoren, wechseln an den Weimarer Hof über, kooperieren schließlich in ihrer schriftstellerischen Arbeit. Im Schutze dieses Bundes wehren sich beide gegen literarische Erscheinungen, die ihren Prinzipien nicht verpflichtet sind. Dies trifft zum einen Jean Paul, Hölderlin, Kleist und sodann die Jenaer Gruppierung der Frühromantiker. Zum andern bedeutet die von ihnen streng eingehaltene Ausrichtung der Literatur auf einen kleinen Kreis von Lesern den Kampf gegen die sich immer weiter verbreitende Trivialliteratur.

b) Goethe und Schiller erfahren die Begrenztheit des Menschlichen und entwickeln den Sinn für die Objektivität in Natur und Geschichte. Die Absolutsetzung des Ichs, seiner Subjektivität, weicht der Erfahrung der „Grenzen der Menschheit".

   Goethes und Schillers Aufhebung des Sturm und Drang hat den Wechsel der literarischen Formen und die Orientierung an antiken literarischen Mustern zur Folge.

c) Aus dem erneuten Versuch, Subjektivität und Objektivität miteinander harmonisch zu vermitteln, gehen Entwürfe der Humanität hervor, die in den Ideen der Toleranz und einer fortschreitenden Menschheitsgeschichte zum Teil noch dem Denken der Aufklärung verpflichtet sind. Die Antike als Zeit gelebter Humanität wird erinnernd vergegenwärtigt. Sie stellt z. B. im Schönheitsideal (Kalokagathie) oder in der Harmonie von Vernunft und Sinnlichkeit die Orientierungspunkte für eine neue Lebensweise vor.

   Die Weimarer Klassik formuliert ein Erziehungsprogramm. Sie entwirft im autonomen Kunstwerk einen Vor-Schein der harmonisch ausgebildeten Individualität. Überzeugt davon, dass sich nur durch das ausgebildete Individuum auch das Gemeinwesen zur geglückten Sozietät entwickle, gestaltet sie idealisierte Modelle der Persönlichkeitsentfaltung, in der die Vermittlung von Objektivität und Subjektivität gelingt. In dem Bildungsideal zeichnet die Klassik der Zeit eine Möglichkeit vor, den Zustand der Entfremdung zu überwinden, damit der Mensch sich „nicht in dieser Entfremdung verliere, und dass vielmehr von allem, was er außer sich vornimmt, immer das erhellende Licht und die wohltätige Wärme in sein Inneres zurückstrahle" (Humboldt).

d) Auch wenn die Klassiker versuchen, Literatur und Tagespolitik voneinander getrennt zu halten, ist dennoch ein großer Teil ihrer Werke als indirekte Auseinandersetzung mit der Französischen Revolution zu verstehen. Sie vermeiden zwar, die Literatur politischen Zwecken zu unterstellen oder direkt Stellung zu nehmen wie der literarische Jakobinismus, der die Literatur zum Medium politischer Erziehung umfunktioniert. Aber sie streben die ästhetische Versöhnung an, in der ein Ausgleich zwischen Adel und Bürgertum möglich wird. Während die Jakobiner Partei für die Revolution nehmen, setzen Schiller, Goethe und auch Hölderlin auf Reform, die durch die ästhetische Erziehung unterstützt oder vorbereitet werden soll. So formuliert Schiller programmatisch in der Ankündigung der „Horen", dass in der Zeitschrift „alle [...] Beziehungen auf den jetzigen Weltlauf und auf die nächsten Erwartungen der Menschheit" verboten seien. Das Publikationsorgan der Klassiker will sich von dem „allverfolgenden Dämon der Staatskrise" absetzen und die Gemüter durch ein „allgemeines und höheres Interesse an dem, was rein menschlich und über allen Einfluss der Zeiten erhaben ist, wieder in Freiheit [...] setzen und die politisch geteilte Welt unter der Fahne der Wahrheit und Schönheit wieder [...] vereinigen". Alles soll ausgeschieden sein, „was mit einem unreinen Parteigeist gestempelt ist." Der Kunst ist es aufgegeben, „wahre Humanität zu befördern. Man wird streben, die Schönheit zur Vermittlerin der Wahrheit zu machen und durch die Wahrheit der Schönheit ein dauerndes Fundament und eine höhere Würde zu geben."

Trotz dieser Beteuerungen, sich ganz und gar aus dem Tagesgeschäft der Politik fernhalten zu wollen, kann der Höhepunkt der Weimarer Klassik nicht von der politischen Situation Weimars in der Mitte der neunziger Jahre des 18. Jahrhunderts abgelöst gedacht werden, denn der Frieden von Basel 1795 sicherte dem Herzogtum Sachsen-Weimar weitgehende Unabhängigkeit von den Großmächten und damit eine Phase relativer Ruhe vor den Revolutionskriegen, so dass von einer programmatischen Sublimierung der politischen Neutralität durch die Weimarer Klassik ge-

sprochen werden kann. Wie sich Weimar seine Neutralität bewahrt, bewahrt das Kunstwerk seine ästhetische Autonomie, indem es jede zweckrationale, utilitaristische Vereinnahmung von sich weist; es ist ein selbständiges, in sich ruhendes, in sich selbst Vollendetes, das den „ganzen Endzweck seines Daseins in sich selber hat", wie es Karl Philipp Moritz in seiner Abhandlung „Über die bildende Nachahmung des Schönen" programmatisch formulierte.
Dem entspricht auf Seiten des Künstlers dessen Selbstgesetzgebung, auf Seiten des rezipierenden Subjekts dessen Selbstbestimmung. Aus dem Chaos der Politik resultiert die Suche nach der Ordnung im Kunstwerk als utopischem Entwurf. Die Funktionslosigkeit macht die Kunst politisch unangreifbar und befreit sie wie die Wissenschaft von jeder Willkür:
Schiller formuliert es so: „Von allem, was positiv ist und was menschliche Konventionen einführten, ist die Kunst wie die Wissenschaft losgesprochen, und beide erfreuen sich einer absoluten Immunität von der Willkür der Menschen." („Über die ästhetische Erziehung des Menschen")

1.6 Möglichkeiten der Periodisierung

Es besteht weitgehend darüber Einigkeit, für die Klassik den Zeitraum zwischen 1786 und 1805 anzusetzen. Maßgeblich für diese Eckdaten ist Goethes Bekenntnis, seine Italienreise (1786–1788) sei für ihn eine „Wiedergeburt" gewesen. Durch den frühen Tod Schillers im Jahre 1805 findet das Bündnis zwischen Goethe und Schiller ein jähes Ende. Es scheint jedoch angebracht, die Darstellung der Klassik bereits mit Goethes Ankunft am Weimarer Hof im Jahre 1775 beginnen zu lassen, denn mit den ersten Weimarer Jahren werden wichtige Grundlagen der Weimarer Klassik geschaffen. Folgende Orientierungsdaten bieten sich für eine Binnengliederung an:

1775–1786	Goethes erster Aufenthalt in Weimar
1785–1787	Schiller in Leipzig und Dresden
1786–1794	Goethes erste und zweite Italienreise; Französische Revolution, Teilnahme Goethes an der Campagne in Frankreich und der Belagerung von Mainz
1789	Schillers Übersiedlung nach Jena
1794–1805	Bündnis Schillers mit Goethe und gemeinsame literarische Arbeit bis zu Schillers Tod

Es ergibt sich für eine literaturgeschichtliche Darstellung die Schwierigkeit, das Spätwerk Goethes einzuordnen, widersetzt es sich doch jeglicher Epochenzuweisung. Aus Gründen der Übersichtlichkeit soll jedoch hier das

Spätwerk im Zusammenhang der Klassik dargestellt werden. Für eine solche Einordnung spricht zumindest, dass Goethes Alterswerk in vieler Hinsicht der Versuch ist, die von ihm aufgebaute klassische Position rückgängig zu machen. Gerade die Widerlegung seines eigenen klassischen Werkes durch sein Alterswerk sollte skeptisch machen und Vorsicht im Umgang mit den Klassikern und der ihnen angedichteten überzeitlichen Kunstnorm walten lassen.

1.7 Klassik als literarisches Experiment

Man dürfte den Autoren der Weimarer Klassik näher kommen, wenn man sich Nietzsches Rat aus seiner zweiten „Unzeitgemäßen Betrachtung" zu eigen macht und die Klassiker als „Suchende" begreift.

„Was urteilt aber unsere Philisterbildung über [die Klassiker]? Sie nimmt sie einfach als Findende und scheint zu vergessen, dass jene selbst sich nur als Suchende fühlten. Wir haben ja unsere Kultur, heißt es dann, denn wir haben ja unsere ‚Klassiker'. Das Fundament ist nicht nur da, nein auch der Bau steht schon auf ihm gegründet – wir selbst sind dieser Bau. Dabei greift der Philister an die eigene Stirn. Um aber unsere Klassiker so falsch beurteilen und so beschimpfend ehren zu können, muss man sie gar nicht mehr kennen: und dies ist die allgemeine Tatsache. […] Ihnen das so nachdenkliche Wort ‚Klassiker' anzuhängen und sich von Zeit zu Zeit einmal an ihren Werken zu ‚erbauen', das heißt, sich jenen matten und egoistischen Regungen überlassen, die unsere Konzertsäle und Theaterräume jedem Bezahlenden versprechen; auch wohl Bildsäulen stiften und mit ihrem Namen Feste und Vereine bezeichnen – das alles sind nur klingende Abzahlungen, durch die der Bildungsphilister sich mit ihnen auseinander setzt, um im übrigen sie nicht mehr zu kennen, und um vor allem nicht nachfolgen und weiter suchen zu müssen."

Die Klassik ist aufgrund der historischen Konstellation ein einmaliges literarisches Experiment einer sich autonom setzenden Literatur, das in seinem ästhetischen Konzept nicht allgemein verbindlich gemacht werden kann. Die von den Weimarern verkündete und verwirklichte Autonomie der Dichtung meint nicht deren Zeitenthobenheit, sondern die Freisetzung der Literatur von außerliterarischen Zwecken, und als solche ist sie eine ganz spezifische Antwort auf eine bestimmte historische Situation.

1 *Ansicht von Weimar, um 1780. Kolorierter Kupferstich von G.M.Kraus. Foto: Archiv für Kunst und Geschichte, Berlin.*

2 *Das 1774 abgebrannte Residenzschloss in Weimar. Aquarell von F.C.A. Starcke. Foto: Archiv für Kunst und Geschichte, Berlin.*

3 *Das alte Hoftheater in Weimar, um 1800. Holzstich nach einer Zeichnung von O. Schulz. Foto: Bildarchiv Preußischer Kulturbesitz, Berlin.*

4 *Rekonstruktion des Zuschauerraumes im Weimarer Hoftheater nach dem Umbau durch N. F. Thouret, 1798. Zeichnung von A. Pretzsch. Foto: Stiftung Weimarer Klassik/Goethe-Nationalmuseum, Weimar.*

5 *Schiller: „Wallensteins Lager", Dekoration und Gruppenbild. Kolorierter Stich von Christian Müller. Foto: Bildarchiv Preußischer Kulturbesitz, Berlin.*

So wie es der Stich von G.M. Kraus (um 1780) zeigt (Abb. 1), hat Weimar sich Goethe präsentiert, als er 1775 auf Einladung des Herzogs Karl August dort seinen Wohnsitz nahm. Man hatte nach dem Schlossbrand von 1774 (Abb. 2), durch den die Bühne vernichtet wurde, nicht mehr Theater gespielt. Ersatzweise richtete Anna Amalia, die Mutter Karl Augusts, ein Liebhabertheater ein. Erst 1784 erhielt Weimar wieder ein Berufstheater (Abb. 3), das mit einem Zuschuss von 300 Talern und manchen sonstigen Vergünstigungen vom Hofe unterstützt wurde. Josef Bellomo leitete das Theater, bis Goethe 1791 die Direktion übernahm; erst 1817 gab er sie wieder ab. Die Innenraumgestaltung (Abb. 4) ist ein Beispiel für die der Antike architektonisch nachempfundene Klassizität. Erste Versuche einer Historisierung in Kostüm und Dekoration (Abb. 5 und 6), aber auch der Hang zu empfindsamer Gestaltung (Abb. 7) und zugleich zur Allegorisierung (Abb. 8) machen jene Mischung der Stile in der Bühnenpraxis der damaligen Zeit deutlich, in die Goethe durch die hohe Stilisierung von Deklamation, Gestik und Mimik einen weiteren Akzent brachte.

6 *Schiller: „Wallensteins Tod", III. 23: Max' und Theklas Abschied. Kolorierter Stich von J. C. E. Müller, nach einem Original von Johann August Nahl, d. Ä. Foto: Stiftung Weimarer Klassik/Goethe-Nationalmuseum, Weimar.*

7 Schiller: „Wilhelm Tell", IV. 1, Weimarer Bühnenbild. Kolorierte Radierung von C. G. Hammer nach C. L. Kaaz, 1804. Foto: Stiftung Weimarer Klassik/Goethe-Nationalmuseum, Weimar.

8 Entwurf für den Vorhang des Weimarer Theaters von G. M. Kraus, 1805. Nach: Hans Knudsen: Goethes Welt des Theaters. Ein Vierteljahrhundert Weimarer Bühnenleitung. Verlag des Druckhauses Tempelhof, Berlin 1949, S. 61.

2 Weimar als literarisches Zentrum

2.1 Weimar zur Zeit Goethes

Am 7. November 1775 traf Goethe, einer Einladung Karl Augusts von Weimar folgend, in Weimar ein. Die Gründe, die ihn dazu bewogen hatten, Frankfurt zu verlassen, waren zum einen die Unzufriedenheit mit seiner juristischen Berufstätigkeit in Frankfurt, zum andern der Wunsch, sich in einem neuen Wirkungsfeld, konfrontiert mit neuen Aufgaben, selbst zu erziehen und seine Kraft der Phantasie an der Empirie zu überprüfen. In einem Brief an seine Mutter rechtfertigt er nachträglich seinen Entschluss, gegen den Willen des republikanisch gesinnten Vaters an den weimarischen Musenhof zu gehen:

„Das Unverhältnis des engen und langsam bewegten bürgerlichen Kreises zu der Weite und Geschwindigkeit meines Wesens hätte mich rasend gemacht. Bei der lebhaften Einbildung und Ahndung menschlicher Dinge, wäre ich doch immer unbekannt mit der Welt, und in einer ewigen Kindheit geblieben, welche meist durch Eigendünkel, und alle verwandte Fehler, sich und anderen unerträglich wird. Wie viel glücklicher war es, mich in ein Verhältnis gesetzt zu sehen, dem ich von keiner Seite gewachsen war, so ich durch manche Fehler, des Unbegriffs und der Übereilung mich und andere kennen zu lernen, Gelegenheit genug hatte, wo ich, mir selbst und dem Schicksal überlassen, durch so viele Prüfungen ging, die viele hundert Menschen nicht nötig sein mögen, deren ich aber zu meiner Ausbildung äußerst bedürftig war."

Weimar mit seinen nicht ganz 6000 Einwohnern bildete den Marktflecken für das umliegende Land und den Regierungssitz für die vereinigten Herzogtümer Weimar und Eisenach. Ohne Industrie, ohne einen ausgeprägten Mittelstand bestand die Bevölkerung Weimars zu gut einem Drittel aus Dienstboten und Gelegenheitsarbeitern, zu fast zwei Fünftel aus Kaufleuten und Handwerkern und zu mehr als einem Viertel aus Staats- und Stadtbeamten oder Angehörigen akademischer Berufe. Eine deutliche Kluft ging durch die Bevölkerung zwischen einer Hand voll höfischer Adliger, den Tüchtigeren unter den Angehörigen akademischer Berufe und höheren Beamten einerseits und der einfachen Bevölkerung andererseits. Weimar, „nicht eine kleine Stadt, sondern [eher] ein großes Schloss" – wie Madame de Staël bemerkt –, war ganz auf den Hof hin ausgerichtet. In dieser Umgebung von „kleinstädtischen Spießbürgern, welchen man weder die Verfeinerung einer Hofstadt noch sonderlichen Wohlstand anmerkt", – wie ein anonymer Schriftsteller in seinen „Reisen durch Thüringen" berichtet –, fand Goethe am Hof dennoch einige für ihn interessante und wichtige Persönlichkeiten, die von der kunstliebenden Mutter Karl Augusts, Anna Amalia, – sie hatte gerade ihre Regentschaft an ihren Sohn abgetreten –, nach Weimar berufen worden waren. Zu diesem Kreis gehörten: Wieland als Prinzenerzieher (seit 1772); Charlotte von Stein, die Frau des weimarischen Stallmeisters, zu der Goethe über zehn Jahre ein besonders enges Verhältnis hatte; die Hofdame Luise von Göchhausen; Johann Karl Musäus, der Herausgeber der Volksmärchen der Deutschen; Karl Ludwig von Knebel, Erzieher des Prinzen Konstantin und bekannt als Übersetzer antiker Dichtung; schließlich der Drucker und Verleger Friedrich Justin Bertuch. In späteren Jahren zählten zum engeren Weimarer Kreis noch der weimarische Kanzler Friedrich von Müller, der Kunstgelehrte Johann Heinrich Meyer, der Philologe Friedrich Wilhelm Riemer und Goethes späterer Sekretär und Gesprächspartner Johann Peter Eckermann. Auf Goethes Anregung hin erhielt Johann Gottfried Herder 1776 die Stelle eines Generalsuperintendenten, schließlich siedelte Schiller 1799 endgültig von Jena nach Weimar über, womit der Grundstein einer bis zu Schillers Tod währenden schriftstellerischen Zusammenarbeit und Partnerschaft gelegt war.

2.2 Das Bündnis zwischen Schiller und Goethe

Johann Wolfgang von Goethe/Friedrich Schiller:
Xenien (1796)
Balladen (1797/98)

Die Freundschaft zwischen Schiller und Goethe datiert seit 1794. Eine erste Begegnung im Jahre 1788 war ohne Folgen geblieben. Anlässlich eines Geburtstagsbriefes, in dem Schiller ein treffendes Charakterbild Goethes zeichnet, gesteht Goethe in einem Antwortschreiben vom 27. 8. 1794 an Schiller:

„Ich habe den redlichen und so seltenen Ernst, der in allem erscheint, was Sie geschrieben und getan haben, immer zu schätzen gewusst, und ich darf nunmehr Anspruch machen, durch Sie selbst mit dem Gange Ihres Geistes, besonders in den letzten Jahren, bekannt zu werden. Haben wir uns wechselseitig die Punkte klar gemacht, wohin wir gegenwärtig gelangt sind, so werden wir desto ununterbrochener gemeinschaftlich arbeiten können."

Die gemeinschaftliche Arbeit ist von Anfang an daraufhin angelegt, angesichts der aus den politischen Ereignissen im Zuge der Französischen Revolution überall zu beobachtenden Parteiungen ein Gegenmodell freundschaftlichen Umgangs zu leben. In einem Schreiben an Fritz von Stein spricht Goethe demzufolge seine Hoffnung aus, mit Schiller „gemeinschaftlich zu arbeiten, zu einer Zeit, wo die leidige Politik und der unselige körperlose Parteigeist alle freundschaftlichen Verhältnisse [...] zu zerstören droht." Was das Bündnis zwischen beiden Dichtern ermöglichte, war zum einen ihr gemeinsames Interesse an Antike und Renaissance, zum andern die Verstörung durch die Ereignisse in Frankreich und Deutschland; was ihr Bündnis so fruchtbar werden ließ, waren die unterschiedlichen Vorlieben für die Naturwissenschaften auf Seiten Goethes, für Philosophie und Geschichte auf Seiten Schillers und die daraus resultierenden Spannungen: Schiller ging von der an der kantischen Philosophie orientierten spekulativen Idee aus, Goethe von der Anschauung, dem „beobachtenden Blick, der so still und rein auf den Dingen ruht."

Zeugnisse der gemeinsamen Arbeit sind die Zeitschriften *„Horen"* und *„Propyläen"*. Schiller ermunterte Goethe zur Umarbeitung des so genannten *„Urmeister"* (= Wilhelm Meisters theatralische Sendung) zu *„Wilhelm Meisters Lehrjahre"*, zur Weiterarbeit am *„Faust"*. Er spielte die Rolle des Kunstrichters bei der Entstehung von Goethes *„Hermann und Dorothea"* und den *„Unterhaltungen deutscher Ausgewanderten"*, bearbeitete, da er von Goethe zur Mitarbeit am Weimarer Hoftheater eingeladen wurde, dessen *„Egmont"*. Goethe wiederum beriet Schiller bei der Konzeption seiner Dramen (*„Wallenstein"*, *„Maria Stuart"* usw.).

Ein Jahr nach Erscheinen der gemeinsam verfassten „Xenien" im „Musenalmanach für das Jahr 1797" dokumentierte sich erneut, aber jetzt in ganz anderer Weise, die fruchtbare Zusammenarbeit zwischen Schiller und Goethe. Beide hatten im Zuge ihrer vornehmlich brieflich ausgetragenen Diskussion über eine Neubestimmung der literarischen Gattungen und deren Wirkung ihr früheres Interesse für die Ballade erneuert, die Goethe später als den „Urtypus der Poesie" bestimmte, „weil hier die Elemente noch nicht getrennt, sondern wie in einem lebendigen Ur-Ei zusammen sind", aus dem sich durch weitere Differenzierung die lyrische, epische und dramatische Behandlung eines Stoffes als verschiedene Möglichkeiten seiner literarischen Verarbeitung ergeben. Die wichtigsten Balladen, die in den Jahren 1797/98 und in den folgenden Jahren entstanden, sind Schillers *„Der Ring des Polykrates"*, *„Der Handschuh"*, *„Der Taucher"*, *„Die Kraniche des Ibykus"*, *„Die Bürgschaft"*, *„Der Graf von Habsburg"* und Goethes *„Der Schatzgräber"*, *„Die Braut von Korinth"*, *„Der Gott und die Bajadere"*, *„Der Zauberlehrling"*, das *„Hochzeitslied"*, *„Der Totentanz"* und *„Ballade"*.

Sicherlich festigte das Bündnis zwischen Schiller und Goethe die gemeinsame Arbeit. Was es aber insbesondere absicherte, war die Faszination darüber, im anderen jeweils das notwendige Komplement zu sich selbst gefunden zu haben. Nach der Schiller'schen Typologie (s. Schillers Abhandlung *„Über naive und sentimentalische Dichtung"*, 1795/96) trafen sich hier der „Idealist" und der „Realist", der „sentimentalische" und der „naive" Dichter. Unverkennbar trug auch zu dem guten Verhältnis zwischen Schiller und Goethe bei, dass sie sich gemeinsam gegen den Sturm und Drang als eine in ihren

Augen überwundene Phase der Literatur aussprachen und in ihrem ablehnenden Urteil gegenüber Kleist, Hölderlin und Jean Paul übereinstimmten. Außerdem distanzierten sie sich gemeinsam von der Trivialliteratur der Zeit. Dieser dreifache Distanzierungsversuch ließ die Übereinstimmung zwischen ihnen umso größer werden.

2.3 Distanzierungsversuche

Johann Wolfgang von Goethe:
Einfache Nachahmung der Natur, Manier und Stil (1789)
Friedrich Schiller: Verbrecher aus verlorener Ehre (1786)
Über Bürgers Gedichte (1791)
Otto Heinrich Freiherr von Gemmingen:
Der deutsche Hausvater (1780)
August Wilhelm Iffland: Verbrechen aus Ehrsucht (1784)
Die Hagestolzen (1793)
Christian August Vulpius:
Rinaldo Rinaldini der Räuberhauptmann. Eine romantische Geschichte unseres Jahrhunderts (1798)
August von Kotzebue: Die deutschen Kleinstädter (1803)

2.3.1 Distanzierung vom Sturm und Drang

Goethes Gang nach Weimar als Versuch, sich von seiner Sturm-und-Drang-Phase zu distanzieren, trug symptomatische Züge, denn wie er versuchten auch andere Sturm-und-Drang-Autoren, von ihrer bisherigen Existenz- und Schreibweise Abstand zu gewinnen. Goethe wählte den Weimarer Hof als ein kulturelles Zentrum, denn die hier gepflegte höfische Kultur, die verfeinerten Lebensformen, die kultivierten Kommunikationsweisen galten dem bürgerlichen Dichter als Ideal einer ästhetischen Lebensweise.
Jakob Michael Reinhard Lenz musste bemerkt haben, dass sich Goethe in Weimar von der historisch überholten Sturm-und-Drang-Gruppierung mit aller Gewalt losreißen wollte. In seinem 1776 entstandenen, erst später in den „Horen" (1797) erschienenen, Fragment gebliebenen Roman „Der Waldbruder" der als Pendant zu „Werthers Leiden" gedacht war, porträtierte er in der Gestalt Rothes Goethe. In einem Brief an die Hauptfigur Herz, in die Lenz seine eigene Biografie einzeichnete, heißt es:

„Ich [Rothe] lebe glücklich wie ein Poet, das will bei mir mehr sagen, also glücklich wie ein König. Man nötigt mich überall hin und ich bin überall willkommen, weil ich mich überall hinzupassen und aus allem Vorteil zu ziehen weiß. [...] Die Selbstliebe ist immer das, was uns die Kraft zu den andern Tugenden geben muss, merke dir das, mein menschenliebiger Don Quischotte! [...] Ich weiß, du knirschest die Zähne zusammen, aber mein Epikureismus führt doch wahrhaftig weiter, als Dein tolles Streben nach Luft- und Hirngespinsten."

Auch Schillers Kritik an *Bürger* („Über Bürgers Gedichte") aus dem Jahre 1791 ist nicht nur die Abrechnung mit einem Sturm-und-Drang-Autor, sondern zugleich die Kritik an einer dem Sturm und Drang eigentümlichen Tendenz zur Volkstümlichkeit (s. Gottfried August Bürgers Abhandlung „Von der Popularität der Poesie", 1784, und „Herzensausguß über Volkspoesie", 1776). Schiller übersieht bewusst Bürgers betont publikumsbezogenen Stil, der seinen Leser erschüttern und aufrütteln will und mit grellen Effekten, Kontrasten, vor allem zugespitzten antithetisch gebauten Dialogen, einprägsamen Wiederholungen, Lautmalereien und einer sinnlich-drastischen Gebärdensprache in seinen Balladen und seinen zum Teil antiaristokratisch ausgerichteten Gedichten operiert. Mit geradezu philisterhafter Kleingeistigkeit distanziert sich Schiller von dem ausdrücklich als „Volkssänger" sich verstehenden Bürger, indem er ihm vorwirft, dass seine „Muse überhaupt einen zu sinnlichen, oft gemeinsinnlichen Charakter zu tragen scheine, dass ihm Liebe selten etwas anderes als Genuss oder sinnliche Augenweide, Schönheit oft nur Jugend, Gesundheit, Glückseligkeit nur Wohlleben sei". Er tadelt an Bürger, dass dieser sich „ausschließlich der Fassungskraft des großen Haufens" bequeme und dabei auf den Beifall auch „der gebildeten Klasse" verzichte, statt den „ungeheuren Abstand, der zwischen beiden sich befinde, durch die Größe seiner Kunst aufzuheben und beide Zwecke vereinigt zu verfolgen". Von klassischer Position her geurteilt, mangelt es Bürger als dem Repräsentanten des Sturm und Drang demnach an „Idealisierkunst", an jener Kraft der Sublimation, dank deren das Sinnliche und Leidenschaftliche, „das Individuelle und Lokale" zum Allgemeinen, zur „Vollkommenheit" und „Harmonie" erhoben werden könnte.

Eben dieses „innere Ideal von Vollkommenheit, das in der Seele des Dichters wohnt", vermissen Goethe und Schiller auch an Kleist, Jean Paul und Hölderlin, denn nicht nur einige Sturm-und-Drang-Autoren wie Klinger und Lenz zog Weimar magnetisch an (Goethe gewährte beiden Aufnahme, unternahm jedoch nichts, als sie sich kompromittierten und vom Hofe verwiesen wurden), sondern auch diese jungen Autoren fühlten sich durch Weimar angezogen. Sie wählten dort zumindest für kurze Zeit ihr Domizil, Hölderlin und Kleist unterwarfen sogar ihre Werke dem Urteil Goethes und Schillers, maßen sich an diesen beiden und wollten an ihnen gemessen werden.

2.3.2 Distanzierung von Jean Paul, Hölderlin, Kleist, den Romantikern und den Schriftstellerinnen

Charlotte von Kalb, die Freundin Schillers und Hölderlins, lud *Jean Paul* nach Weimar ein. Der „Kampf- und Tummelplatz des Geistes", wie Jean Paul Weimar treffend bezeichnete, war ein kompliziertes Gelände. 1796 wurde er vor allem im Kreise Herders sehr herzlich aufgenommen, aber allzubald geriet er in das weimarische Cliquenwesen. Man spielte ihn, obwohl er einer der am meisten gelesenen Autoren seiner Zeit war, wegen seiner Subjektivität gegen die Objektivität der Klassiker aus; andererseits profitierte er von den Klassikern, indem sich sein in dieser Zeit verfasster Roman „Titan" den Ideen der Klassiker näherte. Seine Unterstützung Herders bei der Auseinandersetzung mit Kant trug ihm zwar Herders ganze Sympathie ein, bedingte aber gleichzeitig die reservierte Haltung, die Goethe und Schiller ihm gegenüber an den Tag legten, selbst als Jean Paul für längere Zeit (1798–1800) sein Domizil in Weimar einrichtete.
Distanziert hatten sie schon seinen Besuch im Jahre 1796 aufgenommen. So schrieb Goethe am 22. Juni 1796 an Schiller: „Richter [Jean Paul] ist ein kompliziertes Wesen, dass ich mir die Zeit nicht nehmen kann, Ihnen meine Meinung über ihn zu sagen." Schiller antwortete nach der ersten Begegnung: „Ich habe ihn ziemlich gefunden, wie ich ihn erwartete; fremd wie einer, der aus dem Mond gefallen ist, voll guten Willens und herzlich geneigt, die Dinge außer sich zu sehen, nur nicht mit dem Organ, womit man sieht."
So fremd und darum – trotz aller Achtung – letztlich unannehmbar wie Jean Paul erschien auch *Hölderlin* Goethe und Schiller. Und das, obwohl sich Hölderlin in seiner ersten Schaffensphase außer an Klopstock insbesondere an der Lyrik Schillers orientierte. Charlotte von Kalb sorgte dafür, dass er sich in Jena, später dann in Weimar ansiedelte. Schiller nahm sich Hölderlins, seines „liebsten Schwaben", zunächst gern an, und auch noch während Hölderlins Aufenthalt in Frankfurt im Hause Gontard blieb der Kontakt zu Schiller aufrechterhalten. Schiller nahm den „Hyperion" in der zweiten Fassung in seine Zeitschrift „Neue Thalia", Gedichte wie „An die Natur" oder „Sonnenuntergang" in einen seiner Almanache auf. Dennoch verschloss sich Schillers Verständnis, sobald Hölderlin seinen persönlichen Stil gefunden hatte. Bemerkenswert ist Schillers entsprechende Mitteilung an Goethe:

> „Aufrichtig, ich fand in diesen Gedichten viele von meiner eigenen sonstigen Gestalt, und es ist nicht das erste Mal, dass mich der Verfasser an mich mahnte. Er hat eine heftige Subjektivität und verbindet damit einen gewissen philosophischen Geist und Tiefsinn. Sein Zustand ist gefährlich, da solchen Naturen so gar schwer beizukommen ist. [...] Ich würde ihn nicht aufgeben, wenn ich nur eine Möglichkeit wüsste, ihn aus seiner eignen Gesellschaft zu bringen und einem wohltätigen und fortdauernden Einfluss von außen zu eröffnen."

Die Abweisung weiterer Schiller zugesandter Gedichte, Schillers und Goethes Desinteresse an einer von Hölderlin geplanten Zeitschrift und schließlich die ausbleibende Antwort Schillers auf einen Bittbrief Hölderlins, an der Universität Jena Vorlesungen über die griechische Literatur abhalten zu können, schnitten den losen Kontakt zu den Weimarern endgültig ab.

Weniger auf Schiller als auf Goethe hin orientiert, suchte auch *Kleist* die Anerkennung durch Schiller und Goethe. Aber auch ihn traf das Verdikt, das Schiller in einem Brief an Goethe (17. 8. 1797) gegen Jean Paul und Hölderlin fällte. Zwar erkannten Schiller wie Goethe die Genialität Jean Pauls, Hölderlins und Kleists, aber gleichsam als Selbstschutz wehrten sie sich gegen das „absolut und unter allen Umständen so subjektivistisch Überspannte und Einseitige" der drei Autoren. „Ich möchte wissen", so schreibt Schiller, „ob es an etwas Primitivem liegt, oder ob nur der Mangel einer ästhetischen Nahrung und Einwirkung von außen und die Opposition der empirischen Welt, in der sie leben, gegen ihren idealischen Hang diese unglückliche Wirkung hervorgebracht hat."

Die Klassiker distanzierten sich aber nicht nur von Kleist, Hölderlin und Jean Paul, ihre abwehrende Haltung galt auch gegenüber jener neuen Formation der *Romantiker*, die sich in ihrer unmittelbaren Nähe, nämlich der Universitätsstadt Jena, formierte. Einer der ausschlaggebenden Gründe dürfte ebenfalls in dem dieser Gruppierung unterstellten ausgeprägten Subjektivismus zu sehen sein, der es nicht um Ausgleich und Harmonie oder Objektivität zu gehen schien. In seinen „Maximen und Reflexionen" formuliert Goethe polemisch und bewusst übertreibend: „Klassisch ist das Gesunde, romantisch das Kranke. [...] Das Romantische ist schon in seinen Abgrund verlaufen; das Grässlichste der neuern Produktionen ist kaum noch gesunkener zu denken." Im Brief an Zelter vom 19. 10. 1829 heißt es, dass den Modernen, womit die Romantiker gemeint sind, ihr Ideelles nur als Sehnsucht erscheint. Goethes Anliegen ist es aber gerade, Wesen und Erscheinung, lebendiges Dasein und aufschließende Erkenntnis als konkretes Sein in der „Welt, in der wir leben, weben und sind" (§ 739 der „Farbenlehre") zusammenzuhalten. Darum entspricht die scharfe Polemik gegen die Newtonsche Physik, die die Experimente gleichsam vom Menschen abgesondert hat, genau dem Kampf gegen die Romantik, die umgekehrt das Ideelle als subjektives Gefühl von der gegenständlichen Welt löst.

Entsprechend versteht sich auch die Grenzziehung der Klassiker zu den *schreibenden Frauen*. Diese müssen sich die Verurteilung als „schreibende Dilettantinnen" gefallen lassen, da sie die mit der Autonomisierung der Kunst errichtete Trennung von Kunst und Leben aufgrund der ihnen zufallenden weiblichen Rolle nicht nachvollziehen können und unterlaufen. Darin zeigt sich eine Subjektivität, die sich dem Bildungsprozess des klassischen Individuums verweigert, indem sie gerade das eigene Leben und eigene Lebenskrisen schreibend zu bewältigen sucht. Als solche aber verfällt sie dem einäugigen Verdikt der beiden männlichen Klassiker.

2.3.3 Distanzierung von der Trivialliteratur

Manche Züge der Weimarer Klassik sind nur verständlich, wenn man sie auch als einen Versuch versteht, gegen die den Leser der Zeit überflutende Trivialliteratur anzuschreiben. Der Autonomieanspruch der Klassiker meint auch die bewusste Abwendung von den Erwartungen der Masse der Leser. Wenn Goethe in seiner Abhandlung über „Einfache Nachahmung der Natur, Manier und Stil“ (1789) den je individuellen, auf das Sujet hin ausgerichteten Stil fordert, tut er dies auch in Hinsicht auf die alles gemein machende Manier der Erfolgsautoren seiner Zeit. Und wenn Schiller in seiner Auseinandersetzung mit Bürger sich gegen die „schlechte“ und „falsche“ Popularität des Schriftstellers wehrt, so hat er dabei auch ein Auge auf die ihn umgebende Trivialliteratur:

> „Es ist also nicht genug, Empfindung mit erhöhten Farben zu schildern; man muss auch erhöht empfinden. Begeisterung allein ist nicht genug; man fordert die Begeisterung eines gebildeten Geistes. Alles, was der Dichter uns geben kann, ist seine Individualität. Diese muss es also wert sein, vor Welt und Nachwelt ausgestellt zu werden. Diese seine Individualität so sehr als möglich zu veredeln, zur reinsten herrlichsten Menschheit hinaufzuläutern, ist sein erstes und wichtigstes Geschäft, ehe er es unternehmen darf, die Vortrefflichen zu rühren.“

Der Dichter darf sich nicht dem Volk oder der Masse „gleichmachen“, sondern muss ebenfalls „zu dem Volke bildend herniedersteigen“, um es schließlich zu sich „hinaufzuziehen“. Die klassische Dichtung ist nicht für die Masse, sondern für den kleinen Leserkreis konzipiert. Dennoch hat Schiller sich vorübergehend auch mit Stoffen und Formen der zeitgenössischen Trivialliteratur auseinander gesetzt.

Schillers Studium der Geschichte und sein Versuch, einen größeren Leserkreis zu erreichen. Durch Goethes Vermittlung wurde Schiller zwar als außerordentlicher Professor der Philosophie und Geschichte in Jena angestellt, wo er am 26. 5. 1789 seine erste öffentliche Vorlesung hielt, aber bei karger Besoldung entging Schiller nicht schweren finanziellen Sorgen, die ihn zur Überanstrengung nötigten und schon im Jahre 1791 aufs Krankenlager warfen. Eine Schenkung des Herzogs Friedrich Christian von Augustenburg und des Grafen Schimmelmann (für 3 Jahre je 1000 Taler) entriss ihn zwar der drückendsten Bedrängnis, dennoch ist es nur zu verständlich, dass er sich nach Möglichkeiten eines finanziellen „Zubrotes“ umsah: „Ich muss von Schriftstellerei leben, also auf das sehen, was einträgt.“ Schiller hoffte, dass Publikationen auf dem Feld der Geschichte sich als einträglicher erweisen würden als die schöngeistige Literatur. In einem Brief an seinen Freund Körner schreibt er: „Die Geschichte ist ein Feld, wo alle meine Kräfte ins Spiel kommen und wo ich doch nicht immer aus mir selbst schöpfen muss. Bedenke dieses, so wirst du mir zugeben müssen, dass kein Fach so gut dazu taugt, meine ökonomische Schriftstellerei darauf zu gründen sowie auch eine gewisse Art von Reputation; denn es gibt auch einen ökonomischen Ruhm.“ Neben den historischen Abhandlungen wie z. B. der „Geschichte des Abfalls der Vereinigten Niederlande“ (1788) und der „Geschichte des Dreißigjährigen Kriegs“ (1791/92) wählte Schiller darum auch Stoffe und Formen der zeitgenössischen Trivialliteratur, um den Erwartungen des Publikums entgegenzukommen, so etwa in dem Romanfragment „Der Geisterseher“ (1789), von dem er sich selbst als „Schmiererei“ zu distanzieren versuchte, oder im „Verbrecher aus verlorener Ehre“ (1786). Beide Arbeiten waren ausgesprochen publikumswirksam, da er in beiden Fällen an beliebte triviale Erzählmuster des späten 18. Jahrhunderts anknüpfte. Aber er versuchte zugleich, die vorgegebenen literarischen Muster zu transformieren.

Die Erzählung „Verbrecher aus verlorener Ehre“ orientiert sich zwar an den zahllosen historischen und fiktiven Räubergeschichten des 18. Jahrhunderts, aber Schiller konzentriert sich in der Auswahl des Erzählten eben nicht wie seine Vorläufer und Nachfolger auf abenteuerliche Handlungen, schaurige Taten, dramatische Verfolgung und Ergreifung der Verbrecher. Von der zum Zwecke der Abschreckung sonst breit ausgemalten Gerichtsverhandlung oder der schauerlichen Bestrafung findet sich nichts als ein kurzer Hinweis, dass der „Held“ der Geschichte „durch des Henkers Hand starb.“ Statt dessen konzentriert sich das Interesse des Erzählers ganz darauf, „in der unveränderlichen Struktur der menschlichen Seele und in den veränderlichen Bedingungen, welche sie von außen bestimmen, die Wahrheit“ zu suchen. Nicht das „Seltsame und Abenteuerliche einer solchen Erscheinung“ wie der Christian Wolfs, des Verbrechers aus verlorener Ehre, sollen den Leser „reizen“, vielmehr soll ihm durch die „Leichenöffnung seiner Laster“ der Sinn für „Menschlichkeit und Gerechtigkeit“ eröffnet werden. Der Erzähler beschränkt sich nicht darauf, die „Neugier zu begnügen.“ Indem er den Leser in die sozialen und psychischen Zwänge Christian Wolfs Einblick nehmen lässt und nicht nur Wolf seine „Handlungen vollbringen, sondern auch Wollen sehen“ lässt, transformiert er die Räubergeschichte in eine „Schule der Bildung.“ Er lässt den Leser selbst über Christian Wolf zu Gericht sitzen, lenkt aber dessen Urteil durch die Weise des Erzählens dahin, dass dieser den „sanften Geist der

Duldung" in sich entwickele, „ohne welchen kein Flüchtling zurückkehrt, keine Aussöhnung des Gesetzes mit seinem Beleidiger stattfindet, kein angestecktes Glied der Gesellschaft von dem gänzlichen Brande gerettet wird."

Das bürgerliche Rührstück. Erst wenn man die Klassik auch als Versuch der Distanzierung von der zeitgenössischen Trivialliteratur versteht und in ihr auch den Versuch sieht, die Belletristik einer konstruktiven Kritik zu unterziehen, vermeidet man den Fehler, die Literatur zu Ende des 18. Jahrhunderts ausschließlich von der Dichtung Goethes, Schillers, Kleists, Jean Pauls oder Hölderlins bestimmt zu sehen. Erst so werden die tatsächlichen Proportionen des literarischen Marktes sichtbar.
Der Verleger Göschen druckte beispielsweise 1787–1790 von Goethes „Werken" eine Ausgabe von 2000 und eine billige Ausgabe von 3000 Exemplaren. Verkauft wurden sie nur langsam. Die ganze Reihe fand gerade 602 Subskribenten, und nach zwei Jahren waren 536 weitere Exemplare der ersten vier Bände verkauft, neben etwa je zwei- bis dreihundert Exemplaren der Einzelausgabe der Dramen. Aber nicht nur die Statistiken über Auflagenhöhe und Buchverkauf belegen das mangelnde oder geringe Interesse, das das Publikum den Weimarern entgegenbrachte. Ein Blick auf die Aufführungszahl der bedeutenden deutschen Bühnen bestätigt das Beobachtete:

Das Mannheimer Theater, das erste deutsche Nationaltheater von Bedeutung, an dem Schiller einige Zeit gewirkt hatte, spielte in den 27 Jahren zwischen 1781 und 1808 z. B. 37 Stücke Ifflands an 476 Abenden und 115 Stücke Kotzebues an 1728 Abenden. In derselben Zeit wurden Schillers Schauspiel „Die Räuber" nur fünfzehnmal, „Die Verschwörung des Fiesko zu Genua" und „Don Carlos" nur dreimal, „Kabale und Liebe" nur siebenmal aufgeführt. In Dresden kamen zwischen 1789 und 1813 von insgesamt 1471 Aufführungen 477 auf Iffland und Kotzebue, ganze 58 auf Goethe, Schiller und Lessing zusammen. Weimar, dessen Theaterführung von 1791 bis 1817 in den Händen Goethes lag, unterscheidet sich in seiner Stückauswahl nicht sonderlich von den anderen deutschen Bühnen. Es ist symptomatisch, dass Goethe es 1791 nicht mit einem eigenen Stück, sondern mit Ifflands Drama „Die Jäger" eröffnete. Erst mit Schillers „Wallensteins Lager" ändert sich die Praxis minimal. Schiller steuerte pro Jahr ein Drama bei, und gelegentlich wurde versucht, die französischen Klassiker oder Shakespeare auf die Bühne zu bringen.

Die deutsche Bühne eroberten vornehmlich bürgerliche Rührstücke von Kotzebue, Iffland und Gemmingen. Sie wurden beinahe seriell hergestellt. Kotzebue verfasste allein über 200 Dramen.
Das bürgerliche Trauerspiel hatte sich im 18. Jahrhundert u. a. aus der empfindsamen Komödie entwickelt, nun näherte es sich zum Ausgang des Jahrhunderts erneut der Form der Komödie. Das Happy End ist in fast allen Stücken obligatorisch, das tragische Moment wird meist sentimentalisiert. Die sozialkritische Tendenz, Kennzeichen des bürgerlichen Trauerspiels der Sturm-

und-Drang-Zeit, fehlt, oder ihm ist zumindest die kritische Spitze abgebrochen. Im bürgerlichen Familiengemälde sieht sich der Theaterbesucher eher selbst repräsentiert. Mit einer Spur von Selbstgefälligkeit richtet er sich in der theatralischen Illusion wiedererlangten häuslichen Glücks nach krisenhaften Erfahrungen oder Geschehnissen ein und gefällt sich im Lobpreis seiner bürgerlichen Tugenden. Nur selten sieht sich der Kleinstädter auf der Bühne so karikiert wie in Kotzebues gleichnamigem, gelungenem Lustspiel „Die deutschen Kleinstädter" (1803), aber auch in diesem Stück ist die Bösartigkeit gemildert zu eher harmlosem Spott.
Das bürgerliche, triviale Rührstück kommt dem Bedürfnis nach Selbstbestätigung des Theaterbesuchers entgegen, und die handwerkliche Versiertheit der Stückeschreiber, die, wie z. B. Iffland aufgrund seiner Tätigkeit als Schauspieler und Theaterleiter, aufs engste mit dem Medium des Theaters vertraut waren, erfüllte voll und ganz das Verlangen nach Unterhaltung. Zur Illustration sei hier kurz der Inhalt von Kotzebues Rührstück „Menschenhass und Reue" (1788) wiedergegeben:

In ländlicher Umgebung versöhnt sich nach viel Menschenhass einerseits und Reue andererseits ein adliges Ehepaar, das durch den Ehebruch der Frau auseinandergebracht worden war, für den nun wiederum der Mann, der die Frau als Vierzehnjährige geheiratet hat, nicht ganz ohne Verantwortung ist. Aber die potentielle Tragödie löst sich bei Kotzebue in großen Szenen des Edelmuts auf, nachdem eine Partitur von zeitgenössischen Seelenhaltungen durchgespielt worden ist: Melancholie, Mildtätigkeit, der Glaube an Tugend und die Erziehung dazu, Südsee-Sehnsucht und die rousseauistische Überzeugung von der größten Reinheit der Menschen in der Nähe der Natur. So werden die Zuschauer mit noblen Sentiments ausgestattet, der Ausgang gibt ihnen das Bewusstsein, dass schon alles gut gehen werde. Eine Auseinandersetzung bleibt dem Publikum erspart; es wird in der Sicherheit gewogen, Augenzeuge aktuellster und realistischster Konflikte zu sein, ohne dass ihm zugemutet wird, den Ursachen der Konflikte und den realen Grundlagen der Gesinnung nachzugehen.

Aus der handwerklichen Geschicklichkeit, mit der die Schauspiele verfertigt wurden, resultierte die bis zum Überdruss praktizierte Schematisierung. Um dennoch der Gefahr der so erzeugten mangelnden Abwechslung und der Langeweile zu entgehen, schmückte z. B. Kotzebue einige seiner Stücke mit einem exotischen, das Publikum aufreizenden Kolorit. Iffland brachte farbenprächtige Dekoration, Kostüme und Massenszenen auf die Bühne. Dieser Inszenierungsstil setzte sich in direkten Gegensatz zu dem von Goethe intendierten Weimarer Stil, der auf statuarische Deklamation, durch Gesten nur minimal unterstrichenes Spiel und die strenge Stilisierung durch die Versform Wert legte.

2.3.4 Distanzierung vom literarischen Markt

Die Trivialisierung, die sich im Theaterbetrieb zum Ende des 18. Jahrhunderts bemerkbar machte, fand ihre Entsprechung auf dem Buchmarkt. Hier nahm die Anzahl der Almanache und der darin enthaltenen, meist epigonal-empfindsamen Lyrik schlagartig zu. Die Romanproduktion verzeichnete einen bis dahin unbekannten Aufschwung. Die Ursachen der explosionsartigen Ausdehnung des literarischen Marktes im letzten Drittel des 18. Jahrhunderts und der damit einhergehenden Zweiteilung der Literatur in Dichtung und Unterhaltungsliteratur liegen in der sprunghaft zunehmenden Alphabetisierung weiter bürgerlicher Schichten. Neuere Schätzungen nehmen für 1770 15 %, um 1800 schon 25 % der Bevölkerung über sechs Jahre als potenzielle Leser an. Entsprechend vergrößerte sich das Bedürfnis nach neuen Lesestoffen, vor allem auch deshalb, weil die zur Verfügung stehende Freizeit, zumindest für bestimmte gesellschaftliche Kreise, wuchs, das bürgerliche Familienleben sich entfaltete und an die Stelle des intensiven Lesens eine extensive Lesehaltung trat, die nach immer wieder neuen Lesestoffen Ausschau hielt, statt ein Werk wiederholt zu lesen. Das wachsende Bedürfnis nach Lesestoffen bedingte eine Vergrößerung der Produktion. „Bei keiner Nation" – so urteilt der Schweizer Buchhändler und Schriftsteller Johann Georg Heinzmann – „ist das Bücherschreiben so zur Handarbeit und zum Nahrungszweig geworden, als es in Deutschland geschehen ist."
Kant durchschaut den Prozess zwischen steigender Produktion und Konsumtion, wenn er in seiner Schrift „Über die Buchmacherei" (1798) schreibt:

> „Die Buchmacherei ist kein unbedeutender Erwerbszweig in einem der Kultur nach schon weit vorgeschrittenen gemeinen Wesen: Wo die Leserei zum beinahe unentbehrlichen allgemeinen Bedürfnis geworden ist. – Dieser Teil der Industrie in einem Lande aber gewinnt dadurch ungemein, wenn jene fabrikenmäßig betrieben wird; welches aber nicht anders, als durch einen den Geschmack des Publikums und die Geschicklichkeit jedes dabei anzustellenden Fabrikanten zu beurteilen und zu bezahlen vermögenden Verleger geschehen kann. – Dieser bedarf aber zur Belebung seiner Verlagshandlung eben nicht den inneren Gehalt und Wert der von ihm verlegten Ware in Betrachtung zu ziehen; wohl aber den Markt, worauf, und die Liebhaberei des Tages, wozu die allenfalls ephemerischen Produkte der Buchdruckerpresse in lebhaften Umlauf gebracht, und, wenngleich nicht dauerhaften, doch geschwinden Abgang finden können."

So wuchs die Zahl der Schriftsteller, die durch neue Vertragsbedingungen und die Eindämmung des Raub- und Nachdrucks besser an der Schriftstellerei verdienen konnten als noch einige Jahrzehnte zuvor, von 1771 (etwa über 3000) bis 1776 auf 4300; 1784 zählte man 5200, 1791 dann 7000 und um die Jahrhundertwende schließlich 10 000 Schriftsteller. Wer als freier Schriftsteller unter diesen Marktbedingungen sein Brot verdienen wollte, konnte sich nicht auf literarische Experimente einlassen, sondern musste sich der literarischen Mode beugen – dem, was der Publikumsgeschmack ihm abverlangte. Am höchsten im Kurs stand im letzten Drittel des 18. Jahrhunderts der Roman. Er war an die Stelle des theologisch-erbaulichen Schrifttums getreten und steigerte seinen Anteil am Gesamtbüchermarkt von 4% im Jahre 1770 auf 11% und damit 75% der belletristischen Literatur. Was an Romanen dem lesehungrigen Bürger zum Kauf angeboten wurde oder in den Leihbibliotheken, die im Gegensatz zu den meist aus Privatinitiative hervorgehenden Lesegesellschaften nach rein kommerziellen Gesichtspunkten eingerichtet waren, zur Ausleihe bereit stand, darüber gibt eine – sicherlich um der Pointe willen überspitzte – Anekdote von Kleist Auskunft:

„Klassische Leihbibliothek"
„Wir wünschen ein paar gute Bücher zu haben" – Hier steht die Sammlung zu Befehl – „Etwa von Wieland" – Ich zweifle fast – „Oder von Schiller, Goethe" – Die mögten hier schwerlich zu finden sein – „Wie? Sind alle diese Bücher vergriffen? Wird hier so stark gelesen?" – Das eben nicht – „Wer liest denn hier eigentlich am meisten?" – Juristen, Kaufleute und verheiratete Damen. – „Und die unverheirateten?" – Sie dürfen keine fordern. – „Und die Studenten?" – Wir haben Befehl, ihnen keine zu geben. – „Aber sagen Sie uns, wenn so wenig gelesen wird, wo in aller Welt sind denn die Schriften Wielands, Goethes, Schillers?" – Halten zu Gnaden, diese Schriften werden hier gar nicht gelesen. – „Also Sie haben sie gar nicht in der Bibliothek?" – Wir dürfen nicht. – „Was stehn denn also eigentlich für Bücher hier an diesen Wänden?" – Rittergeschichten, lauter Rittergeschichten, rechts die Rittergeschichten mit Gespenstern, links ohne Gespenster, nach Belieben. – „So so." – –

Der Trivialroman bot dem Publikum „nach Belieben" Familien-, Ritter-, Schauer-, Geister-, Bundes- und Räuberromane oder deren raffinierte Mischung, die alle Genres vermengte (z. B. Christian August Vulpius [Goethes Schwager]: „Rinaldo Rinaldini der Räuberhauptmann", 1798). Die Versatzstücke lagen bereit und wurden je nach Bedarf zu einer Handlung verbunden: illegitime, geheimnisvolle, scheinbar unstandesgemäße Abkunft des Helden; seine Erziehung in einer ihm unangemessenen Umgebung, in der sich gleichwohl seine wahre Bestimmung erahnen lässt; Familienhass und Erbstreitigkeiten; die moralische Bedrohung der Heldin durch den Gegenspieler und die damit gebotene Rettungsmöglichkeit durch den Helden, Verfolgung, Vergewaltigung, Befreiung und Flucht, Trennung und Wiederfinden. Die Herkunft der einzelnen Versatzstücke aus dem galanten Abenteuerroman und aus dem moralisch-didaktischen Roman der Aufklärung ist unübersehbar. Die häufige Verlagerung der Geschichte ins Mittelalter dient lediglich der Verkleidung, mit der man der englischen „gothic novel", dem Gespensterroman, folgt. Der Trivialroman, getarnt durch einen noch immer hoch gehaltenen erzieherisch-aufklärerischen Anspruch, kam wie die Trivialdramatik primär dem Unterhaltungsbedürfnis des Lesers entgegen und bot ihm, was ihm die Aufklärung genommen hatte: die Lust an der Angst und die Konfrontation mit dem Irrationalen und Unheimlichen. Der Roman der Romantiker konnte hier wieder anknüpfen.

2.4 Der Dichter und der Weimarer Hof – Goethes „Torquato Tasso"

Goethes Verbindung zum Weimarer Hof bedeutete für ihn, dass er nicht wie viele der Trivialliteraturautoren auf die Schriftstellerei als einzige Quelle des Lebensunterhaltes angewiesen war. Sein Eintritt in die Weimarer Hofgesellschaft löste demnach auch keinen Rückfall in eine neue Phase poetischer Lobrednerei aus, vielmehr bewahrte Goethe jene der Poesie hinzugewonnene bürgerliche Dimension. Zwar entstanden in den Weimarer Jahren Auftragsarbeiten wie Maskenzüge, Gelegenheitsgedichte, Singspiele u. a., aber gleichzeitig bildete die Poesie einen Raum, in dem er ganz private Gedanken und Gefühle aussprechen konnte. Gerade dieses problematische Verhältnis von Privatheit und Öffentlichkeit der Poesie thematisierte er in seinem in Weimar begonnenen Drama „Torquato Tasso" (erschienen 1790), das wie „Egmont" und „Iphigenie" erst in Italien seine endgültige Gestalt fand.
Im historischen Gewande des Renaissancedichters Tasso am Hofe von Ferrara gestaltete er das Verhältnis zwischen dem bürgerlichen Schriftsteller und dem aristokratischen Kreise. Die feine, kultivierte Hofgesellschaft fordert vom Dichter Maß und entsagende Begrenzung, aber so berechtigt auch diese Forderungen sind, sie setzen die Hofgesellschaft nicht ganz ins Recht. Auch das Schöpfertum des Dichters hat sein Recht, es geht nicht voll in der von der Hofgesellschaft geforderten höfisch-repräsentativen Dichtung auf, die nur nach Erheiterung, Verschönerung und Glorifizierung ihrer selbst trachtet. Das Dilemma Tassos ist nicht aufhebbar: Er ist auf die Hofgesellschaft angewiesen, und doch erfährt er gerade hier seine Einsamkeit, wie Goethe selbst erfahren musste, dass sein Dichtertum unter den höfischen Aufgaben litt. Die bürgerlich-moderne, vom Individuum getragene und an den einzelnen gerichtete Dichtung steht in einem schroffen Gegensatz zur repräsentativ-höfisch-feudalen Kunstform.

Das Drama ist – charakteristisch für die Dramatik der Klassik – handlungsarm, was die Kritik der Zeit Goethe anlastete. Der italienische Dichter Torquato Tasso hat sein Epos „Das befreite Jerusalem" beendet und es dem Fürsten Alfons von Ferrara, seinem Mäzen, überreicht, an dessen Hof er lebt. Der Herzog lässt ihm dafür durch seine Schwester Leonore den Lorbeerkranz aufs Haupt setzen. Antonio, Minister des Herzogs, tritt hinzu. Er ist gerade aus Rom von schwierigen, aber erfolgreichen Staatsgeschäften zurückgekehrt. Er mokiert sich über den leicht erworbenen Sieg Tassos und zeiht ihn der Kühnheit, sich Vergil oder Ariost gleichzustellen. Im Überschwang seines Glücks bietet Tasso Antonio die Freundschaft an, da die Prinzessin es wünscht. Der Versuch jedoch misslingt. Der bedächtige und reservierte Antonio weicht vor Tasso zurück. Durch die Abweisung aufs Neue gekränkt, lässt Tasso sich dazu hinreißen, gegen Antonio den Degen zu ziehen. Der gerade hinzutretende Fürst schlichtet den Streit, tadelt Antonio und bestraft Tasso milde mit einem Zimmerarrest. Tasso führt der Arrest zu Ausbrüchen des Misstrauens. Er glaubt in allem nur die „ganze Kunst des höfischen Gewebes" zu sehen, glaubt sich von allen verraten und verlassen, vor allem von der Prinzessin, die ihm jedoch nach wie vor wohl gesinnt ist. Leonore Sanvitale versucht schließlich eine Vermittlung herbeizuführen. Antonio findet sich bereit, mit Tasso Frieden zu schließen. Tasso fordert als Zeichen seiner Aufrichtigkeit, dass er ihm beim Fürsten die Erlaubnis erwirke, Ferrara verlassen zu dürfen. Mit Widerstreben gewährt es Alfons, weil er glaubt, dass die krankhafte Stimmung nicht anders geheilt werden könne. Beim Abschied von der Prinzessin überwältigt Tasso erneut sein Gefühl; statt Abschied zu nehmen, macht er ihr ein Liebesgeständnis und will sie in stürmischer Umarmung an sich reißen. Die sofortige Abreise des Fürsten, der Prinzessin und der Gräfin ist die Folge, und Tasso wirft sich Antonio als rettendem Felsen im Schiffbruch seines Lebens in die Arme.

Sich auf eine Äußerung J. J. Ampères beziehend, „Tasso" sei ein „gesteigerter Werther", berichtete Goethe über die Entstehung „Tassos" im Gespräch mit Eckermann am 3. Mai 1827:

„Wie richtig hat er [Ampère] bemerkt, dass ich in den zehn Jahren meines weimarischen Dienst- und Hoflebens so gut wie gar nichts gemacht, dass die Verzweiflung mich nach Italien getrieben, und dass ich dort, mit neuer Lust zum Schaffen, die Geschichte des Tasso ergriffen, um mich in Behandlung dieses angemessenen Stoffes von demjenigen frei zu machen, was mir noch immer aus meinen weimarischen Eindrücken und Erinnerungen Schmerzliches und Lästiges anklebte."

Wieder einmal – wie beim „Werther" – hatte demnach Goethes „altes Hausmittel" angeschlagen, Lebenskrisen durch deren Objektivation im dichterischen Werk zu überwinden. Aber trotz Goethes Aussage, dass der „Tasso" aus dem „Innersten [seiner] Natur" entsprungen sei, wäre es doch falsch, im Lustschloss Belriguardo nur den Weimarer Hof, in den handelnden Figuren des Stückes nur die historisch maskierten Freunde Goethes aus Weimar zu sehen (Herzog = Karl August; Prinzessin = Frau von Stein usw.). Caroline Herder übermittelte in einem Brief an ihren Mann das Stichwort, mit dem Goethe selbst den „eigentlichen Sinn" seines Schauspiels bezeichnete: „Es ist die Disproportion des Talents mit dem Leben", das im dramatischen Prozess zur Anschauung kommt. Der bis zum Ende des Dramas nicht gelöste Konflikt resultiert aus der Widersprüchlichkeit, in die sich das poetische Genie angesichts der es bedrängenden höfischen Gesellschaft und deren Erwartungen gesetzt sieht. Dabei ist es nicht so, dass Goethe undialektisch verführe und eine Seite, etwa das sich autonom dünkende poetische Subjekt, ins Recht, die Gesellschaft, die den Poeten in seine Schranken weist und von ihm eine Poesie erwartete, die er nicht mehr zu geben bereit ist, ins Unrecht setzen würde. Nur aus jener von Tasso tief und schmerzlich empfundenen Disproportion zwischen seinem Streben nach Unbedingtheit und dem Sich-verwiesen-Sehen auf die Unzulänglichkeiten des Wirklichen entsteht die Poesie als Ausdruck der Sehnsucht nach letzter Harmonie. Die schöpferische Kraft entspringt aus dem ungestillten Verlangen, „die goldne Zeit, die [Tasso] von außen mangelt, in seinem Innern wieder herzustellen". So sieht sich Tasso ganz auf sich selbst gestellt, er ist der Einzelgänger, der sich von der Gesellschaft absetzt. Er ist einsam, und aus dieser Einsamkeit entstehen sein Argwohn, sein Misstrauen, schließlich sein Wahn. Er bedarf immer des Regulativs durch die Wirklichkeit. Scheiternd an ihr in seinem zweimaligen Versuch, sich ihr zu verbinden, indem er Antonio als Freund, die Prinzessin als Geliebte zu gewinnen sucht, sieht er sich zuletzt doch auf sie als seine Rettung angewiesen. Das besagen die letzten Zeilen des Dramas, in denen Tasso dem gewandten und erfolgreichen Weltmann Antonio gegenüber seine tragische Existenz als Dichter in einem Bild beschreibt:

> „Ich kenne mich in der Gefahr nicht mehr
> Und schäme mich nicht mehr, es zu bekennen.
> Zerbrochen ist das Steuer, und es kracht
> Das Schiff an allen Seiten. Berstend reißt
> Der Boden unter meinen Füßen auf!
> Ich fasse dich mit beiden Armen an!
> So klammert sich der Schiffer endlich noch
> Am Felsen fest, an dem er scheitern sollte." (V, 5.)

Aber aus diesem Scheitern gewinnt Tasso die poetische Energie:

> „Und wenn der Mensch in seiner Qual verstummt,
> Gab mir ein Gott, zu sagen, wie ich leide." (Ebd.)

Der Schwebezustand zwischen Wirklichkeitsflucht und Wirklichkeitsgier, die Klage darüber, dass die Natur aus Tasso und Antonio „nicht einen Mann [...] formte", und schließlich das und Unvermögen, sich dem zu beugen, was sich ziemt, statt dem zu folgen, „was gefällt", all das sind für Tasso Antriebe zur Poesie. In ihr schafft er sich ein Reich, in dem er frei sein kann:

> „Frei will ich sein im Denken und im Dichten;
> Im Handeln schränkt die Welt genug uns ein." (IV, 2.)

Genau diese Einschränkung im Handeln und die Bändigung seiner poetischen Einbildungskraft waren es aber, die Goethe bewogen hatten, nach Weimar zu gehen.

3 Begrenzungen

3.1 Goethes Tätigkeit als Minister und Naturwissenschaftler

Johann Wolfgang von Goethe:
Die Metamorphose der Pflanzen (1790)
Dem Menschen wie den Tieren ist ein Zwischenknochen der obern Kinnlade zuzuschreiben (1784)
Über den Granit (1784)
Zur Farbenlehre (1810)

Während Klopstock am dänischen Hof durch das Mäzenat Friedrichs V. von weiteren Pflichten frei war und sein Epos „Der Messias" vollenden konnte, suchte Goethe am Weimarer Hof ganz andere Aufgaben. Goethe war willens, sich diesen voll hinzugeben, wie aus einem Brief vom 22. Januar 1776 an seinen Freund Merck hervorgeht: „Ich bin nun ganz in alle Hof- und politischen Händel verwickelt und werde fast nicht mehr wieder weg können. Meine Lage ist vorteilhaft genug, und die Herzogtümer Weimar und Eisenach sind immerhin ein Schauplatz, um zu versuchen, wie einem die Weltrolle zu Gesicht stünde." Zu seinem Aufgabenbereich gehörte die Führung des erst 18-jährigen Herzogs und die Mitverantwortung für das Land. Nacheinander und zum Teil nebeneinander verwaltete er die Finanzen, den Berg- und Wegebau und das Militärwesen als Mitglied des „Conseils" des Herzogs.
Nur kleinere dramatische Arbeiten konnten vollendet werden, so *„Die Geschwister"*, *„Die Mitschuldigen"* (zweite Fassung) und *„Der Triumph der Empfindsamkeit"* (entstanden 1776–1778, gedruckt 1787). Auch der „Urmeister" (*„Wilhelm Meisters theatralische Sendung"*, begonnen 1777, herausgegeben 1911) blieb Fragment.
So wie die literarische Produktivität stagnierte, musste Goethe auch in seinem pragmatisch-politischen Handeln Misserfolge verzeichnen. Zwar durfte er sich als Erfolg zuschreiben, aus dem zunächst draufgängerischen Fürsten Karl August einen besonnenen Herrscher gebildet zu haben (s. Goethes Gedicht: „Ilmenau", 1783, wo es, bezogen auf den Herzog, heißt: „Du kennst lang' die Pflichten deines Standes/Und schränktest nach und nach die freie Seele ein"), aber die Reformpläne im Landwirtschaftswesen (Bodenreform, fiskalische Entlastung der Bauern) scheiterten. Innerhalb des Conseils stieß er als Bürgerlicher auf die Standesvorurteile der Aristokraten, die Karl August dadurch zu überwinden versuchte, dass er ihn 1782 durch den Kaiser in den Adelsstand erheben ließ. Schließlich verlief auch das Verhältnis zu der verheirateten Charlotte von Stein entgegen der Erwartung Goethes. Er fühlte

sich hin- und hergerissen zwischen Hochachtung, Liebe und geschwisterlicher Zuneigung. So trifft sicherlich nur zu Hälfte jenes Bild zu, das Goethe von sich in der Hymne „Seefahrt" (1776) zeichnet:

> Doch er stehet männlich an dem Steuer.
> Mit dem Schiffe spielen Wind und Wellen,
> Wind und Wellen nicht mit seinem Herzen.
> Herrschend blickt er auf die grimme Tiefe
> Und vertrauet, scheiternd oder landend,
> Seinen Göttern.

Solche Selbstgewissheit steht im Widerspruch zu einem Ekel über „das durchaus Scheißige dieser zeitlichen Herrlichkeit" oder zu den Charlotte von Stein übermittelten Beobachtungen am Hofe, wie beispielsweise in einem Brief vom 19. Mai 1778:

> „So viel kann ich sagen, je größer die Welt, desto garstiger wird die Farce, und ich schwöre, keine Zote und Eselei der Hanswurstiaden ist so ekelhaft als das Wesen der Großen, Mittlern und Kleinen durcheinander. Ich habe die Götter gebeten, dass sie mir meinen Mut und Gradsein erhalten wollen bis ans Ende, und lieber mögen das Ende vorrücken, als mich den letzten Teil des Ziels lausig hinkriechen lassen."

Nicht erst der hektische Aufbruch nach Italien war eine Flucht aus der bedrückenden Atmosphäre Weimars, die Goethe Frau von Stein gegenüber folgendermaßen begründete: „Wer sich mit der Administration abgibt, ohne ein regierender Herr zu sein, der muss entweder ein Philister oder ein Schelm oder ein Narr sein." Die zehn Jahre seines ersten Weimarer Aufenthalts waren erfüllt von kleinen Fluchtversuchen. So entstand das Gedicht *„Über allen Gipfeln/Ist Ruh"* (1780) auf einer Wanderung auf den Gickelhahn, die Goethe unternahm, „um dem Wuste des Städtchens, den Klagen, dem Verlangen, der unverbesserlichen Verworrenheit der Menschen" für kurze Zeit auszuweichen. In den wenigen Zeilen beschwört er die harmonische Eingliederung des Menschen in den Kosmos als zukünftiges Versprechen.
In Weimar trat an die Stelle der Naturbetrachtung im Sinne Rousseaus eine wissenschaftliche Beobachtung. Verbunden mit konkreten beruflichen Verpflichtungen und angespornt aus ernsthafter Liebhaberei, widmete Goethe sich in den 80er Jahren der Mineralogie, der Botanik, der Anatomie und der Wetterkunde, der Geologie und schließlich der Farbenlehre. 1784 gelang ihm sogar die nicht unbedeutende Entdeckung des menschlichen Zwischenkieferknochens. Die Erfahrungen, die Goethe in seinem ersten Weimarer Jahrzehnt in der politischen Praxis, im Verhältnis zu Frau von Stein und schließlich durch seine naturwissenschaftlichen Studien machte, spiegeln sich in der damals entstandenen Dichtung deutlich wider.

3.2 „Grenzen der Menschheit" – Goethes Hymnendichtung

Noch nicht ganz ein Jahr nach seiner Ankunft in Weimar legte Goethe einem Brief an seinen Freund Lavater ein Gedicht unter dem Titel „Dem Schicksal" (1776) bei, das er später in seine „Schriften" (1789) bezeichnenderweise unter dem Titel „Einschränkung" aufnahm. Der deutliche Bezug zur Weimarer Situation ist zwar nun gegenüber der ersten Niederschrift des Gedichtes abgeschwächt, aber noch immer vorhanden:

> Ich weiß nicht, was mir hier gefällt,
> In dieser engen kleinen Welt
> Mit holdem Zauberband mich hält.

Einige Zeilen später wird das Schicksal, durch das Goethe sich in die „kleine Welt" Weimars verschlagen sieht, um Hilfe angerufen, „das rechte Maß" zu treffen. Einschränkung auf das rechte Maß, darum ging es Goethe in Weimar. Im Rückblick erschien ihm der Sturm und Drang als ein maßloses Gebaren, dem der Sinn für die dem Menschen notwendige Begrenzung fehlt, „Werther" war eine solche erste Abrechnung mit dem Streben nach unbegrenzter, jegliche Konvention negierender Unmittelbarkeit. Am deutlichsten wird jener Wandel, der sich allmählich in Goethes Dichtung vollzieht und sich dem klassischen Stil, der Suche nach Ausgewogenheit nähert, in der Lyrik, die während der ersten Weimarer Jahre entstand. Hier wiederum sind es vor allem die Hymnen *„Grenzen der Menschheit"* (1781), *„Gesang der Geister über den Wassern"* (1779), *„Das Göttliche"* (1783) und schließlich *„Meine Göttin"* (1780), die sich deutlich von den Hymnen des Sturm und Drang („Wanderers Sturmlied", „Prometheus", „Ganymed") unterscheiden. Die extreme Ichbezogenheit der frühen Hymnen, ihre Hermetik und die Kühnheit der sprachlichen Fügung haben einem ruhigeren, distanzierteren Ton Platz gemacht. Der Satzbau wird regelmäßiger, die für die frühen Hymnen charakteristischen Wortzusammensetzungen fehlen, die Gedichte sind strenger durchgliedert. Der freie Rhythmus erzwingt hier ein langsam-feierliches, das bedeutungsvolle Einzelwort akzentuierendes Sprechen. An die Stelle des genialischen Anspruchs im „Prometheus" oder der alle Grenzen zwischen Ich und Kosmos auflösenden pantheistischen Haltung im „Ganymed" ist eine distanziertere Sicht des Menschen getreten. Während die frühen Hymnen die Grenzen zwischen Gott und Mensch verwischen, kreisen die vier oben genannten Hymnen, die zwischen 1779 und 1783 entstanden, um die „Grenzen der Menschheit" oder den fundamentalen Gegensatz zwischen dem Göttlichen einerseits und dem menschlichen Los andererseits. Der Mensch ist zwar in den Naturzusammenhang eingebunden, aber die pantheistische Vergöttlichung der Natur tritt ganz zurück:

[...] unfühlend
Ist die Natur:
Es leuchtet die Sonne
Über Bös' und Gute
Und dem Verbrecher
Glänzen wie dem Besten
Der Mond und die Sterne.

Der Mensch steht unter den „ewigen, ehrnen, großen Gesetzen" der Natur. Ihre Kausalität herrscht blind, sie verteilt Glück und Unglück wahllos, sodass das menschliche Leben sinnlos zu sein scheint. Dennoch nimmt der Mensch innerhalb des Reiches der Natur eine Sonderstellung ein:

Nur allein der Mensch
Vermag das Unmögliche:
Er unterscheidet,
Wählet und richtet;
Er kann dem Augenblick
Dauer verleihen.

Er allein darf
Den Guten lohnen,
Den Bösen strafen,
Heilen und retten,
Alles Irrende, Schweifende
Nützlich verbinden.

Es sind die Fähigkeit zur kritischen Unterscheidung und zur prüfenden Abwägung sittlicher Werte und das daraus abgeleitete Richteramt gegenüber dem Mitmenschen, die den Menschen aus dem unentrinnbaren Bannkreis der gefühllosen Natur herausheben. Die sittliche Kraft im Menschen erhebt ihn, verleiht seinen Taten Dauer und lässt etwas von dem Göttlichen „ahnen". So beginnt das Gedicht *„Das Göttliche"* mit dem Appell

Edel sei der Mensch,
Hilfreich und gut!

Der Mensch gewinnt in der Ausrichtung des Handelns an den sittlichen Werten die Ausnahmeposition unter „allen Wesen, die wir kennen". Sein Beispiel „lehrt, jene zu glauben". Indem er den Göttern zu gleichen versucht, ist er „ein Vorbild jener geahnten Wesen", die,

Als wären sie Menschen,
Täten im großen,
Was der Beste im kleinen
Tut oder möchte.

Der Unterschied zwischen dem Göttlichen und dem Menschlichen ist damit nicht aufgehoben, aber er erscheint nun nicht mehr so krass wie zu Anfang. Ähnlich verläuft auch der Argumentationsprozess innerhalb der Hymne *„Grenzen der Menschheit"*. Auch dort wird dem Menschen eine Stellung zugewiesen, die es ihm allenfalls erlaubt, „den letzten Saum" von Gottes „Kleide" zu küssen. Es wäre vermessen, wenn er sich erdreisten würde, sich mit den Göttern zu messen, sie „mit dem Scheitel zu berühren", denn

> Nirgends haften dann
> Die unsichern Sohlen,
> Und mit ihm spielen
> Wolken und Winde.

Würde er aber „mit markigen Knochen" allein „auf der wohl gegründeten dauernden Erde" stehen, so könnte er sich nicht einmal mit der Eiche oder Rebe vergleichen. Endliches und Unendliches kreuzen sich somit im Menschen. Während vor den Göttern viele Wellen wie „ein ewiger Strom" sind, hebt den Menschen „die Welle und verschlingt [ihn], so dass [er] versinkt". Aber wenn auch das einzelne Individuum dazu verurteilt ist, unterzugehen („Ein kleiner Ring begrenzt unser Leben"), bilden doch die vielen Geschlechter zusammen eine „unendliche Kette". Es obliegt also dem Einzelnen, in seinem begrenzten Dasein „unermüdet das Nützliche und Rechte" zu schaffen.

3.3 Die Grenzen des „dämonischen Charakters" – Goethes „Egmont"

Die Erfahrung von Begrenzung und Gesetzmäßigkeit im Bereich der Natur, denen sich auch das Individuum zu beugen hat, artikuliert sich nicht nur in der Lyrik, sondern noch deutlicher im Drama. Goethes „Egmont" (1788), aber auch Schillers „Don Carlos" und „Wallenstein" formulieren in je unterschiedlicher Weise das Zerbrechen des einzelnen Individuums an der es begrenzenden Wirklichkeit. Schiller und Goethe fanden unabhängig voneinander zum Stoff der niederländischen Unabhängigkeitsbewegung, aber obwohl das historische Geschehen um die Ablösung der Vereinigten Niederlande von der spanischen Regierung die Stoffvorlage für ein politisches Tendenzstück hätte abgeben können, vermieden beide die politische Akzentuierung in der dramatischen Bearbeitung. Goethe richtet sein Interesse auf die Anfangsphase der Bewegung und stellt mit Egmont eine aristokratische Gestalt in den Mittelpunkt der Handlung. Schiller legt seinen Schauplatz nach Spanien. Von der Niederländischen Revolution ist nur andeutungsweise die Rede, der eigentliche Konflikt ereignet sich hier am spanischen Hofe. Der antagonistische Konflikt in Goethes „Egmont" zwischen den ihre alten Privilegien und Freiheiten einfordernden Niederländern und der spanischen Krone, die die „Kraft des niederländischen Volkes, [sein] Gemüt, den Begriff, den [es] von sich selbst hat, schwächen, niederdrücken, zerstören will, um es bequemer regieren zu können", wird nicht voll ausgespielt. Mit Egmont ist eine Zentralfigur in den Vordergrund des Stückes gestellt, die nicht die harte Auseinandersetzung, sondern den Kompromiss zwischen der Wiederherstellung der niederländischen Privilegien und den spanischen Ansprüchen auf absolute Herrschaft sucht.

Beim Armbrustschießen in Brüssel kommt das Gespräch der freiheitlich gesinnten Bürger immer wieder auf ihren Abgott Graf Egmont, den sie lieber als Regenten der Niederlande sehen würden als die vom spanischen König Philipp eingesetzte Margarete von Parma. Diese beschuldigt Egmont, an dem Unglück in Flandern schuldig zu sein, da er den ketzerischen Religionslehren, die sich im Lande auszubreiten beginnen, als erster Vorschub geleistet habe. So interpretiert Wilhelm von Oranien die Situation richtig, wenn er angesichts des mit einem Heer aus Spanien heranrückenden Herzogs Alba Egmont rät, mit ihm zusammen umgehend Brüssel zu verlassen. Doch Egmont schlägt sorglos Oraniens Rat aus, indem er sich auf seine vermeintliche Unantastbarkeit als Ritter des Goldenen Vlieses stützt. Alba hält kurz darauf mit seiner Soldateska Einzug in Brüssel. Die Soldaten verhindern jegliche Zusammenrottung der aufgebrachten Bürger, deren einziger Trost und einzige Hoffnung die Anwesenheit Egmonts in Brüssel ist. Indessen hat Alba bereits Anstalten getroffen, den ahnungslosen Egmont zu verhaften. Ein von Alba nur so lange hingezogenes Gespräch, bis ihm die Festnahme von Egmonts Geheimschreiber gemeldet wird, dient dazu, den völlig arglosen Egmont zu reizen und damit einen äußeren Grund zu seiner Festnahme zu haben. Egmont wird zum Tode verurteilt. In einem letzten Schlaf, unmittelbar vor seiner Hinrichtung, erscheinen ihm freundliche Traumbilder: Dass sein Tod den Provinzen die Freiheit verschaffen werde, verheißt ihm eine allegorische Erscheinung, die die Züge Klärchens trägt, seiner Geliebten aus bürgerlichem Hause, die mit Gift ihrem Leben ein Ende setzt, als sie von Egmonts Verhaftung hört und sehen muss, dass es unmöglich geworden ist, einen Volksaufruhr zu Egmonts Befreiung anzuzetteln.

Egmont ist keine „Führerfigur" im Sinne der Sturm-und-Drang-Dramatik. Er findet zwar die Zuneigung des Volkes, aber ihm käme nie in den Sinn, sich an die Spitze der Bürgerschaft zu stellen, denn er ist letztlich eine zutiefst unpolitische Gestalt. Er ist jemand, „welcher durch sein ganzes Leben gleichsam wachend geträumt, Leben und Liebe mehr als geschätzt, oder, vielmehr nur durch den Genuß geschätzt". Egmont geht das politische Kalkül ab; er weist die Sorge von sich. Er ermangelt des für den Politiker unabdingbaren Blicks in die Zukunft, wie ihn Oranien hat. Statt dessen ist er ganz dem Augenblick hingegeben:

„Sind uns die kurzen bunten Lumpen zu missgönnen, die ein jugendlicher Mut, eine angefrischte Phantasie um unsers Lebens arme Blöße hängen mag? Wenn ihr das Leben gar zu ernsthaft nehmt, was ist denn dran? Wenn uns der Morgen nicht zu neuen Freuden weckt, am Abend uns keine Lust zu hoffen übrig bleibt, ist's wohl des An- und Ausziehens wert? Scheint mir die Sonne heut, um das zu überlegen, was gestern war? und um zu raten, zu verbinden, was nicht zu erraten, nicht zu verbinden ist, das Schicksal eines kommenden Tages? [...] Wie von unsichtbaren Geistern gepeitscht, gehen die Sonnenpferde der Zeit mit unsers Schicksals Wagen durch; und uns bleibt nichts, als mutig gefasst die Zügel festzuhalten, und bald rechts, bald links, vom Steine hier, vom Sturze da, die Räder wegzulenken. Wohin es geht, wer weiß es? Erinnert er sich doch kaum, woher er kam." (II. Egmonts Wohnung.)

Egmont setzt auf den „ganzen freien Wert des Lebens". Wenn Schiller in seiner Rezension des „Egmont" polemisch fragt, was dieser „eigentlich Großes tue", so verschiebt er zu Unrecht den Aspekt, denn Egmont ist nicht in seinem Handeln, sondern in seinem Sein groß. Und in seiner Individualität selbst liegt auch jener Grundwiderspruch, der ihn scheitern lässt. In Egmonts eigenen Worten: „Es glaubt der Mensch, sein Leben zu leiten, sich selbst zu führen; und sein Innerstes wird unwiderstehlich nach seinem Schicksal gezogen." Der „dämonische" Charakter – auf diesen Begriff wird Goethe später selbst seinen Egmont bringen – erfährt nur in sich selbst die Begrenzung. Das Dämonische verleiht ihm einerseits die „attrattiva", jene Anziehungskraft, die sich so deutlich in der Zuneigung des Volkes, Klärchens, Oraniens, ja selbst der Königin zeigt (am Ende, kurz vor seiner Hinrichtung, vermag Egmont sogar den Sohn seines größten Widersachers, Alba, für sich einzunehmen). Andererseits verleiten Egmont aber gerade die „ungemessne Lebenslust und das grenzenlose Zutrauen zu sich selbst", die ihm drohende Gefahr zu verkennen. Er ist „verblendet". Erst im Durchgang durch das Stadium der begrenzenden Sorge, im Angesicht des bevorstehenden Todes vermag er, sich seiner selbst wieder zu vergewissern, und erlangt so seine eigentliche Freiheit. Erst so kann er durch seinen Tod den Niederländern „ein Beispiel geben", und Klärchens Erscheinung im Traume kann als Allegorie der „göttlichen Freiheit", aber auch als Vor-Schein der politischen Freiheit gedeutet werden.

3.4 Der scheiternde Idealist – Schillers „Don Carlos"

Die Verschränkung von Privatem und Öffentlichem, die bei Goethes im „Egmont" entwickelten Freiheitsbegriff deutlich wird, ist auch typisch für Schillers Drama „Don Carlos" (1787). Schiller beginnt sich mit dem Stoff des „Don Carlos" zu befassen, kurz nachdem er sein zweites bürgerliches Trauerspiel, „Kabale und Liebe", beendet hat. Er betritt mit dem Stoff des „Don Carlos" neues Terrain, denn „große Staatspersonen" werden zu dramatischen Figuren. Dem „politischen Stück", dem „kühneren Tableau", das er für „Don

Carlos" entwirft, haften aber noch immer Züge des „bürgerlichen Sujets" an, sodass Schiller sich selbst eingestehen muss, sein Drama bilde „ein Familiengemälde im fürstlichen Hause". Diese Widersprüchlichkeit – hier bürgerliches Sujet, dort großes historisches Stück – bedrängt die Einheitlichkeit der Konzeption des „Don Carlos", die um so mehr noch in Frage gestellt ist, als sich in einer späteren Schaffensphase das Interesse Schillers auf die Figur des Posa verlagert, vor der das Interesse an der Carlos-Gestalt in den Hintergrund tritt. Schiller selbst sucht in seiner Verteidigungsschrift über „Don Carlos" („Briefe über Don Carlos", 1788) gegenüber den Kritikern, die Anstoß an der mangelnden Einheit des „Don Carlos" nahmen, jenes vereinheitlichende Moment des Dramas zu bestimmen und glaubt, es im Humanitätsideal finden zu können. Dieses Ideal äußert sich vor allem in dem zentralen Gespräch zwischen König und Marquis Posa. Hier entwirft Posa das visionäre Bild eines „menschlichen Staates":

> „[...] Sanftere
> Jahrhunderte verdrängen Philipps Zeiten;
> Die bringen mildre Weisheit; Bürgerglück
> Wird dann versöhnt mit Fürstengröße wandeln,
> Der karge Staat mit seinen Kindern geizen,
> Und die Notwendigkeit wird menschlich sein." (III, 10.)

Voraussetzung eines solchen Staatsgebildes, in dem die Menschheit wieder in ihre alten „geheiligten Rechte" eingesetzt ist, wäre die Gedankenfreiheit:

> „Ein Federzug von dieser Hand, und neu
> Erschaffen wird die Erde. Geben Sie
> Gedankenfreiheit." (Ebd.)

Nur wenn durch Freiheit der „Menschheit verlorner Adel" wieder hergestellt ist, wird der Bürger wieder,

> „was er zuvor gewesen,
> Der Krone Zweck – ihn binde keine Pflicht
> Als seiner Brüder gleich ehrwürd'ge Rechte". (Ebd.)

Im Gedanken an die Gründung eines solchen Staates überwindet Carlos seine Liebe zur Königin, lässt sie in der Idee der Freisetzung eines Volkes ganz aufgehen. Im Humanitätsideal muss aber auch Posa seine Freundschaft gegenüber Carlos bewähren, versagt jedoch, wenn er das, was er als Idealist plant, in die Wirklichkeit umsetzen soll und dazu Carlos als „Werkzeug" gebraucht. Die Handlungsführung des „Don Carlos" findet demnach ihre Mitte in der Darstellung der Widersprüchlichkeit personaler Liebe und Freundschaft einerseits und der begrenzenden politischen Notwendigkeit andererseits. Aus dieser Sicht erweist sich die Figur des Königs als die eigentlich tragische Figur, muss er doch in seiner Person selbst diesen unüberwindlichen Zwiespalt von königlicher Rolle und Mensch austragen. Schillers „Don Carlos“ ist folglich kein Tendenzdrama im Sinne seiner Sturm-und-Drang-Dramen, denn es geht Schiller trotz anderslautender Beteuerungen weniger um die Propagierung seiner Idee der Gedankenfreiheit als darum zu zeigen, wie die Ideen der Humanität, Freiheit und Liebe an der Notwendigkeit innerhalb des geschichtlichen Raumes scheitern und scheitern müssen. Das Scheitern als gesetzliche Notwendigkeit ist die tiefere „poetische Wahrheit“, die Schiller darstellen will und um derentwillen er gar die „historische Wahrheit“ hintansetzen muss. Nur der Zuschauer kann im ästhetischen Akt der Rezeption des Dramas Anteil an der Freiheit gewinnen, denn die im Theaterraum erzeugte Sympathie „verbrüdert, löst in ein Geschlecht auf, macht den Zuschauer seiner selbst und der Welt vergessen und nähert ihn dem himmlischen Ursprung“ (s. Schillers Abhandlung „Die Schaubühne als eine moralische Anstalt betrachtet“, 1785). Nur im Theater, in der abgezirkelten Sphäre der Kunst, nicht aber in der geschichtlichen Wirklichkeit, kann der Mensch „Mensch“ sein.

3.5 Die begrenzende Macht des „Gemeinen“ – Schillers „Wallenstein“ und „Maria Stuart“

Was im „Don Carlos“ an einer Nebenfigur, nämlich Posa, aufgezeigt wird, beherrscht in Schillers in den Jahren 1796–1799 entstandener Trilogie *„Wallenstein“* (Wallensteins Lager, Die Piccolomini, Wallensteins Tod) die Zentralfigur. Der Idealismus Wallensteins, sein Versuch, ein neues Reich zu gründen, scheitert an der gemeinen Realität. Bereits im „Prolog“ des Dramas umreißt Schiller die der Hauptfigur innewohnende Dialektikt:

> „Auf diesem finstern Zeitgrund malet sich
> Ein Unternehmen kühnen Übermuts
> Und ein verwegener Charakter ab.
> Ihr kennet ihn – den Schöpfer kühner Heere,
> Des Lagers Abgott und der Länder Geißel,
> Die Stütze und den Schrecken seines Kaisers,
> Des Glückes abenteuerlichen Sohn,
> Der, von der Zeiten Gunst emporgetragen,
> Der Ehre höchste Staffeln rasch erstieg
> Und, ungesättigt immer weiter strebend,
> Der unbezähmten Ehrsucht Opfer fiel.
> Von der Parteien Gunst und Hass verwirrt
> Schwankt sein Charakterbild in der Geschichte;

> Doch euren Augen soll ihn jetzt die Kunst,
> Auch eurem Herzen menschlich näher bringen.
> Denn jedes Äußerste führt sie, die alles
> Begrenzt und bindet, zur Natur zurück,
> Sie sieht den Menschen in des Lebens Drang
> Und wälzt die größre Hälfte seiner Schuld
> Den unglückseligen Gestirnen zu."

Wallenstein will Frieden im Zeichen einer neuen Ordnung schaffen. Octavio umschreibt Wallensteins Ziel:

> „Nichts will er, als dem Reich den Frieden schenken;
> Und weil der Kaiser diesen Frieden hasst,
> So will er ihn – er will ihn dazu zwingen!
> Zufrieden stellen will er alle Teile,
> Und zum Ersatz für seine Mühe Böhmen,
> Das er schon innehat, für sich behalten." (Die Piccolomini, V, 1.)

Aber wie in Wallenstein selbst sein Hang zur Freiheit und seine Machtgier eine unreine Mischung eingehen, kollidieren bei der Umsetzung seiner Gedanken in die Wirklichkeit Freiheit und Notwendigkeit. Es macht die tragische Ironie des Dramas aus, dass sich Wallenstein in jenem Netz verfängt, das er selbst geknüpft hat. Zu Beginn des großen Monologs in I, 4 (Wallensteins Tod) ahnt er etwas von der Eigendynamik der Wirklichkeit, die sich seiner Bestimmung und Berechenbarkeit entzieht:

> Wär's möglich? Könnt ich nicht mehr, wie ich wollte?
> Nicht mehr zurück, wie mir's beliebt? Ich müsste
> Die Tat vollbringen, weil ich sie gedacht,
> Nicht die Versuchung von mir wies – das Herz
> Genährt mit diesem Traum, auf ungewisse
> Erfüllung hin die Mittel mir gespart,
> Die Wege bloß mir offen hab gehalten?
> [...]
> Strafbar erschein ich, und ich kann die Schuld,
> Wie ich's versuchen mag! nicht von mir wälzen;
> Denn mich verklagt der Doppelsinn des Lebens,
> Und – selbst der frommen Quelle reine Tat
> Wird der Verdacht, schlimmdeutend, mir vergiften.[...]
> [...] So hab ich
> Mit eignem Netz verderblich mich umstrickt,
> [...]
> In meiner Brust war meine Tat noch mein;
> Einmal entlassen aus dem sichern Winkel
> Des Herzens, ihrem mütterlichen Boden,

Hinausgegeben in des Lebens Fremde,
Gehört sie jenen tück'schen Mächten an,
Die keines Menschen Kunst vertraulich macht."

Wallenstein scheitert am Gemeinen, sowohl am Gemeinen, an dem er selbst aufgrund seiner Machtgier teilhat, als auch am Gemeinen der Wirklichkeit, die sich ihm und seinen Plänen widersetzt:

„[...] Das ganz
Gemeine ist's, das ewig Gestrige,
Was immer war und immer wiederkehrt
Und morgen gilt, weil's heute hat gegolten!
Denn aus Gemeinem ist der Mensch gemacht," (Ebd.)

Die Wirklichkeit ist doppelsinnig und damit letztlich unberechenbar. Nur Max Piccolomini und Thekla vermögen sich den Bestimmungen der Wirklichkeit zu entziehen, denen alle anderen Gestalten unterliegen und die ihre Pläne zerschlagen oder gar ins genaue Gegenteil umkehren, indem sie den Tod als den einzig möglichen Ausweg wählen, um in ihm die ungelebte und unlebbare Utopie zu retten und im Gedächtnis an ihren Tod aufzubewahren.

In der Gestaltung des „Wallenstein" schlägt sich Schillers auch professionell an der Universität Jena betriebene Beschäftigung mit der Geschichte nieder. Wie Goethe das Studium der Natur, so ließ Schiller das Studium der Geschichte darauf aufmerksam werden, welch enge Grenzen dem einzelnen Individuum, selbst dem großen, gesetzt sind. Schiller verbietet sich somit in der Trilogie den Idealismus, die Möglichkeit, „die er noch im ‚Carlos' nutzte, die fehlende Wahrheit durch schöne Idealität zu ersetzen". Im „Wallenstein" – so gesteht er in einem Brief an Wilhelm von Humboldt (21. 3. 1796) – will er es probieren, „durch die bloße Wahrheit für die fehlende Idealität (die sentimentalische nämlich) zu entschädigen". Die Schwierigkeit steigert sich noch, wenn man bedenkt, dass

„der eigentliche Realism den Erfolg nötig hat, den der idealistische Charakter entbehren kann. Unglücklicher Weise aber hat Wallenstein den Erfolg gegen sich, und nun erfordert es Geschicklichkeit, ihn auf der gehörigen Höhe zu erhalten. Seine Unternehmung ist moralisch schlecht, und sie verunglückt physisch. Er ist im Einzelnen nie groß, und im Ganzen kommt er um seinen Zweck. Er berechnet alles auf die Wirkung, und diese misslingt. Er kann sich nicht, wie der Idealist, in sich selbst einhüllen und sich über die Materie erheben, sondern er will die Materie sich unterwerfen, und erreicht es nicht."

Diese Materie, deren Opfer Wallenstein wird, will Schiller anschaulich machen: „Die Base, worauf Wallenstein seine Unternehmung gründet, ist die Armee", wie Schiller in einem Brief an Körner (28. 9. 1796) erwähnt, und nur

so ist zu verstehen, warum er den ganzen ersten Teil der Trilogie zu einer bislang für das Theater ungekannten realistischen Schilderung von Wallensteins Lager nutzt. Die Macht, die er der Realgeschichte beimisst, erzwingt von ihm, dass er durchgehend „die Handlung wie die Charaktere aus ihrer Zeit, ihrem Lokal und dem ganzen Zusammenhang der Begebenheiten schöpft", so eine bislang ungekannte Farbigkeit erzielend.
Es bleibt jedoch die Frage, ob Schiller als Dramatiker im „Wallenstein" ganz auf das verzichtete, was er noch als die Aufgabe des Universalhistorikers in seiner Jenaer Antrittsvorlesung „Was heißt und zu welchem Ende studiert man Universalgeschichte?" umschrieben hatte:

> „Aus der ganzen Summe [der geschichtlichen] Begebenheiten hebt der Universalhistoriker diejenigen heraus, welche auf die heutige Gestalt der Welt und den Zustand der jetzt lebenden Generation einen wesentlichen, unwidersprechlichen und leicht zu verfolgenden Einfluss gehabt haben. Das Verhältnis eines historischen Datums zu der heutigen Weltverfassung ist es also, worauf gesehen werden muss, um Materialien für die Weltgeschichte zu sammeln. [...] Der Universalhistoriker rückt von der neuesten Weltlage aufwärts dem Ursprung der Dinge entgegen."

Es lässt zumindest aufmerken, dass Napoleon eine Aufführung des „Wallenstein" durch das Théâtre français verbot, weil man ihn in dem „Usurpator" hätte porträtiert finden können. Und eine weitere Parallele zwischen der Gegenwart Schillers und der Vergangenheit wird erkennbar, wenn man bedenkt, dass sowohl der Dreißigjährige Krieg als auch die Koalitionskriege zur Zeit Schillers ein Europa erschütterndes Phänomen waren. Erst der Westfälische Friede stiftete 1648 eine neue Ordnung. Die deutlichen Konturen eines vergleichbaren Ordnungsprinzips sah Schiller für seine Zeit noch nicht. Ihm zeigte sich nur, wie durch die Macht des Gemeinen die Idee der Französischen Revolution pervertiert und Europa in die Krise geraten war.

Historische und poetische Wahrheit verbindet Schiller wie im „Wallenstein" auch in seinem Historiendrama „Maria Stuart". Er erfindet Figuren wie Mortimer, der von Marias Schönheit fasziniert ist, sich in sie verliebt und sie retten will. Ebenso nimmt sich Schiller die Freiheit gegenüber der Geschichte heraus, wenn er wichtige Verhältnisse wie das zwischen Maria und Leicester gestaltet. Leicester wird zum Nebenbuhler Mortimers. Er ist zwar Günstling der englischen Königin Elisabeth, wirbt aber vergeblich um deren Hand und wendet sich dann erneut Maria, die er einst liebte, zu. Ihm vertraut sich Mortimer mit einem Entführungsplan an, der aber Leicester als zu gewagt ablehnt. Er bevorzugt die diplomatische Lösung, das Zusammentreffen der beiden Königinnen, von dem er sich eine Begnadigung der gefangenen Maria durch Elisabeth erhofft. Die Begegnung, die Schillers freie Erfindung ist und die er als Peripetie ins Zentrum seines Stückes rückt, endet anders als erwartet. Anfänglich noch unterwürfig, fühlt sich Maria, angestachelt durch den Hochmut der Elisabeth, zu dem entscheidenden, sie ins Unglück stürzenden Satz provoziert: „Der Thron von England ist durch einen Bastard entweiht." Diese Formulierung, die auf die Herkunft Elisabeths unmissverständlich anspielt und zugleich Marias Anspruch auf den Thron enthält, lässt Elisabeth das Todesurteil unterschreiben. Maria, die in der Begegnung mit Elisabeth zu sich gefunden hat, beugt sich dem Todesurteil und gewinnt in dieser Übereinstimmung mit sich selbst den ersten Schritt zur Freiheit. Die Art, wie sie ihren Tod empfängt, lässt in ihr das – wie Schiller es nennt – Pathetischerhabene erscheinen:

„Zum Pathetischerhabenen werden also zwei Hauptbedingungen erfordert. Erstlich eine lebhafte Vorstellung des Leidens, um den mitleidenden Affekt in der gehörigen Stärke zu erregen. Zweitens eine Vorstellung des Widerstandes gegen das Leiden, um die innre Gemütsfreiheit ins Bewusstsein zu rufen. Nur durch das erste wird der Gegenstand pathetisch, nur durch das zweite wird das Pathetische zugleich erhaben. Aus diesem Grundsatz fließen die beiden Fundamentalgesetze aller tragischen Kunst. Diese sind erstlich: Darstellung der leidenden Natur; zweitens: Darstellung der moralischen Selbständigkeit im Leiden." („Vom Erhabenen", 1793)

Am Ende ist Maria eine „schöne Seele" geworden; innere und äußere Schönheit stimmen überein; Pflicht und Neigung sind eins geworden.

4 Die Auseinandersetzung mit der Französischen Revolution

4.1 Das zwiespältige Verhalten der deutschen Intellektuellen

Mit Begeisterung, zumindest aber mit Wohlwollen beobachtete die geistige Elite Deutschlands zunächst die Ereignisse in Frankreich seit der Einberufung der Generalstände im Jahre 1788. *Herder* feierte den Sturm auf die Bastille als „Taufe der Menschheit" und „Fest des Bundes" zwischen Gott und seinem Volke, *Hölderlin* sprach von einer „neuen Schöpfungsstunde". *Klopstock* pries in seinem Gedicht „Les états généraux" die Franken:

> Der kühne Reichstag Galliens dämmert schon;
> Der Morgenschauer dringt den Wartenden
> Durch Mark und Bein: o komm, du neue,
> Labende, selbst nicht geträumte Sonne!
> [...]
> Verzeiht, o Franken! (Name der Brüder ist
> Der edle Name), daß ich den Deutschen oft
> Zurufte, das zu fliehn, warum ich
> Ihnen jetzt flehe, euch nachzuahmen.

Aber schon während der Auseinandersetzungen innerhalb der verfassunggebenden Nationalversammlung, spätestens aber nach den Gräueln der Septembermorde und schließlich der Enthauptung Ludwigs XVI. kehrte sich die anfängliche Euphorie in Skepsis und Ablehnung um. Klopstock erinnerte in seiner gleichnamigen Ode die Franzosen an ihr „Versprechen" (1795):

> Kein Eroberungskrieg! So scholl das heilige Wort einst,
> Das ihr uns gabt, verehret, als nie verehret ein Volk ward,
> Und (so deucht' es uns) Stimmen Unsterblicher wiederholten:
> Künftig nicht mehr Eroberungskrieg.
> Und jetzt führet ihr ihn, den allverderbenden, [...]

Wieland, der zunächst beobachtete, wie dort eine „Nation auf einmal wie ein einzelner Mann aufstand, um für ihre neu erwählten Göttinnen, Freiheit und Gleichheit, zum Sieg oder in den Tod zu gehen", konstatierte schon recht bald, dass das französische Volk für eine freiheitliche Verfassung und für die Freiheit selbst „noch nicht reif" sei. Schiller, seit 1792 ausgezeichnet als Ehrenbürger der Französischen Nation – vor allem seiner frühen Dramen wegen –, reagierte angesichts des Verlaufs der Französischen Revolution noch schroffer: „Ich kann seit 14 Tagen keine französische Zeitung mehr lesen, so ekeln diese elenden Schindersknechte mich an."

4.2 Der literarische Jakobinismus

Johann Georg Forster: Reise um die Welt (1779/80)
Ansichten vom Niederrhein (1791–1794)
Adolf Freiherr von Knigge:
Benjamin Noldmanns Geschichte der Aufklärung in Abyssinien (1791)
Josephs von Wurmbrand ... politisches Glaubensbekenntniß, mit Hinsicht auf die französische Revolution und deren Folgen (1792)
Johann Andreas G. Fr. Rebmann:
Kosmopolitische Wanderungen durch einen Theil Deutschlands (1793)

Während der größte Teil der literarischen Intelligenz in Deutschland trotz anfänglicher Zustimmung also die Französische Revolution ablehnte, blieb ein kleiner Teil von Schriftstellern auch nach den blutigen Septembermorden, dem Sturz der Gironde und der Hinrichtung Ludwigs XVI. den Idealen der Französischen Revolution verbunden. Diese Gruppe revolutionärer Demokraten war der Ansicht, dass Freiheit und Gleichheit nicht durch Reform, sondern allein durch eine vom Volk getragene Revolution den feudalen Mächten abzuringen waren. Entsprechend schrieben sie auch der Literatur, entgegen den Klassikern, die Funktion zu, das Volk revolutionsbereit zu machen.
Die Literatur der Jakobiner, wie diese Gruppe von Schriftstellern sich in Anlehnung an die französischen Jakobiner selbst nannte oder von ihren Gegnern so tituliert wurde, knüpfte sehr eng an das Konzept der aufklärerischen Literatur des 18. Jahrhunderts an. Die Publikumsschicht, für die sie schrieben, bildeten nach ihrer Aussage nicht mehr primär die „jungen Kandidaten, angehenden Pastoren oder Studenten“, das Publikum der Jakobiner bestand vielmehr „aus Friseuren, Kammerjungfern, Bedienten, Kaufmannsdienern und dergleichen“. Es galt, mit Hilfe der Literatur in diesen Kreisen einen Prozess politischer Selbstverständigung in Gang zu setzen, Aufklärung zu betreiben, Missstände anzuprangern, zu agitieren, Handlungskonzepte zu entwerfen und schließlich darauf zu dringen, das Gedachte und für richtig Befundene in die Praxis umzusetzen. Wollte man jedoch das Volk aufklären, in seinen legitimen Forderungen bestärken und zu Aktionen mobilisieren, musste man es in einer den Massen möglichst adäquaten Weise tun, d. h., die Intention der deutschen Jakobiner, sich mit ihrer Literatur an das Volk zu wenden und sich mit ihrer Literatur letztlich in den Dienst des Volkes zu stellen, ließ sich nur dann realisieren, wenn man für die Literatur eine volksgemäße Sprache und Form fand. Die beabsichtigte Funktionalisierung und Operationalisierung der Literatur erforderte somit zum einen die Wahl sol-

cher literarischer Genres, die dem Leser vertraut waren, zum andern die Benutzung literarischer Muster und Stilmittel, die vorwiegend eine Appellfunktion ausübten oder sie unterstützten.

So erklärt sich die Vorliebe des literarischen Jakobinismus für die noch in der Tradition der Moralischen Wochenschriften stehende Zeitschrift, das Flugblatt, die politische Rede. Die traktatähnliche Abhandlung, durch die verkrustete Vorstellungen aufgebrochen und den Ideen der Menschenrechte, des Republikanismus, des Patriotismus und Kosmopolitismus der Weg geöffnet werden sollte, bediente sich der in aufklärerischer Tradition stehenden Form des fiktiven Gesprächs oder des im Volke bekannten, nun aber säkularisierten Katechismus. Während für die Klassiker wegen der außerästhetischen Zweckgebundenheit die Verwendung rhetorischer Mittel und der Gebrauch lehrhafter Dichtungsformen weitgehend verpönt waren, nutzten die Vertreter einer demokratisch-revolutionären Literatur Formen wie Fabel, Aphorismus, Satire oder den unterhaltend-belehrenden Kalender.

Was die Lyrik betraf, so sahen sich die Jakobiner vor große Schwierigkeiten gestellt, gab es doch innerhalb der deutschen Literatur fast keine Vorbilder politischer Lyrik mit Ausnahme einiger Gedichte Schubarts, Pfeffels oder Bürgers. Gerade aber die Lyrik war aufgrund ihrer Einprägsamkeit ein wichtiges Medium politischer Bewusstseinsbildung und Solidaritätsstimmung, wie die „Marseillaise“ bewiesen hatte. So entstanden zunächst Nachdichtungen und Variationen der „Marseillaise“, zu denen bald andere Kampf- und Agitationslieder kamen. Allen Liedern eignet ein hohes Maß an Sangbarkeit. In ihrer Form sind sie häufig Nachahmungen beliebter Vers- und Strophenformen; häufig wird auf bekannte Melodien von Kirchen- oder Trinkliedern zurückgegriffen. Eher auf die bildungsbürgerliche Lektüre als auf den Gebrauch bei Kampfhandlungen oder Festen (zum Beispiel beim Pflanzen sog. Freiheitsbäume) waren die odischen oder hymnischen Lobpreisungen von Freiheit, Gleichheit und Vernunft ausgerichtet. An diese Publikumsschicht wandten sich auch wohl primär die satirischen Romane Knigges und die Reisebeschreibungen von *Campe*, *Forster*, *Rebmann* und *Reichardt*.

Mit besonderem Enthusiasmus widmete man sich dem Schauspiel, versprach man sich doch vom Theater eine große Wirkung auf die Masse. „Eben diese Kunst, welche von der schlauen Despotie nur zu lange zum süßen Mohnsafte umgeschaffen war, unsere für große Dinge gewiss nicht unempfängliche Seelen in tatenlosen Schlummer einzuwiegen, sei das Gegengift für die von ihr selbst geschlagenen Wunden!“ – so erläuterte Deyer die Theaterkonzeption der Jakobiner und fuhr fort:

„Eben diese Kunst, die sich zeither nur beschäftigte, uns das Glückliche und Süße des einzelnen Menschen in seinen häuslichen Verhältnissen in Bildern zu zeigen, die alle großen Ideen, die die Beispiele der Franzosen und der freien Völker aller Zeiten in uns entzündeten, ersticken und uns in dem Glücke des einzelnen die Wohlfahrt des Ganzen vergessen machen sollte, eben diese Kunst [...] soll ins künftige, weit entfernt, uns stets die kleinlichen Bilder unsrer eigenen Glückseligkeit zu zeigen, sich zum Ziele die Betreibung des allgemeinen Wohles machen."

Doch allein in Mainz konnte nach der Einrichtung einer Republik das Theaterkonzept der Jakobiner in Form eines „National-Bürgertheaters" für kurze Zeit realisiert werden.
Die Jakobiner waren, was ihre schriftstellerische Arbeit betrifft, optimistisch. „Die allgemeine Stimme des Volks ist es, die durch die Schriftsteller redet", so heißt es in Adolf Freiherr *Knigges* „Josephs von Wurmbrand [...] politischem Glaubensbekenntniß, mit Hinsicht auf die Französische Revolution und deren Folgen" (1792):

„Allein nicht nur ist keine Befugnis, es ist auch keine Möglichkeit da, die Aufklärung zurückzuhalten; und wenn sie nun einmal [...] ihre Fortschritte macht, so ist es die Pflicht derer, die über so wichtige Gegenstände reiflicher nachgedacht haben, ihren Mitbürgern den Leitfaden zu bessrer Anordnung ihrer Gedanken zu geben – das ist wahrer Schriftsteller-Beruf. Auf diese Weise kann der Gelehrte, wenn er das Bedürfnis seines Zeitalters richtig kennt, sehr nützlich werden."

Aber all dieser Optimismus, der aus diesem Zitat Knigges deutlich wird, verbindet sich dennoch mit einem gehörigen Maß an Skepsis über den Grad der literarischen Wirksamkeit auf die politische Praxis. So ist es Ausdruck dieser Skepsis, dass viele der schriftstellernden Jakobiner gleichzeitig aktiv in der Politik mitwirkten. Das berühmteste Beispiel: Johann Georg *Forsters* Engagement innerhalb der Mainzer Republik. Forster war konsequenter Anhänger der Französischen Revolution, Abgeordneter der Mainzer Jakobiner in Paris und 1792/93 führendes Mitglied des jakobinischen Mainzer Klubs. Er trat für den Anschluss des linksrheinischen Deutschlands an Frankreich ein. Aufgrund seiner Aktivitäten wurde er vom Reich als Landesverräter geächtet.

Weimarer Klassik und literarischer Jakobinismus sind demnach zwei unterschiedliche, extrem zueinander stehende Antworten auf die Herausforderung durch die in der Französischen Revolution aufgebrochenen Probleme. Die Jakobiner sahen sich auch selbst in einen solchen Gegensatz zu den Klassikern gebracht. So polemisiert Friedrich Christian Laukhard direkt gegen das von Schiller in der „Horen"-Vorrede entwickelte ästhetische Programm:

Es ist „sehr irrig [zu] behaupten: Keine Regierung könne die Völker bürgerlich frei machen, bevor diese sich nicht selbst moralisch frei gemacht hätten. Dies ist wahrlich eben so viel, als wenn man behaupten wollte, man müsse keinem erlauben, eher gehen zu lernen, bis er tanzen gelernt hätte. [...] Auf eben diesem verkehrten [...] Wege finden wir auch den Herausgeber und die Verfasser der Horen."

Damit sind die unterschiedlichen, nicht miteinander zu vereinbarenden ideologischen Ausgangspositionen und die daraus abgeleiteten ästhetischen Verfahren in aller Klarheit benannt. Während sich die Partei der Jakobiner der Ansicht verschrieb, die revolutionäre bürgerliche Befreiung habe der moralischen Befreiung voranzugehen und die Poesie sei ganz in den Dienst dieses Befreiungsversuches zu stellen, vertrat die andere Partei die Auffassung, zuerst müsse auf dem Wege der Reform die moralische Befreiung erfolgen, um die bürgerliche herbeizuführen, und bei dieser moralischen Emanzipation habe die Poesie ihren Teil zu leisten. Die solchermaßen divergierenden Ansichten lassen verständlich werden, warum Goethe und Forster, als sie in Mainz zusammentrafen, sich nichts zu sagen hatten, obwohl *Forster*, berühmt durch seine „Reise um die Welt“ (1779/80) und die „Ansichten vom Niederrhein“ (1791–1794), ein nicht uninteressanter Gesprächspartner für Goethe gewesen wäre. Aber für Goethe, der mit dem Herzog Karl August am Rheinfeldzug teilnahm, gebot es der Takt, „von politischen Dingen“ nicht zu reden, denn: „Man fühlte, dass man sich wechselseitig zu schonen habe, denn wenn er [Forster] republikanische Gesinnungen nicht ganz verleugnete, so eilte ich offenbar, mit einer Armee zu ziehen, die eben diesen Gesinnungen und ihrer Wirkung ein entschiedenes Ende machen sollte.“

4.3 Goethes Auseinandersetzung mit der Französischen Revolution

Johann Wolfgang von Goethe: Die Aufgeregten (1791/92)
Der Bürgergeneral (1793)
Unterhaltungen deutscher Ausgewanderten (1795)
Hermann und Dorothea (1797)
Die natürliche Tochter (1804)

Goethes Teilnahme am Rheinfeldzug im Gefolge des Herzogs sollte jedoch nicht zu der Annahme verleiten, er sympathisiere eindeutig mit der konterrevolutionären Seite. Er selbst umschrieb seinen Standpunkt zusammenfassend anlässlich eines Gesprächs mit Eckermann (4. 1. 1824) folgendermaßen:

> „Es ist wahr, ich konnte kein Freund der Französischen Revolution sein, denn ihre Gräuel standen mir zu nahe und empörten mich täglich [...]. Ebensowenig aber war ich ein Freund herrischer Willkür. Auch war ich vollkommen überzeugt, dass irgendeine große Revolution nie Schuld des Volkes ist, sondern der Regierung. Revolutionen sind ganz unmöglich, sobald die Regierungen fortwährend gerecht und fortwährend wach sind, so dass sie ihnen durch zeitgemäße Verbesserungen entgegenkommen und

sich nicht so lange sträuben, bis das Notwendige von unten her erzwungen wird. Weil ich nun aber die Revolutionen hasste, so nannte man mich einen Freund des Bestehenden. Das ist aber ein sehr zweideutiger Titel, den ich mir verbitten möchte. Wenn das Bestehende alles vortrefflich, gut und gerecht wäre, so hätte ich gar nichts dawider. Da aber neben vielem Guten zugleich viel Schlechtes, Ungerechtes und Unvollkommenes besteht, so heißt ein Freund des Bestehenden oft nicht viel weniger als ein Freund des Veralteten und Schlechten."

Die Ursachen für die Französische Revolution waren Goethe nicht verborgen geblieben. Auch seine Amtstätigkeit in Weimar hatte ihm hierzu genügend Anschauungsmaterial geboten. In einem Brief an Knebel (13. 4. 1782) berichtet er:

„So steig ich durch alle Stände aufwärts, sehe den Bauersmann der Erde das Notdürftige abfordern, das doch auch ein behäglich Auskommen wäre, wenn er nur für sich schwitzte. Du weißt aber, wenn die Blattläuse auf den Rosenzweigen sitzen und sich hübsch dick und grün gezogen haben, dann kommen die Ameisen und saugen ihnen den filtrierten Satz aus den Leibern. Und so gehts weiter, und wir habens so weit gebracht, dass oben immer in einem Tage mehr verzehrt wird, als unten in einem beigebracht [...] werden kann."

4.3.1 Ausgleich statt Revolution – Goethes Revolutionskomödien

Goethe weiß, wie seine Gräfin in dem Drama *„Die Aufgeregten"* (1791/92), dass „das Volk wohl zu drücken, aber nicht zu unterdrücken ist und dass die revolutionären Aufstände der unteren Klassen eine Folge der Ungerechtigkeiten der Großen sind". Seine Ablehnung der Französischen Revolution resultierte demnach nicht aus einer uneingeschränkten Bejahung des Ancien régime, sondern aus der Verstörung, die er angesichts „des garstigen Gespenstes, das man Genius der Zeit nennt" (so in einem Brief an Johann Heinrich Meyer, 17. 7. 1794), empfand. Nicht nur, dass er „den Thron gestürzt und zersplittert, eine große Nation aus ihren Fugen gerückt und [...] die Welt schon aus ihren Fugen" sah (s. *„Campagne in Frankreich"*, 1792, 1822); was ihn vor allem bedrängte, war die Angst vor dem „revolutionären Pöbel". In den *„Maximen und Reflexionen"* (ab 1809) bemerkt er:

„Nichts ist widerwärtiger als die Majorität; denn sie besteht aus wenigen kräftigen Vorgängern, aus Schelmen, die sich akkommodieren, aus Schwachen, die sich assimilieren, und der Masse, die nachtrollt, ohne nur im mindesten zu wissen, was sie will."

Vor solchen Schelmen wollte Goethe warnen und davor, dass „man voreilig in Deutschland künstlicherweise ähnliche Szenen herbeizuführen trachtete, die in Frankreich Folge einer großen Notwendigkeit waren". Im *„Bürgergeneral"* (1793) zeichnet er in der Hauptfigur des Schnaps, in dem unvollendet gebliebenen Stück *„Die Aufgeregten"* (1792) in der Figur des Barbiers Breme, der den Kopf voller revolutionärer Phrasen hat, zwei verlachenswürdige Gestalten, die aus egoistischen Motiven oder aus purer Phantasterei heraus die Revolution von Frankreich nach Deutschland verpflanzen wollen. Sowohl im „Bürgergeneral" als auch in den „Aufgeregten" sind es letztlich die Einsichtigen aus den Reihen des Adels, die den heraufbeschworenen Konflikt einzudämmen verstehen.

Goethe musste jedoch erkennen, dass mit der Lustspielform das Sujet nicht adäquat zu bewältigen war. Aus dem Missgriff in der literarischen Form lernend, plante er eine Tragödie über das „Mädchen von Oberkirch", das lieber sterben als sich dem Kult der Göttin der Vernunft beugen will. Aber Goethe konzipierte nur wenige Szenen dieses Stückes. Gleichfalls scheiterte der Plan zur dramatischen Trilogie „Die natürliche Tochter" (1804), in der er sich nach eigener Aussage ein letztes „Gefäß" bereiten wollte, darin er alles, was er „so manches Jahr über die Französische Revolution und deren Folgen geschrieben und gedacht, mit geziemendem Ernst niederzulegen" hoffte. Nur der erste Teil der Trilogie konnte vollendet werden.

4.3.2 Diskurs statt Dissens – Goethes „Hermann und Dorothea" und die „Unterhaltungen deutscher Ausgewanderter"

In Goethes in den Jahren 1796/97 entstandenem Epos in neun Gesängen, „Hermann und Dorothea", werden die Ordnung verbürgenden Verhältnisse der bürgerlichen Familie der Französischen Revolution und ihren Wirren entgegengesetzt. Angeregt durch Voß' Epos „Luise" (1795) und durch dessen Übersetzung der Homerischen Epen „Odyssee" (1781) und „Ilias" (1793), lässt sich in den 90er-Jahren ein verstärktes Interesse bei Goethe am Versepos, der höchsten literarischen Gattung auch noch nach der Beurteilung der Ästhetiker des 18. Jahrhunderts, feststellen. Die Französische Revolution brachte Goethe das „Reineke"-Epos (1794) näher: „Hier", so schrieb er an Charlotte von Kalb am 28. 6. 1794, „kommt Reineke Fuchs, der Schelm, und verspricht sich eine gute Aufnahme. Da dieses Geschlecht auch zu unsern Zeiten bei Höfen, besonders aber in Republiken sehr angesehen und unentbehrlich ist, so möchte nichts billiger sein, als seine Ahnherrn recht kennen zu lernen." Und auch in „Hermann und Dorothea" bildet die Französische Revolution den Hintergrund des Geschehens, obwohl Goethes Vorlage eine erbauliche Anekdote aus der Emigrationsgeschichte von den aus dem Erzbistum Salzburg vertriebenen Lutheranern bildete. Goethe legt das Geschehen jedoch in einen kleinen, überschaubaren rechtsrheinischen Ort.

Hermann, Sohn des wohlhabenden Wirtes, lernt die zu einer Gruppe von Flüchtlingen gehörende Dorothea kennen, als er den auf der Flucht befindlichen linksrheinischen Deutschen unterwegs Geschenke überbringen will. Wieder zu Hause angekommen, gerät er mit seinem Vater, der sich gerade zusammen mit der Mutter, dem Pfarrer und dem Apotheker über die wirren Zeitläufe unterhält, in Streit, weil sich der Vater eine reiche Schwiegertochter ins Haus wünscht. Hermann gesteht seine plötzlich entbrannte Liebe zu der armen Dorothea. Man kommt überein, dass der Pfarrer und der Apotheker sich nach dem Leumund des Mädchens erkundigen sollen. Beide bringen in Erfahrung, dass Dorothea sich bei einem Überfall französischer Truppen vorbildlich und heldenhaft verhalten hat. Hermann führt darauf Dorothea, die durch den ungeschickt formulierten Antrag Hermanns glaubt, als Magd gedungen worden zu sein, in sein Elternhaus. Nachdem der Pfarrer das Missverständnis aufgeklärt hat, steht einer Heirat zwischen Hermann und Dorothea nichts mehr im Wege.

Der Gefährdung und der Unordnung der Verhältnisse, die die Französische Revolution mit sich brachte, setzt Goethe ein Bild der Ordnung entgegen. Die Unruhe der Zeit ist in der Ruhe des Homer angenäherten Erzählflusses aufgehoben, der sich liebevoll den Einzelheiten widmet. Den gewaltsamen Veränderungen setzt Goethe Bilder und Szenen entgegen, in denen sich durch die Stilisierung zum Typischen „überzeitliche" Verhältnisse und „Ursituationen" des menschlichen Lebens wie Familie, Liebe, Generationsabfolge usw. präsentieren sollen. Heinrich Meyer gegenüber legte Goethe seine Absichten dar: „Ich habe das reine Menschliche der Existenz einer kleinen deutschen Stadt in dem epischen Tiegel von den Schlacken abzuscheiden gesucht, und zugleich die großen Bewegungen und Veränderungen des Welttheaters aus einem kleinen Spiegel zurück zu werfen getrachtet." Im bürgerlichen Idyll wird das „Deutsche des Stoffes idealisiert" und mit dem „Homerischen der Form" in eins gesetzt, wie Schiller Goethes poetische Verfahrensweise beschreibt. So gelingt es, dass der Leser – wie A. W. Schlegel treffend feststellt – „überall zu einer milden, freien, von nationaler und politischer Parteilichkeit gereinigten Ansicht der menschlichen Angelegenheit erhoben" wird. In „Hermann und Dorothea" entwirft Goethe ein Modell,

> „wie intellektuelles, moralisches und politisches Fortschreiten mit Zufriedenheit und Ruhe, wie dasjenige, wonach die Menschheit als nach einem allgemeinen Zweck streben soll, mit der natürlichen Individualität eines jeden, wie das Betragen einzelner mit dem Strom der Zeit und der Ereignisse vereinbar ist, dass beides zu höherer allgemeiner Vollkommenheit zusammenwirkt."

So urteilt 1799 der Goethe zu dieser Zeit sehr eng verbundene Wilhelm von Humboldt. Man würde jedoch die Zerbrechlichkeit des von dem Liebespaar am Ende des Epos erreichten Glückszustandes verkennen, wollte man nicht sehen, dass Goethe keineswegs seinem Vorgänger Voß in der Zeichnung einer gemächlichen, durch nichts erschütterten bürgerlichen Idylle folgt. Beharren und Veränderung sind die beiden Pole, zwischen denen sich „Hermann und Dorothea" bewegt. Hermanns Eltern haben sich angesichts der

Trümmer verlobt, in welche ein großer Brand die Stadt gelegt hat; Dorotheas erster Verlobter kam bei den Ereignissen in Paris um; Dorothea selbst befindet sich auf der Flucht, das kleine Städtchen selber ist, wenn auch nicht unmittelbar, von den heranziehenden französischen Heeren bedroht. Auf solchem unsicheren Hintergrund entwickelt sich das Geschehen in „Hermann und Dorothea". Die „stillere Wohnung" – in die Goethe seinen Leser führen will –, wo sich, nah der Natur, menschlich der Mensch noch erzieht", ist umgeben vom Tosen der Zeit. Im Epos siegt nur für einen Augenblick der „Mut in dem gesunden Geschlecht", wie Goethe es in seinem Einleitungsgedicht „Hermann und Dorothea" ausspricht; aber dieser Sieg ist – das machen die „traurigen Bilder der Zeit", die in die Idylle eingezeichnet sind, deutlich – jederzeit bedroht.

Wie Goethe in der idealtypisch gezeichneten Liebe zwischen Hermann und Dorothea ein Gegenbild zu den chaotischen Zuständen zeichnet, „wo alles sich regt, als wollte die Welt, die gestaltete, rückwärts lösen in Chaos und Nacht sich auf und neu sich gestalten", entwirft er auch in den *„Unterhaltungen deutscher Ausgewanderten"* (1795) eine Form des humanen Überstehens der unsicheren Zeit. Die Rahmenhandlung dieses Erzählwerks, das zuerst in Schillers „Horen" erschien, berichtet von einer Gruppe deutscher Flüchtlinge, die ihre Besitzungen aus Furcht vor den heranrückenden Kriegsereignissen verlassen haben, und erinnert damit von der epischen Konstruktion her an den Prototyp der Novellensammlung, Boccaccios „Decamerone". Politische Gegensätze und Streitigkeiten brechen innerhalb dieser Gruppe aus, ihre Geselligkeit ist gefährdet. Durch das Erzählen von Geschichten soll die verlorene Harmonie wiederhergestellt werden. „Lassen Sie uns wenigstens an der Form sehen, dass wir in guter Gesellschaft sind", so fordert die Baronin die sie begleitenden Personen auf. Die Erzählungen schließen folglich das öffentlich-politische Sujet aus, denn alle „Unterhaltung über das Interesse des Tages" wird von der Baronin strikt verboten, um eine „gesellige Schonung auszuüben". Zunächst werden einfache, durch eine „interessante einzelne Begebenheit" ausgezeichnete Gespenster- und Liebesgeschichten erzählt. Es folgen „moralische" Erzählungen, schließlich als letzte Geschichte das *„Märchen"*. Aber, ob Anekdote, Erzählung, Novelle oder Märchen, es geht weniger um die moralische Belehrung durch die Geschichten als um die künstlerische Form, in der sie erzählt werden. Die ästhetische Formung und der sich am Kunstwerk bildende Geschmack sind zugleich Einübung in die „gute Gesellschaft", Überwindung des Chaos, wie die Geschichten veranschaulichen, dass „außer der Neigung noch etwas in uns ist, das ihr das Gleichgewicht halten kann, dass wir fähig sind, jedem gewohnten Gut zu entsagen und selbst unsere heißesten Wünsche von uns zu entfernen".

4.4 Schillers Auseinandersetzung mit der Französischen Revolution

Friedrich Schiller:
Über die ästhetische Erziehung des Menschen in einer Reihe von Briefen (1795)
Maria Stuart (1800)
Die Jungfrau von Orleans (1801)
Die Braut von Messina oder die feindlichen Brüder (1803)
Wilhelm Tell (1804)
Demetrius (1804)

In dem großen Rechenschaftsbericht an den Herzog Friedrich von Augustenburg am 13. Juli 1793 – einer Vorstufe zu der 1795 erschienenen Abhandlung *„Über die ästhetische Erziehung des Menschen in einer Reihe von Briefen"* – bezog Schiller Stellung zu den „großen Ereignissen der Zeit", die ihn zunächst mit einiger Hoffnung erfüllt hatten, dann jedoch aufs Tiefste enttäuschten:

„Wäre das Faktum wahr – wäre der außerordentliche Fall wirklich eingetreten, dass die politische Gesetzgebung der Vernunft übertragen, der Mensch als Selbstzweck respektiert und behandelt, das Gesetz auf den Thron gehoben, und wahre Freiheit zur Grundlage des Staatsgebäudes gemacht worden, so wollte ich auf ewig von den Musen Abschied nehmen, und dem herrlichsten aller Kunstwerke, der Monarchie der Vernunft, alle Tätigkeit widmen. Aber dieses Faktum ist es eben, was ich zu bezweifeln wage. Ja, ich bin soweit entfernt, an den Anfang einer Regeneration im Politischen zu glauben, dass mir die Ereignisse der Zeit vielmehr alle Hoffnungen dazu auf Jahrhunderte benehmen."

Die hier artikulierte Enttäuschung resultiert für Schiller aus der Beobachtung, dass die Idee der Französischen Revolution sich nicht in die Wirklichkeit hatte umsetzen lassen. Der Verlauf der Ereignisse hatte ihn darüber belehrt, dass sich die ursprünglich angestrebte Einrichtung einer Republik als eines auf Vernunft gegründeten Staates nicht hatte verwirklichen lassen. Er sah die Perversion der Zweck-Mittel-Relation bestätigt, die er bereits im „Don Carlos" anhand der Figur Posas angedeutet hatte. Er verurteilte, dass zu viele den Weg zu einem „Ideal politischer Glückseligkeit" durch alle Gräuel der Anarchie verfolgten: „Wie viele gibt es nicht, die [...] keine Bedenken tragen, die gegenwärtige Generation dem Elende preiszugeben, um das Glück der nächstfolgenden dadurch zu befestigen. Die scheinbare Uneigennützigkeit gewisser Tugenden gibt ihnen einen Anstrich von Reinigkeit, der sie dreist genug macht, der Pflicht ins Angesicht zu trotzen, und manchem spielt seine Phantasie den seltsamen Betrug, dass er über die Moralität hoch hinaus und vernünftiger als die Vernunft sein will." Damit – so Schillers Meinung – korrumpiere die Französische Revolution ihre eigenen Ideale, mache den Menschen zum puren Objekt von Willkürhandlungen und erreiche damit gerade jene Fortdauer und Verfestigung der Entfremdung, woraus sie den Menschen erlösen wolle. Schiller sieht angesichts der „Ereignisse der Zeit", dass der Mensch noch nicht reif für seine politische und bürgerliche Freiheit ist. Die gesellschaftliche Revolution, wie sie in Frankreich versucht wurde, revolutioniert nicht den einzelnen Menschen, vielmehr ist es der einzelne Mensch, der seinen Charakter zuerst veredeln muss, damit auch die Gesellschaft sich revolutioniert: „Politische und bürgerliche Freiheit bleibt immer und ewig das herrlichste aller Güter, das würdigste Ziel aller Anstrengungen und das große Zentrum aller Kultur; aber man wird diesen herrlichen Bau nur auf dem festen Grunde eines veredelten Charakters aufführen." Damit ist – Goethe vergleichbar – das Individuum der Gesellschaft vorgeordnet. Bereits 1788 hatte Schiller an Karoline von Beulwitz geschrieben, er glaube, „dass jede einzelne ihre Kraft entwickelnde Menschenseele mehr [sei] als die größte Menschengesellschaft, wenn [man] diese als ein Ganzes betrachte. Der größte Staat ist ein Menschenwerk, der Mensch ist ein Werk der unerreichbaren großen Natur. [...] Der Staat ist nur eine Wirkung der Menschenkraft, nur ein Gedankenwerk, aber der Mensch ist die Quelle der Kraft selbst und der Schöpfer des Gedankens."

4.4.1 Die Antizipation der Freiheit in der Kunst – Schillers „Über die ästhetische Erziehung des Menschen in einer Reihe von Briefen"

Wenn der Staat oder die Gesellschaft zunächst unfähig sind, den Menschen zu veredeln, so ist genau hier die Aufgabe der Kunst zu suchen. Darum nimmt Schiller nicht „auf ewig von den Musen Abschied", denn er misst der Kunst genau jene Kraft der Erneuerung zu, die das Politische seines Erachtens nicht leisten kann. Die ästhetische Erziehung schafft jenen notwendigen Unterbau, auf den sich die „Monarchie der Vernunft" gründen kann. Der Kunst ist aufgegeben, die Entfremdung des Menschen aufzuheben. Als Ideal schweben Schiller die

„griechischen Staaten [vor], wo jedes Individuum eines unabhängigen Lebens genoss und, wenn es Not tat, zum Ganzen werden konnte". An die Stelle der geschichtlich überlebten Polis ist jedoch ein „kunstreiches Uhrwerk" getreten, „wo aus der Zusammenstückelung unendlich vieler, aber lebloser Teile ein mechanisches Leben im Ganzen sich bildet. Auseinander gerissen wurden jetzt der Staat und die Kirche, die Gesetze und die Sitten; der Genuss wurde von der Arbeit, das Mittel vom Zweck, die Anstrengung von der Belohnung geschieden. Ewig nur an ein einzelnes kleines Bruchstück des Ganzen gefesselt, bildet sich der Mensch selbst nur als Bruchstück aus; ewig nur das eintönige Geräusch des Rades, das er umtreibt, im Ohre, entwickelt er nie die Harmonie seines Wesens, und anstatt die Menschheit in seiner Natur auszuprägen, wird er bloß zu einem Abdruck seines Geschäfts, seiner Wissenschaft. Aber selbst der karge fragmentarische Anteil, der die einzelnen Glieder noch an das Ganze knüpft, hängt nicht von den Formen ab, die sie sich selbsttätig geben (denn wie dürfte man ihrer Freiheit ein so künstliches und lichtscheues Uhrwerk vertrauen?), sondern wird ihnen mit skrupulöser Strenge durch ein Formular vorgeschrieben, in welchem man ihre freie Einsicht gebunden hält."

Die Kunst wendet sich folglich an den inneren Menschen, sucht ihn aus der gesellschaftlich bedingten Zerstückelung und Vereinseitigung seiner selbst herauszuführen, indem sie ihn wieder zu einem Ganzen bildet. Der Zivilisationsprozess hat notwendigerweise mit sich gebracht, dass sich die einzelnen Kräfte und Vermögen des Menschen differenzierten und dadurch vervollkommneten, dies aber auf Kosten der menschlichen Totalität. So sieht Schiller z. B. im gegenwärtigen Zustand das völlige Auseinanderklaffen von Vernunft und Sinnlichkeit. Allein die Kunst vermag den Menschen etwas von seiner ursprünglichen und wiederzuerlangenden Totalität ahnen zu lassen. Durch die Versöhnung des Form- und Stofftriebes im ästhetischen Spieltrieb verspricht sich Schiller aber nicht nur die Gesundung des Individuums, sondern auch die Besserung der ganz von den Sinnen bestimmten „niedern und zahlreichern Klassen" wie der an „Erschlaffung" und „Depravation" leidenden Adelsgesellschaft. In der Kunst erlangt der Mensch in Form des Vor-Scheins seine verloren gegangene Freiheit zurück, denn die Kunst ist Freiheit in der Erscheinung. Die ästhetische Erziehung ist somit Mittel zur Veredelung des Charakters. In ihr lassen sich „Quellen eröffnen", die von dem Staat nicht abgeleitet sind und sich also bei allen Mängeln desselben „rein und lauter erhalten", so dass man sich von der ästhetischen Erziehung auch eine „politische Verbesserung" erhoffen könne. Die Kunst ist also auf ein politisches Ziel hin ausgerichtet. Um aber dieses politische Ziel zu erreichen, muss die Kunst – wie es in der Ankündigung der „Horen" heißt – „dem beschränkten Interesse der Gegenwart" entgegentreten und sich auf das, „was rein menschlich und über allen Einfluss der Zeit erhaben ist", konzentrieren:

„Wir [die Künstler] wollen dem Leibe nach Bürger unserer Zeit sein und bleiben, weil es nicht anders sein kann; sonst aber und dem Geiste nach ist es das Vorrecht und die Pflicht des Philosophen wie des Dichters, zu keinem Volk und zu keiner Zeit zu gehören, sondern im eigentlichen Sinne des Wortes Zeitgenosse aller Zeiten zu sein."

Die hier geforderte Autonomie der Dichtung ergibt sich aus der Überlegung, dass jede Einmischung der Poesie in die Händel der Zeit, dass jede direkte und einseitige Parteinahme für die Interessen der Gegenwart notwendigerweise eine erneute Indienstnahme der Poesie für übergeordnete Zwecke bedeuten würde, die Poesie also mithin ihre Freiheit verspielen würde. Nur durch die Autonomie der Dichtung können die „eingeengten und unterjochten Gemüter wieder in Freiheit gesetzt werden", nur im zwecklosen, ästhetischen Spiel gewinnt der Mensch sich wieder:

„Um es endlich einmal herauszusagen", so heißt es im 15. Brief zur ästhetischen Erziehung, „der Mensch spielt nur, wo er in voller Bedeutung des Wortes Mensch ist, und er ist nur da ganz Mensch, wo er spielt."

4.4.2 Der Weg in die Freiheit – Schillers „Wilhelm Tell"

Den Menschen seine Freiheit ahnen lassen will nach Schillers Auffassung auch die Tragödie. Hier zeigt sich dem Zuschauer „Stirn gegen Stirn" das die Natur durchwaltende „böse Verhängnis". Mittels des ästhetischen Scheins wird er mit ihm konfrontiert, und diese „Bekanntschaft [...] ist Heil für uns".

„Zu dieser Bekanntschaft [...] verhilft uns das furchtbar herrliche Schauspiel der alles zerstörenden Veränderung [...] verhelfen uns die pathetischen Gemälde der mit dem Schicksal ringenden Menschheit, der unaufhaltsamen Flucht des Glücks, der betrogenen Sicherheit, der triumphierenden Ungerechtigkeit und der unterliegenden Unschuld, welche die Geschichte in reichem Maße aufstellt und die tragische Kunst nachahmend vor unsre Augen bringt. Denn wo wäre derjenige, der, bei einer nicht ganz verwahrlosten moralischen Anlage [...] bei solchen Szenen verweilen kann, ohne dem ernsten Gesetz der Notwendigkeit mit einem Schauer zu huldigen, seinen Begierden augenblicklich den Zügel anzuhalten und, ergriffen von dieser ewigen Untreue alles Sinnlichen, nach dem Beharrlichen in seinem Busen zu greifen? Die Fähigkeit, das Erhabene zu empfinden, ist also eine der herrlichsten Anlagen der Menschennatur, die sowohl wegen ihres Ursprungs aus dem selbständigen Denk- und Willensvermögen unsre Achtung, als wegen ihres Einflusses auf den moralischen Menschen die vollkommenste Entwickelung verdient. Das Schöne macht sich bloß verdient um den Menschen, das Erhabene um den reinen Dämon in ihm; und weil es einmal unsre Bestimmung ist, auch bei allen sinnlichen Schranken uns nach dem Gesetzbuch reiner Geister zu richten, so muss das Erhabene zu dem Schönen hinzukommen, um die ästhetische Erziehung zu einem vollständigen Ganzen zu machen und die Empfindungsfähigkeit des menschlichen Herzens nach dem ganzen Umfang unsrer Bestimmung, und also auch über die Sinnenwelt hinaus, zu erweitern."
(Schillers Abhandlung „Über das Erhabene", 1801.)

Schillers Theorie der Tragödie unterscheidet sich somit in einem wesentlichen Punkte von der Lessings. „Darstellung des Leidens – als bloßen Leidens – ist niemals Zweck der Kunst", so betont er im Gegensatz zu Lessing. Die Darstellung des Leidens ist ihm nur Mittel zum eigentlichen Zweck:

„Der letzte Zweck der Kunst ist die Darstellung des Übersinnlichen, und die tragische Kunst insbesondere bewerkstelligt dies dadurch, dass sie uns die moralische Independenz von Naturgesetzen im Zustand des Affekts versinnlicht. Nur der Widerstand, den es gegen die Gewalt der Gefühle äußert, macht das freie Prinzip in uns kenntlich. [...] Das Sinnenwesen muss tief und heftig leiden; Pathos muss da sein, damit das Vernunftwesen seine Unabhängigkeit kundtun und sich handelnd darstellen könne." (Schillers Abhandlung *„Über das Pathetische"*, 1801.)

Eine solche Demonstration des „freien Prinzips in uns" sind Schillers Dramen „Maria Stuart" (1800), „Die Jungfrau von Orleans" (1801) und auch „Wilhelm Tell" (1804). Sie alle zielen letztlich auf die Kundgabe der „Unabhängigkeit des Vernunftwesens" ab, sei es in der Gestalt des historischen Dramas, der legendenhaft-romantischen Tragödie, sei es im „Volksstück", als das „Wilhelm Tell" in gewissem Sinne gelten kann. Der Weg in die Freiheit entfaltet sich stets in einem triadischen Schritt, von Arkadien durch die Geschichte nach Elysium.

Schiller deutet im „Wilhelm Tell" die Befreiungsgeschichte der Schweiz als einen Übergang von der paradiesischen, naiven Idylle durch den Raum der Geschichte, wo Recht und Unrecht aufeinander stoßen, zur erneuten Idylle, dem „ästhetischen Staat". Die Situation der ersten Szene (grüne Matten, Dörfer und Höfe im hellen Sonnenschein, Kuhreihen und harmonisches Geläut der Kuhglocken etc.) verweist auf die Idylle. Eine pastorale Szenerie wird ausgemalt, in der ein archaisch anmutendes, nach patriarchalischen Beziehungen sich vollziehendes Leben seinen Platz hat. Hier herrscht noch die „uralt fromme Sitte der Väter", angeborne Bande gelten, die „alte Sitte" hat „vom Ahn zum Enkel" unverändert fortbestanden. In diese archaisch-arkadische Welt bricht, angekündigt durch Sturm und Gewitter, das politische Geschehen ein. Mit Geßler ändern sich die unmittelbaren Beziehungen der Menschen untereinander, die Fremdherrschaft schafft Entfremdung, setzt an die Stelle konkret patriarchalischer Herrschaftsverhältnisse die abstrakte Macht, Gewalt und Institution. Als Antwort auf die neue geschichtliche Situation formieren sich die Schweizer in neuer Weise. Sie lösen sich vom alten Leben, bilden zusammen ein Kollektiv, wo sich der Einzelne im Verzicht auf seine individuelle Verwirklichung dem Ganzen des Staates unterstellt („Bezähme jeder die gerechte Wut/Und spare für das Ganze seine Rache,/ Denn Raub begeht am allgemeinen Gut,/Wer selbst sich hilft in seiner eignen Sache").

Als ein solcher Außenseiter führt sich aber zunächst Tell auf. Im Anblick der Zwingburg – der Bezug zur Bastille ist unverkennbar – ermahnt er Stauffacher, Geduld und Schweigen zu bewahren, da er in seiner Naivität noch darauf baut, dass die österreichische Herrschaft wie ein Naturvorgang wieder verschwinden werde. Darin täuscht er sich. Es gilt nicht länger, dass man „dem Friedlichen gern den Frieden" gewähre. Tell muss in der Apfelschussszene erkennen, dass die von ihm auch weiterhin gewollte rein private, nur auf sich selbst vertrauende Existenz mit der historischen Stunde unvereinbar geworden ist. In die Situation gesetzt, sein eigenes Leben und das seines Kindes dadurch zu retten, dass er das Leben des Kindes durch einen Meisterschuss riskiert, verliert Tell seine Naivität, er wird zur geschichtlichen Tat getrieben. Er beschließt, die Repräsentationsfigur österreichischer Fremdherrschaft, Geßler, zu ermorden. Vor dem Mord an Geßler erwägt er in einem Monolog diese Tat. Bewusstsein tritt zu der Tell bislang eigenen Spontaneität des Handelns hinzu und zeigt damit jenes neue Stadium an, in das Tell eingetreten ist. Umgekehrt lernen die Schweizer anhand der Apfelschussszene die spontane Tat („Die Stunde dringt, und rascher Tat bedarf's – Der Tell ward schon ein Opfer eures Säumens"). Überall fallen nun die Zwingburgen und Tyrannenschlösser, und „herrlich ist's erfüllt", was auf dem Rütli beschworen wurde. Wie sich Tat und Reflexion auf beiden Seiten durchdringen, ergänzen sich nun das Tun des Einzelnen (Tell) und das Handeln aller, so dass am Ende die alte patriarchalische Herrschaftsform durch eine Gemeinschaft der Freien und Gleichen ersetzt wird. Berta von Bruneck verzichtet auf ihre adligen Vorrechte, Ulrich von Rudenz erklärt seine Knechte frei. In diesem Versöhnungsakt ist Tells Mord aufgehoben, die Erhebung galt nur der widernatürlichen Fremdherrschaft. Der Ausgleich der Stände vollzieht sich aus der Einsicht der handelnden Figuren; auch hier also ein Gegenmodell zur Französischen Revolution.

4.5 Die Erziehung des Volkes – Hölderlins „Hyperion"

Friedrich Hölderlin: Hyperion (1797–1799)
Der Tod des Empedokles (1798–1800)
Ältestes Systemprogramm des Deutschen Idealismus (1796)

In Hölderlins Drama „Der Tod des Empedokles" (1798–1800), das in mehreren Fassungen vorliegt, lehnt die Titelgestalt, der griechische Philosoph aus Agrigent (483–424 v. Chr.), unmissverständlich die ihr angetragene Königswürde ab:

> „Dies ist die Zeit der Könige nicht mehr […]
> Euch ist nicht
> Zu helfen, wenn ihr selber euch nicht helft […]
> So wagts! was ihr geerbt, was ihr erworben,
> Was euch der Väter Mund erzählt, gelehrt,
> Gesetz und Brauch, der alten Götter Namen,
> Vergesst es kühn […]
> […] reicht die Hände

Euch wieder, gebt das Wort und teilt das Gut,
O dann ihr Lieben teilet Tat und Ruhm
Wie treue Dioskuren; jeder sei
Wie alle [...]" (Erste Fassung, II, 4.)

In dieser Rede des Empedokles lassen sich die Ideale der Französischen Revolution: „Freiheit, Gleichheit und Brüderlichkeit", wieder erkennen; das politische Vermächtnis des Empedokles richtet sich nicht nur an das Volk der Agrigentiner, sondern auch an die zeitgenössischen Leser Hölderlins.
Aus Begeisterung für die Französische Revolution und ihre Ziele formierte sich im Tübinger Stift ein politischer Klub, dem auch Hölderlin angehörte. Hegel und Schelling – wie Hölderlin Anhänger der Jakobiner – waren ihm ebenfalls beigetreten. Noch am 14. Juli 1793 pflanzten die Stiftler am Jahrestag der Revolution einen Freiheitsbaum, aber bereits einige Monate später schrieb Hölderlin an seinen Bruder einen Brief, dem zu entnehmen ist, dass er die Verwirklichung der Revolutionsziele in weite Ferne gerückt sieht:

„Meine Liebe ist das Menschengeschlecht [...] das Geschlecht der kommenden Jahrhunderte [...] die Freiheit muss einmal kommen, und die Tugend wird besser gedeihen in der Freiheit heiligem erwärmenden Lichte als unter der eiskalten Zone des Despotismus. [...] Dies ist das heilige Ziel meiner Wünsche und meiner Tätigkeit – dies, dass ich in unserm Zeitalter die Keime wecke, die in einem künftigen reifen werden."

Angesichts dieser auch hier noch nachklingenden Begeisterung für die Ideen der Französischen Revolution ist es verständlich, dass Hölderlin dem Rat seines Freundes Stäudlin folgte und in seinen „Hyperion" (1797–1799) „versteckte Stellen über den Geist der Zeit" einschaltete. Zur Taktik des Versteckens gehörte, dass er die Szenerie des Briefromans in das zeitgenössische Griechenland legt, wo seit 1770 Griechen im Bündnis mit den Russen für ihre Befreiung von den Türken kämpfen.
Hyperion, Sohn eines reichen griechischen Kaufmanns, wird auf einer der griechischen Inseln geboren. Hier wächst er auf und erlebt in der Versenkung in die Natur „einen Zustand der höchsten Einfalt". Nach dem Verlust dieses idealen, ursprünglichen Harmoniezustandes versucht er, dieses einmal erfahrene Einssein „mit allem, was lebt", zu erneuern. Er fühlt sich herausgerissen aus der „Ruhe der Kindheit". Besinnung, Reflexion, Vernunft und Wissenschaft haben ihn zum „Fremdling" gegenüber der Natur werden lassen; er hat den ursprünglichen, paradiesischen „Garten der Natur [verlassen], wo [er] wuchs und blühte". Hyperions Trauer um den Verlust dieses Zustandes und seine Versuche, ihn wiederzuerlangen, bedingen seinen „elegischen" Charakter. Alle Versuche, den ursprünglichen Zustand des Einsseins mit der Natur und den Göttern zu erneuern, müssen scheitern. Weder der Freundschaftsbund mit Alabanda, die Liebe zu Diotima, die Erfahrung

der Schönheit, noch die Vergegenwärtigung der athenischen Demokratie oder die Teilnahme am Kampf der Griechen gegen die Türken stillen Hyperions Drang nach letzter Harmonie. Die Wirklichkeit widersetzt sich stets dem Streben Hyperions; den „Kindern des Augenblicks" ist es verwehrt, der in der Ekstase vorgestellten Einheit Dauer zu verleihen.

So sucht Hyperion die Befreiung aus seinem Bannkreis durch ein „lebendig Geschäft". Er begeistert sich für den griechischen Freiheitskampf, kämpft an der Seite Alabandas im „guten" Krieg, damit erneut der „junge Freistaat dämmre und das Pantheon alles Schönen aus griechischer Erde sich erhebe". Die hohen Ziele des Kampfes werden jedoch durch die Wirklichkeit pervertiert. Die eigenen Leute „haben geplündert, gemordet, ohne Unterschied", die Raubgier tobt, der Befreiungsversuch verliert sein Ziel aus dem Auge, so dass Hyperion resignierend feststellen muss, dass er „durch eine Räuberbande sein Elysium hat pflanzen wollen". Schon zuvor, nach der ersten Bekanntschaft mit Alabanda, war es zwischen beiden strittig gewesen, welcher Stellenwert dem Staat und einer gewaltsamen Veränderung der Staatsform beizumessen sei. Hyperion hielt Alabanda vor: „Du räumst dem Staate denn doch zu viel Gewalt ein. Er darf nicht fordern, was er nicht erzwingen kann. Was aber die Liebe gibt und der Geist, das lässt sich nicht erzwingen. [...] Immerhin hat das den Staat zur Hölle gemacht, dass ihn der Mensch zu seinem Himmel machen wollte. Die rauhe Hülse um den Kern des Lebens und nichts weiter ist der Staat. Er ist die Mauer um den Garten menschlicher Früchte und Blumen. Aber was hilft die Mauer um den Garten, wo der Boden dürre liegt? Da hilft der Regen vom Himmel allein. O Regen vom Himmel!! O Begeisterung! Du wirst den Frühling der Völker uns wiederbringen."

Hyperion kann nur Begeisterung erregen, um damit den Frühling unter den Völkern vorzubereiten. In Griechenland hält ihn nach dem Tode Diotimas und Alabandas nichts mehr, er kehrt bei den Deutschen ein, aber Deutschland, das Land der Barbaren, verweigert sich ihm, so dass er als Eremit nach Griechenland zurückkehrt. Ganz zurückgezogen erfährt er hier, dass eine „neue Seligkeit dem Herzen aufgeht, wenn es aushält und die Mitternacht des Grams durchduldet, und dass, wie Nachtigallgesang im Dunkeln, göttlich erst in tiefem Leid das Lebenslied der Welt uns tönt". Als Dichter kündet er mitten im Leid von der künftigen Versöhnung der Welt und lässt sie in seinem Gesang aufscheinen. Indem er als Prophet die künftige „Versöhnung mitten im Streit" ahnen lässt, wird er „zum Erzieher des Volkes" mittels der Poesie und nimmt nunmehr jene Aufgabe wahr, die ihm bereits Diotima zugeschrieben hatte. Nicht also Alabandas Revolutionskonzept erweist sich demnach als tauglich, sondern die ästhetische Erziehung des Volkes tritt auch bei Hölderlin – wie bei Schiller – als die dringlichere Aufgabe an die Stelle der gewaltsamen Veränderung. Statt der Revolution vertritt

Hölderlin das Konzept einer radikalen Revolutionierung der Poesie, die Prophetie werden muss, damit alles „von Grund aus anders werde! Aus der Wurzel der Menschheit sprosse die neue Welt! Eine neue Gottheit walte über ihnen, eine neue Zukunft kläre vor ihnen sich auf."
Welche Kraft Hölderlin der „Idee der Schönheit" zumisst, wird deutlich im so genannten *„Ältesten Systemprogramm des Deutschen Idealismus"* (1796) – vermutlich eine Gemeinschaftsarbeit Hölderlins, Schellings und Hegels. Auch hier ist der Staat nur Mittel zum Zweck: „Die Idee der Menschheit voran – will ich zeigen, dass es keine Idee von Staat gibt, weil der Staat etwas mechanisches ist. [...] Wir müssen also auch über den Staat hinaus! – Denn jeder Staat muss freie Menschen als mechanisches Räderwerk behandeln; und das soll er nicht; also soll er aufhören." Die Idee der Schönheit ist allem übergeordnet:

„Ich bin nun überzeugt, dass der höchste Akt der Vernunft, der, indem sie alle Ideen umfasst, ein ästhetischer Akt ist, und dass Wahrheit und Güte, nur in der Schönheit verschwistert sind. Der Philosoph muss eben so viel ästhetische Kraft besitzen, als der Dichter. [...] Die Philosophie des Geistes ist eine ästhetische Philosophie. [...] Die Poesie bekömmt dadurch eine höhere Würde, sie wird am Ende wieder, was sie am Anfang war – Lehrerin der Menschheit; denn es gibt keine Philosophie, keine Geschichte mehr, die Dichtkunst allein wird alle übrigen Wissenschaften und Künste überleben."

In der Konsequenz dieses Denkens liegt damit die Forderung nach einer neuen Dichtkunst, in der die Ideen ästhetisch zur Erscheinung kommen und damit dem „Aufgeklärten und dem Unaufgeklärten" zugänglich werden. Dann wären auch Freiheit und Gleichheit möglich:

„Nimmer der verachtende Blick, nimmer das blinde Zittern des Volks vor seinen Weisen und Priestern. Dann erst erwartet uns gleiche Ausbildung aller Kräfte, des Einzelnen sowohl als aller Individuen. Keine Kraft wird mehr unterdrückt werden, dann herrscht allgemeine Freiheit und Gleichheit der Geister!"

5 Konzepte der Humanität

5.1 „Edle Einfalt, stille Größe" – Winckelmanns Bild der Antike

Johann Joachim Winckelmann:
Gedanken über die Nachahmung der griechischen Werke in der Malerei und Bildhauerkunst (1755)

Sich im Begrenzten, Endlichen einzurichten, zu vollenden in der Harmonie seiner Kräfte, darin zentrierte sich das Menschenbild, das die Klassik entwarf. Dabei vermied sie die Einseitigkeit der Aufklärung, die den Menschen entweder als rein rationales oder – in der Folge des Französischen Materialismus – als rein sensualistisches Wesen begriff, indem sie alle dem Menschen innewohnenden Kräfte berücksichtigte, die es zu einer in sich vollkommenen Einheit auszugestalten galt. Ebenso revidierte die Klassik das Menschenbild des Sturm und Drang, indem sie weder die prometheische Variante der ungebundenen Selbstsetzung noch die ganymedische Variante einer sich mit dem Unendlichen vermischenden Menschheit gelten ließ (s. Goethes Hymnen „Prometheus" und „Ganymed"), sondern den Menschen als einen zwar herausgehobenen, aber dennoch mit der Natur und ihren Gesetzen zutiefst verbundenen Teil derselben begriff. „Der Mensch vermag zwar manches durch zweckmäßigen Gebrauch einzelner Kräfte, er vermag das Außerordentliche durch Verbindung mehrerer Fähigkeiten; aber das Einzige, ganz Unerwartete leistet er nur, wenn sich die sämtlichen Eigenschaften gleichmäßig in ihm vereinigen. Das letzte war das glückliche Los der Alten, besonders der Griechen in ihrer besten Zeit; auf die beiden ersten sind wir Neuern vom Schicksal angewiesen." So heißt es in Goethes „Winckelmann"-Aufsatz aus dem Jahre 1805.
Winckelmann hatte diese Sicht der Antike eröffnet, indem er in seinen beiden Schriften „Gedanken über die Nachahmung der griechischen Werke in der Malerei und Bildhauerkunst" (1755) und „Geschichte der Kunst des Altertums" (1764) das Interesse auf die griechische Antike, weniger auf die bis dahin fast ausschließlich gültige römische Antike lenkte. Mit seinem Begriffspaar „edle Einfalt" und „stille Größe" versuchte er, das Wesen der griechischen Kunst in einer gültigen Form zu erfassen und einen Weg zu weisen, auf dem die Neueren sich dem Ideal der Alten annähern könnten: „Der einzige Weg für uns, groß, ja wenn es möglich ist, unnachahmlich zu werden, ist die Nachahmung der Alten."

Im klassischen Humanitätsideal vereinigen sich drei Momente:
- erstens Orientierung am Humanitätsideal der Antike, insbesondere der Griechen;
- zweitens Gewissheit, dass sich erst im Kunstwerk der Mensch seiner höchsten Vollendung vergewissern kann, denn „indem [das Kunstwerk] sich aus den gesamten Kräften [des Menschen] geistig entwickelt, nimmt es alles Herrliche, Verehrungs- und Liebenswürdige in sich auf und erhebt, indem es die menschliche Gestalt beseelt, den Menschen über sich selbst, schließt seinen Lebens- und Tatenkreis ab und vergöttert ihn für die Gegenwart, in der das Vergangene und Künftige begriffen ist", wie es Goethe in der oben genannten Abhandlung formuliert;
- drittens die Reflexion des zeitlichen Abstands zur Antike und die Frage, ob und wie jener Abstand zwischen den Alten und den Neuen überbrückbar sei.

5.2 Humanität und Geschichte – Herders „Ideen zur Philosophie der Geschichte der Menschheit"

Johann Gottfried Herder:
Ideen zur Philosophie der Geschichte der Menschheit (1784–1791)

Der Frage des Verhältnisses zwischen Humanität und Geschichte geht insbesondere Herder nach. Er versucht, Humanität in seinem groß angelegten Werk „Ideen zur Philosophie der Geschichte der Menschheit" (1784–1791) als das die Geschichte treibende und bestimmende Prinzip nachzuweisen:

„Humanität ist der Zweck der Menschennatur, und Gott hat unserm Geschlecht mit diesem Zweck sein eigenes Schicksal in die Hände gegeben." Die Geschichte, verschiedene Räume und verschiedene Zeiten, sind der Ort, in dem die Humanität als der „Charakter unsres Geschlechts" dem Menschen „angebildet werden muss", denn „wir bringen ihn nicht fertig auf die Welt mit; auf der Welt aber soll er das Ziel unsres Bestrebens, die Summe unsrer Übungen, unser Wert sein. Das Göttliche in unserm Geschlecht ist also Bildung zur Humanität. [...] Die Bildung zu ihr ist ein Werk, das unablässig fortgesetzt werden muss, oder wir sinken, höhere und niedere Stände, zur rohen Tierheit, zur Brutalität zurück."

Humanität meint Menschwerdung des Menschen, Selbstvervollkommnung durch Befreiung und organische Entwicklung der in ihm angelegten Möglichkeiten. Der Mensch ist nicht Mittel zu einem ihm noch übergeordneten Zweck, er ist sich selbst Zweck, und zu diesem „offenbaren Zweck [...] ist unsere Natur organisieret: zu ihm sind unsere feineren Sinne und Triebe, unsre

Vernunft und Freiheit, unsere zarte und daurende Gesundheit, unsre Sprache, Kunst und Religion uns gegeben“. Die Geschichte der Völker, die Herder in seinen „Ideen“ nachzuschreiben versucht, wird so zu einer „Schule des Wettlaufs zur Erreichung des schönsten Kranzes der Humanität und Menschenwürde“. Selbst die Irrwege, die die Menschheit in ihrer Entwicklung beschreitet, gereichen ihr letztlich zur Verbesserung. Da alles in der Natur „auf der bestimmtesten Individualität ruhet“, musste sich die Menschheit in einzelne Individuen, Gesellschaften und Nationen differenzieren, damit sie sich in der Totalität ihrer Anlagen und Kräfte ganz entfalten kann. Die Unvergleichbarkeit der Individualitäten und der Nationen mit andern rechtfertigt jede einzelne Entwicklungsstufe bzw. jede besondere Darstellungsform der Menschheit, denn jede „trägt das Maß ihrer Vollkommenheit“ in sich, indem sie den Ausgleich widerstrebender Kräfte in sich ausbildet. Die einzelnen historischen Stufen, jeweils selbst gerechtfertigt, bilden in ihrer Zeitenfolge doch den Fortgang des Menschengeschlechts. Die allen Menschen gleichermaßen eigene Vernunft und die Fähigkeit zur Traditionsbildung garantieren, dass

> „die menschliche Vernunft im Ganzen des Geschlechts ihren Gang fortgehet: sie sinnet aus, wenn sie auch noch nicht anwenden kann: sie erfindet, wenn böse Hände auch lange ihre Erfindung missbrauchen [...] Indem sie Leidenschaften bekämpfet, stärkt und läutert sie sich selbst, indem sie hier gedruckt wird, fliehet sie dorthin und erweitert den Kreis ihrer Herrschaft über die Erde. Es ist keine Schwärmerei, zu hoffen, dass, wo irgend Menschen wohnen, einst auch vernünftige, billige und glückliche Menschen wohnen werden: glückliche nicht nur durch ihre eigene, sondern durch die gemeinschaftliche Vernunft ihres ganzen Brudergeschlechtes.“

5.3 Das „neue Sehen“ – Goethes Italienreise und die „Römischen Elegien“

Johann Wolfgang von Goethe: Römische Elegien (1795)
Italienische Reise (1816–1817 veröffentlicht)
West-östlicher Divan (1819)

Goethes Epos *„Die Geheimnisse“* (1784/85) – Herder zitierte zu seinen *„Ideen“* daraus einige Strophen – weist noch manche Züge eines aufklärerischen Humanitäts- und Toleranzideals auf. Eine neue Sicht menschlicher Vollendung tat sich für ihn erst in dem Augenblick auf, als er selbst klassischen Boden betrat. Goethe begab sich, Weimar fliehend, 1786 nach Italien. Hier erschloss sich ihm eine ganz neue Form von Sinnlichkeit. Kurz vor seiner Rückkehr nach Deutschland Mitte 1788 berichtete er an Frau von Stein:

„Ich darf wohl sagen: ich habe mich in dieser anderthalbjährigen Einsamkeit selbst wieder gefunden; aber als was? – Als Künstler!" Auf diese neue Sehweise der Dinge kam es ihm an: „Mir ists nur jetzt um die sinnlichen Eindrücke zu tun, die mir kein Bild und kein Buch geben kann." Das subjektive Moment ist ganz zugunsten der Erfassung des Objektiven zurückgetreten. Entsprechend heißt es wieder in einem Brief an Frau von Stein: „Es dringt eine zu große Masse Existenz auf einen zu, man muss eine Umwandlung seiner selbst geschehen lassen." Das neue Sehen, das Goethe in Italien erlernt, ist kein planes Hinschauen. Im Sehen, dadurch, dass man das „Auge licht sein" lässt, erschließt sich das Wesentliche der Dinge, des Lebendigen: „Was ist doch ein Lebendiges für ein köstliches, herrliches Ding! Wie abgemessen in seinem Zustand, wie wahr, wie seiend!" „Wie ich die Natur betrachte, betrachte ich nun die Kunst" (Goethe an Frau von Stein). Aber auch das Umgekehrte gilt: Die Bewunderung, die er den griechischen Kunstwerken entgegenbringt, erklärt er damit, dass „diese hohen Kunstwerke [...] zugleich als die höchsten Naturwerke [...] nach wahren und natürlichen Gesetzen vorgebracht" seien. Diese Erfahrung, dass Kunst, Natur und Leben harmonisch zusammenstimmen können, äußert sich in den *„Römischen Elegien"* (1795). Die siebte Elegie beginnt:

> O wie fühl' ich in Rom mich so froh! gedenk' ich der Zeiten,
> Da mich ein graulicher Tag hinten im Norden umfing,
> Trübe der Himmel und schwer auf meine Scheitel sich senkte,
> Farb- und gestaltlos die Welt, um den Ermatteten lag,
> Und ich über mein Ich, des unbefriedigten Geistes
> Düstre Wege zu spähn, still in Betrachtung versank.
> Nun umleuchtet der Glanz des helleren Äthers die Stirne;
> Phöbus rufet, der Gott, Formen und Farben hervor.

Das Betrachtete wird erst durch den Geist der Liebe belebt:

> Eine Welt zwar bist du, o Rom; doch ohne die Liebe
> Wäre die Welt nicht die Welt, wäre denn Rom auch nicht Rom.

Die Liebe zu der Witwe Faustine ist sinnlich-glücklich und entspricht so gar nicht dem Typus der „Seelenliebe", wie sie für Goethes Dichtung, abgesehen von seiner Leipziger Rokokolyrik, bisher maßgeblich war. Wie die „Römischen Elegien" den Augenblick eines gesteigerten, sich seiner selbst ganz vergewissernden Daseinsgefühls festzuhalten versuchen, zeigen sie gleichzeitig aber auch die Brüchigkeit und Unwiederholbarkeit solchen Lebens. Die Liebe ermöglicht den Zugang zur Antike, bedarf jedoch gleichzeitig der Distanzierung von ihr. Nicht anders ist der Dichter als Bedingung seiner Kunst auf die Inspiration Amors angewiesen, muss aber zugleich auf sie verzichten, um den „stillen Genuss reiner Betrachtung" dichterisch zu formen. Erotik, der

geschichtsträchtige klassische Boden Roms und schließlich als dritter Motivkreis die Mythen des Altertums verschmelzen in den Elegien aufs engste. Goethe stellte sich mit den Elegien zum ersten Mal innerhalb seiner Lyrik in eine antike Tradition. Später in den „Sonetten" (1815), aber auch im „West-östlichen Divan" (1819) knüpfte er an andere Traditionsstränge an. Die römischen Elegiendichter Properz, Tibull und Ovid sind die klassisch-antiken Vorbilder für die „Erotica Romana", wie die „Römischen Elegien" zunächst betitelt werden sollten. Aber das klassische Vorbild adaptierte Goethe nicht unverändert. Er war sich des Zeitenabstandes bewusst.
In der XIII. Elegie lässt er Amor sagen:

> Altklug lieb' ich dich nicht! Munter! Begreife mich wohl!
> War das Antike doch neu, da jene Glücklichen lebten!
> Lebe glücklich, und so lebe die Vorzeit in dir!

Es geht also nicht um die klassizistische Aneignung der für vorbildlich gehaltenen Antike, vielmehr um die Anverwandlung und Erneuerung des Alten in der Gegenwart. Vergleichbar wird Goethe verfahren, wenn er sich in „Iphigenie" an die attische Tragödie anlehnt, wenn er in „Hermann und Dorothea" die Nähe zu Homer, in den „Xenien" (1796) oder in seinem Lehrgedicht „Die Metamorphose der Pflanzen" (1799) die Nähe zu Martial bzw. Lukrez sucht.

5.4 Die Gefährdung des Humanen – Goethes „Iphigenie auf Tauris"

Wie Goethe in den „Römischen Elegien" versucht, sich der Antike im Bewusstsein des Zeitenabstandes zu nähern, ohne antike Dichtung zu imitieren, bildet er auch seine „Iphigenie" (1787) als „gräcisierendes" Schauspiel, ohne freilich die Bauformen des klassischen antiken Dramas zu übernehmen. So verzichtet er trotz des Euripideischen Dramas, das ihm als Vorlage zur „Iphigenie" diente, auf die Verwendung des Chores, führt die Handlung ganz aus dem mit dem Chor vermittelten Bereich der Öffentlichkeit in die Sphäre der Innerlichkeit und Privatheit der Figuren. Schiller bemerkte sogleich im alten Gewand die Modernität der „Iphigenie":

> „Ich habe mich sehr gewundert, dass sie auf mich den günstigen Eindruck nicht mehr gemacht hat, wie sonst; ob es gleich immer ein seelenvolles Produkt bleibt. Sie ist aber so erstaunlich modern und ungriechisch, dass man nicht begreift, wie es möglich war, sie jemals einem griechischen Stück zu vergleichen. Sie ist ganz nur sittlich; aber die sinnliche Kraft, das Leben, die Bewegung und alles, was ein Werk zu einem echten dramatischen specificiert, geht ihr sehr ab."

Während noch „Götz von Berlichingen“ oder „Egmont“, insbesondere in den Volksszenen, von praller szenischer Sinnlichkeit strotzen, die an Shakespeares Dramen erinnert, nähern sich „Tasso“ und „Iphigenie“, später dann noch „Die natürliche Tochter“, ganz dem kargen, rein auf das gesprochene Wort und die andeutende Geste sich konzentrierenden Stil des französischen klassizistischen Dramas Racines. Diese Suche nach der dem Inhalt angemessenen „Harmonie im Stil“ war es, die Goethe zu mehreren Umarbeitungen der „Iphigenie“ veranlasste, bis er schließlich in Italien die angemessene Form fand. Er bediente sich des Blankverses, den Lessing, abgesehen von anderen Versuchen, zum ersten Mal im „Nathan“ als das Maß des klassischen Dramas benutzt hatte. Die durch den fünffüßigen Jambus bewirkte Stilisierung und Vereinheitlichung des dramatischen Sprechens wird durch die starke Konzentration von Raum, Zeit und Handlung unterstützt. So reduziert sich die dramatische Handlung der „Iphigenie“ im Wesentlichen auf zwei Entscheidungen (zum einen auf die Erfüllung oder Ablehnung von Thoas' Ansinnen, die Priesterin zu heiraten, zum andern auf die Offenbarung oder Verheimlichung des Fluchtplans) und auf zwei Entdeckungen (zum einen auf das Wiedererkennen Orests als des Bruders von Iphigenie, zum andern auf die Aufdeckung des Orakelsinns). Was die Orest- und die Iphigenien-Handlung jedoch über den rein pragmatischen Zusammenhang hinaus verbindet, ist, dass beide Figuren, die Priesterin wie ihr Bruder, sich im Verlauf der Handlung ihres gemeinsamen Ursprungs vergewissern. Iphigenie wie Orest entstammen beide dem vom Fluch beladenen Tantaliden-Geschlecht, sie beide sind am Ende des Schauspiels nach Augenblicken tiefster Verzweiflung geheilt. Iphigenie sieht sich plötzlich, um das Leben des Bruders zu retten, in die Situation versetzt:

> „das heilige,
> Mir anvertraute, viel verehrte Bild
> zu rauben und den Mann [Thoas] zu hintergehn,
> Dem ich mein Leben und mein Schicksal danke.
> O dass in meinem Busen nicht zuletzt
> Ein Widerwillen keime! der Titanen,
> Der alten Götter tiefer Hass auf euch,
> Olympier, nicht auch die zarte Brust
> Mit Geierklauen fasse! Rettet mich
> Und rettet euer Bild in meiner Seele!“ (IV, 5.)

Damit ist deutlich, was für Iphigenie in der Auseinandersetzung mit Thoas auf dem Spiele steht. In Frage steht das Bild, das der Mensch von sich entwirft, aber auch das Bild, das er von seinem Gott in sich trägt. Entsprechend heißt es in dem Gedicht *„Das Göttliche“*:

Heil den unbekannten
Höhern Wesen,
Die wir ahnen!
Ihnen gleiche der Mensch!
Sein Beispiel lehr' uns
Jene glauben.

Iphigenie gibt durch ihr Handeln eben dieses Beispiel, indem sie Orests, Pylades' und ihr eigenes Leben Thoas in die Hand gibt, wenn sie diesem den Fluchtplan entdeckt:

„Allein euch leg' ich's auf die Knie! Wenn
Ihr wahrhaft seid, wie ihr gepriesen werdet,
So zeigt's durch euern Beistand und verherrlicht
Durch mich die Wahrheit!“ (V, 3.)

Die Rettung geschieht somit nicht wie im antiken Drama durch den Eingriff der Götter von außen. In der freien Entscheidung, durch die eigene Tat vergewissern Orest und Iphigenie sich ihres eigenen, nun selbst bestimmten Ursprungs. Geschwisterlichkeit und Freundschaft sind jene utopischen Bilder menschlichen Zusammenlebens, die am Ende des Dramas stehen, um deren Brüchigkeit Goethe jedoch nur zu genau weiß, wenn er noch während der Arbeit an der „Iphigenie“ an Charlotte von Stein schreibt: „Hier will das Drama gar nicht fort, es ist verflucht, der König von Tauris soll reden, als wenn kein Strumpfwürker in Apolda hungerte.“ Und wenn Goethe nach erneuter Leküre seines Dramas in einem Brief an Schiller (19. 1. 1802) seine „Iphigenie“ „verteufelt human“ nennt, weist er damit nochmals darauf hin, dass Humanität inmitten des Barbarentums immer wieder neu zu erringen ist. Theodor W. Adorno greift in seinem Beitrag „Zum Klassizismus von Goethes Iphigenie“ (1967) diese in sich widersprüchliche Formulierung von der „verteufelt humanen“ „Iphigenie“ auf und entfaltet deren Dialektik: Das Geständnis, „das die kluge Griechin dem humanen Barbarenkönig ablegt, [...] gibt den selbsterhaltenden Geist ihrer Zivilisationsgenossen preis. Auch um solcher Dialektik willen ist die Humanität der Iphigenie verteufelt; human wird sie erst in dem Augenblick, in dem Humanität nicht länger auf sich und ihrem Recht beharrt.“

5.5 Poesie als Ort der Humanität – Schillers „Die Götter Griechenlands“

Friedrich Schiller: Die Götter Griechenlands (1788)
Die Künstler (1789)
Das Ideal und das Leben (1795)
Der Spaziergang (1795)
Nänie (1800)

Wie für Goethe wurde für Schillers geistige Entwicklung neben seinem Studium der Geschichte das Studium der antiken, griechischen Kunst und Kultur wesentlich. In Wieland, der ihn zur Mitarbeit an seinem „Teutschen Merkur“ gewann, fand er einen Lehrer. So berichtete Schiller im August des Jahres 1788 an seinen Freund Körner:

„In den nächsten zwei Jahren habe ich mir vorgenommen, lese ich keinen modernen Schriftsteller mehr. […] Nur die Alten geben mir jetzt die wahren Genüsse. Zugleich bedarf ich ihrer im höchsten Grade, um meinen eigenen Geschmack zu reinigen, der sich durch Spitzfindigkeit, Künstlichkeit und Witzelei sehr von der wahren Simplizität zu entfernen anfing. Du wirst finden, dass mir ein vertrauter Umgang mit den Alten äußerst wohl tun, vielleicht Klassizität geben wird.“

Er übersetzte *„Iphigenie in Aulis“*, Szenen aus den *„Phönizierinnen“* des Euripides und Teile aus Vergils *„Aeneis“*. In die Jahre 1788/89 fallen der Plan eines großen Epos (*„Fridericiade“*) und des Fragment gebliebenen Dramas *„Die Malteser“*, das er eigener Aussage nach ganz in „griechischer Manier“ halten wollte. Das wohl beredste Zeugnis seiner Begeisterung für die Antike ist jedoch das 1788 entstandene Gedicht „Die Götter Griechenlands“, eine Elegie, in der in einzelnen Bildern jener Zustand beschworen wird,

Da [die Götter] noch die schöne Welt regieret,
An der Freude leichtem Gängelband
Selige Geschlechter noch geführet,
Schöne Wesen aus dem Fabelland –

Dem enthusiastisch gefeierten „Damals“, „da der Dichtung zauberische Hülle/Sich noch lieblich um die Wahrheit wand“, wird das trostlose „Jetzt“ entgegengesetzt:

Schöne Welt, wo bist du? Kehre wieder,
Holdes Blütenalter der Natur! […]
Ausgestorben trauert das Gefilde
Keine Gottheit zeigt sich meinem Blick,

Ach, von jenem lebenswarmen Bilde
Blieb der Schatten nur zurück.

An die Stelle der sinnlich erfahrenen Götterwelt der Griechen ist der eine Gott des Christentums getreten:

Einen zu bereichern unter allen,
Musste diese Götterwelt vergehn.

Die Nähe der Götter hat einer abstrakten, sich des Diesseits entäußernden Gottesvorstellung Platz gemacht; die von den Göttern sichtbar durchwaltete Natur ist der „entgötterten Natur" gewichen. Einzig in der Kunst ist in der Moderne ein Raum geblieben, in den sich die alte Vorstellung einer Harmonie von Verstand und Sinnen gerettet hat:

Ach, nur in dem Feenland der Lieder
Lebt noch deine [der schönen Welt] fabelhafte Spur. […]
Ja, sie [die Götter] kehrten heim, und alles Schöne,
Alles Hohe nahmen sie mit fort,
Alle Farben, alle Lebensströme,
Und uns bleibt nur das entseelte Wort.
Aus der Zeitflut weggerissen, schweben
Sie gerettet auf des Pindus Höhn;
Was unsterblich im Gesang soll leben,
Muss im Leben untergehn.

5.6 Humanität und Politik – Schillers Abhandlung „Über Anmut und Würde"

In der Antike glaubte Schiller die inzwischen verloren gegangene Harmonie von Vernunft und Sinnlichkeit noch vorhanden. In seiner 1793 veröffentlichten Abhandlung „Über Anmut und Würde" greift er die Frage nach der Wiederherstellung eben dieser Harmonie im Menschen nochmals auf. Dieser Aufsatz gehört zu den ästhetischen Beiträgen, die Schiller vorwiegend zwischen 1793 und 1795 schrieb und die sich entweder mit dem Problem der Objektivität des Schönen (*„Kallias oder über die Schönheit"*) oder der Wirkung der Tragödie auseinander setzen (*„Über den Grund des Vergnügens an tragischen Gegenständen"*, *„Über die tragische Kunst"*, *„Zerstreute Betrachtungen über verschiedene ästhetische Gegenstände"*, *„Gedanken über den Gebrauch des Gemeinen und Niedrigen in der Kunst"*, *„Vom Erhabenen"*). Allen Abhandlungen ist gemeinsam, dass sie direkte oder indirekte Auseinandersetzungen mit *Kants* Ästhetik (*„Kritik der Urteilskraft"*, 1790) darstellen. Sie war es vornehmlich, die

Schiller den Weg zu Kants kritischer Philosophie öffnete, fand er doch bei Kant zum einen auf den Begriff gebracht, was ihn selbst beschäftigte, zum andern Äußerungen, die ihn zum Widerspruch oder Weiterdenken anregten. So verstörte ihn auf das äußerste der von Kant behauptete Gegensatz zwischen Pflicht und Neigung in der *„Kritik der praktischen Vernunft“* (1788). Dem hier allerdings von Schiller Kant nur unterstellten Rigorismus in der Moralphilosophie glaubte er begegnen zu müssen. Er konzediert Kant zwar, dass „der Anteil der Neigung an einer freien Handlung für die reine Pflichtmäßigkeit dieser Handlung nichts beweist“, aber er glaubt dennoch daraus folgern zu können, dass sich „die sittliche Vollkommenheit des Menschen gerade nur aus diesem Anteil seiner Neigung an seinem moralischen Handeln erhellen kann. Der Mensch nämlich ist nicht dazu bestimmt, einzelne sittliche Handlungen zu verrichten, sondern ein sittliches Wesen zu sein.“ Kants Moralphilosophie birgt in sich die Gefahr, dass „alle Grazien davor zurückschrecken“ und ein schwacher Verstand leicht dazu verführt wird, „auf dem Wege einer finstern und mönchischen Asketik die moralische Vollkommenheit zu suchen“. Damit aber wäre die Harmonie des Menschen verfehlt, er wäre nicht „einig mit sich selbst“. Solche Einigkeit ist erst dann erreicht, wenn sich „der Geist in der von ihm abhängenden sinnlichen Natur auf eine solche Art äußert, dass sie seinen Willen aufs treuste ausrichtet und seine Empfindungen auf das sprechendste ausdrückt, ohne doch gegen die Anforderungen zu verstoßen, welche der Sinn an sie, als an Erscheinungen, macht, so wird dasjenige entstehen, was man Anmut nennt“. Die Anmut als Ausdruck einer „schönen Seele“, des „Siegels“ der „vollendeten Menschheit“, formuliert die Idee einer Harmonie im individuellen Bereich, die auch auf den staatlichen übertragbar ist. Ihr entspricht die liberale Regierungsform: „Wenn ein monarchischer Staat auf eine solche Art verwaltet wird, dass, obgleich alles nach eines Einzigen Willen geht, der einzelne Bürger sich doch überreden kann, dass er nach seinem eigenen Sinne lebe, und bloß seiner Neigung gehorche, so nennt man dies eine liberale Regierung.“

5.7 Die Suche nach dem verborgenen Gott – Hölderlins Oden

Friedrich Hölderlin: Hyperions Schicksalslied (1798)
Der Frieden (1800)
Wie wenn am Feiertage … (1800)
Der Rhein (1801)
Patmos (1802/03)

In Hölderlins Briefroman preist Hyperion die Athener, die ihm als Beispiel „vollendeter Menschennatur" gelten. Der „Sinn für Freiheit", die griechische Religion und Kunst legen Zeugnis dafür ab, dass bei ihnen der „Moment der Schönheit kund geworden war unter den Menschen, da war im Leben und Geiste, das Unendlicheinige". Hyperion beschwört in hymnischer Prosa eine Zeit, in der sich Göttliches und Menschliches begegnen. Er weiß, dass diese Zeit vergangen ist, aber er hofft auf jenen Moment, wo erneut „Menschheit und Natur sich vereinen wird in Eine allumfassende Gottheit". Für die Jetztzeit gilt, was Hyperion im Hinblick auf die Ägypter sagt. „Wer mit dem Himmel und der Erde nicht in gleicher Lieb und Gegenlieb lebt, wer nicht in diesem Sinne einig lebt mit dem Elemente, worin er sich regt, ist von Natur auch in sich selbst so einig nicht, und erfährt die ewige Schönheit wenigstens so leicht nicht wie ein Grieche." Die Hoffnung auf ein humanes Leben, auf die Aufhebung der Entfremdung und die Versöhnung mit den Göttern verlagert sich so in die Zukunft. In der Zwischenphase verbleibt dem Menschen, sich an seine Kindheit zu erinnern und sich von seiner künftigen „vollendeten Natur" künden zu lassen. Die griechische Antike bürgt für Erneuerung des Menschen; denn: „Vollendete Natur muss in dem Menschenkinde leben, ehe es in die Schule geht, damit das Bild der Kindheit ihm die Rückkehr zeige aus der Schule zu vollendeter Natur." Der zurückzugewinnende Zustand menschlich-göttlicher Harmonie ist für Hölderlin nur eine Bildvorstellung, an deren Seite weitere Chiffren treten, die jenen Zustand vollendeter Menschennatur zu fassen versuchen. Die Oden und Hymnen Hölderlins, die er wie kaum ein Lyriker vor ihm mit aller Strenge an den griechischen Vorlagen ausrichtete, sind Umschreibungsversuche des „Anderen", das zu suchen und von dem zu künden Hölderlin sich anschickt und das er umschreibt als Heimat, Vaterland, mythologische Figur (Achill), Diotima oder im Bild des Stromes (Neckar, Main, Rhein) gestaltet.

Der Dichter zeichnet sich dadurch aus, dass er sich an den anderen Zustand erinnern und ihn ahnungsvoll vorwegnehmen kann. Aber er bezahlt dieses Wissen mit einer ihn von den anderen abhebenden Unsicherheit. Diese Differenz beschreibt das Gedicht *„Abendphantasie"* (1799):

> Wohl kehren itzt die Schiffer zum Hafen auch,
> In fernen Städten, fröhlich verrauscht des Markts
> Geschäftger Lärm; in stiller Laube
> Glänzt das gesellige Mahl den Freunden.
>
> Wohin denn ich? Es leben die Sterblichen
> Von Lohn und Arbeit; wechselnd in Müh und Ruh
> Ist alles freudig; warum schläft denn
> Nimmer nur mir in der Brust der Stachel?

Und in der Ode *„Mein Eigentum"* (1799) heißt es vergleichbar:

> Beglückt, wer, ruhig liebend ein frommes Weib,
> Am eignen Herd in rühmlicher Heimat lebt,
> Es leuchtet über festem Boden
> Schöner dem sicheren Mann sein Himmel.
>
> Denn, wie die Pflanze, wurzelt auf eignem Grund
> Sie nicht, verglüht die Seele des Sterblichen,
> Der mit dem Tageslichte nur, ein
> Armer, auf heiliger Erde wandelt.
>
> Zu mächtig, ach! ihr himmlischen Höhen, zieht
> Ihr mich empor, bei Stürmen, am heitern Tag
> Fühl ich verzehrend euch im Busen
> Wechseln, ihr wandelnden Götterkräfte.

Die Poesie kann den quälenden Stachel nehmen, sie ist dem Unbehausten und Ruhelosen Schutz, bietet dem „heimatlosen Herzen" die erwünschte „bleibende Stätte":

> Sei du, Gesang, mein freundlich Asyl! sei du,
> Beglückender! mit sorgender Liebe mir
> Gepflegt, der Garten, wo ich, wandelnd
> Unter den Blüten, den immer jungen,
> In sichrer Einfalt wohne.

Solange Hölderlin noch glaubt, in seiner Poesie als Form der Prophetie von der Versöhnung zwischen den Göttern und den Menschen künden zu können, ist seine Dichtung noch ungefährdet. Der hohe Anspruch, den er an sich und sein Werk stellt, führt sein Schaffen notwendigerweise in die Krise. Die Radikalität, mit der er dichtet und die ihm die Skepsis Goethes und Schillers eintrug, lässt ihn schließlich fragen, ob er überhaupt würdig genug sei, das Amt, das er sich selbst auferlegte, auszuüben, ob sich das Göttliche überhaupt in Poesie fassen lasse („Nah ist/Und schwer zu fassen der Gott"), ja ob sich die Zeichenhaftigkeit der Welt ausdeuten lasse („Ein Zeichen sind wir, deutungslos,/Schmerzlos sind wir und haben fast/Die Sprache in der Fremde verloren"). Die Krise, in der er sich befindet, hat Hölderlin wohl am eindringlichsten in jener abrupten Kehre zwischen der ersten und zweiten Strophe seines zweistrophigen Gedichtes *„Hälfte des Lebens"* formuliert:

> Mit gelben Birnen hänget
> Und voll mit wilden Rosen
> Das Land in den See,
> Ihr holden Schwäne,
> Und trunken von Küssen

Tunkt ihr das Haupt
Ins heilignüchterne Wasser.

Weh mir, wo nehm ich, wenn
Es Winter ist, die Blumen, und wo
Den Sonnenschein,
Und Schatten der Erde?
Die Mauern stehn
Sprachlos und kalt, im Winde
Klirren die Fahnen.

Die Zuversicht auf eine Renaissance vollendeter Menschennatur, auf eine Rückkehr der Humanität und einen neuen Bund zwischen der Natur, den Göttern und Menschen ist äußerster Skepsis gewichen. Das Vertrauen darauf, im ästhetischen Gebilde die künftige Harmonie ahnen zu lassen, wird verdrängt durch eine immer deutlicher werdende Sprachskepsis (die Sprache ist der „Güter Gefährlichstes"). Hölderlins Verstummen, vielleicht auch sein Wahnsinn, liegen in der Konsequenz seines radikalen poetischen Anspruchs. Damit stand Hölderlin jedoch nicht allein, denn die Erfahrung der Zerbrechlichkeit des eigenen Humanitätskonzepts deutet sich in vielen klassischen Entwürfen an.

5.8 Entsagung und Humanität – Goethes „Wilhelm Meister"

Die Konzepte der Humanität, die in der Klassik entwickelt wurden, weichen voneinander ab. Sie stimmen jedoch insofern überein, als die Antike für fast alle Autoren ein wichtiger Orientierungspunkt ist. Ihr Menschenbild hat Modellcharakter, auf das man sich beruft und das es wiederherzustellen gilt. Jedoch nur eine die Intention der Klassiker verfälschende Interpretation konnte ihnen unterstellen, dass das Humanitätsideal gesicherter Besitz sei. Das Gegenteil ist der Fall. Goethe, Schiller und Hölderlin wissen um die Zerbrechlichkeit des einmal erreichten Humanen. Goethe umschreibt ein neues Daseinsgefühl in seinen „Römischen Elegien" aus der elegischen Distanz. Er lässt in der „Iphigenie" das Ideal einer Kommunikationsgemeinschaft aufscheinen, die immer wieder mit dem Einsatz der ganzen Person zu erneuern ist. Schiller verweist auf den notwendigen, immer wieder gefährdeten politischen Rahmen, in dem das Ideal der Anmut erscheinen kann. Hölderlin schließlich zeigt in der Genese seines Werkes, wie die Radikalität des poetischen Anspruchs, von der Humanität zu künden, die Grundfesten der eigenen Poesie zerstört. Der hohe Anspruch, mit dem die Klassiker angetreten waren, führt sie in die Resignation. Dies wird besonders deutlich an der Entwicklung von Goethes *„Wilhelm Meisters Lehrjahre"* (1795/96), hervorgegangen aus: *„Wilhelm Meisters theatralische Sendung"*, fortgesetzt in: *„Wilhelm Meisters Wanderjahre"* (1821).

Wilhelm Meister tritt seine Lehrjahre mit dem Anspruch an, seine Individualität voll zu entwickeln. In einem Brief an seinen Freund Werner umschreibt er sein Lebensziel: „Dass ich Dir's mit einem Worte sage: mich selbst, ganz wie ich bin, auszubilden, das war dunkel von Jugend auf mein Wunsch und meine Absicht." Ihm, dem Bürgerlichen, bleibt jedoch der Weg zur „harmonischen Ausbildung seiner Natur" verschlossen. Allein dem Edelmann ist eine „personelle Ausbildung" möglich: „Ein Bürger kann sich Verdienst erwerben und zur höchsten Not seinen Geist ausbilden; seine Persönlichkeit geht aber verloren, er mag sich stellen, wie er will." Während der Bürger sich stets der ihm gezogenen Grenzlinie bewusst sein muss, kennt der Edelmann „im gemeinen Leben gar keine Grenzen". Der Adel definiert sich durch das, was er ist, während der Bürger durch seine Persönlichkeit „nichts gibt und geben soll". Der Edelmann darf „tun und wirken", der Bürger muss sich mit Leistung und Besitz und der Ausbildung einzelner Fähigkeiten begnügen. Wo der Edelmann „scheinen" soll, muss sich der Bürger „brauchbar" machen, indem er sich auf seine Weise spezialisiert und „alles übrige vernachlässigt". „An diesem Unterschiede" – so konstatiert Wilhelm schließlich – „ist nicht etwa die Anmaßung der Edelleute und die Nachgiebigkeit der Bürger, sondern die Verfassung der Gesellschaft schuld; ob sich daran einmal etwas ändern wird und was sich ändern wird, bekümmert mich wenig." So kann Wilhelm sich seinen Wunsch einer harmonischen Ausbildung seiner Natur einzig und allein „auf den Brettern" des Theaters erfüllen. Nur dort glaubt er zur „öffentlichen Person" werden zu können, nur dort „erscheint der gebildete Mensch [seiner Klasse] so gut persönlich in seinem Glanz als in den oberen Klassen".

Goethes Held macht Erfahrungen im Kreise des bürgerlichen Erwerbslebens, in der Welt des Theaters, der Welt des alten Adels und schließlich im Kreise einer adeligen, aber nach bürgerlichen Maximen handelnden Turmgesellschaft, die – wie sich im Laufe des Romans allmählich offenbart – Wilhelms Geschick aus dem Verborgenen heraus gelenkt hat. Sicherlich geht Wilhelm aus diesen Begegnungen gereifter und gebildeter hervor, aber am Ende der „Lehrjahre" steht doch nicht die vollendete, in sich ruhende Persönlichkeit, die Wilhelm sich als Endpunkt seines Bildungsprozesses vorstellte. Immer deutlicher wird der zunächst auf den Einzelnen bezogene Bildungsbegriff ausgeweitet, indem Bildung nunmehr als eine Aufgabe innerhalb der Gesellschaft gefasst wird. Die schöpferische Persönlichkeit wird auf den anderen und die Welt als Materie seiner Bildung verwiesen:

„Das ganze Weltwesen liegt vor uns, wie ein großer Steinbruch vor dem Baumeister, der nur dann den Namen verdient, wenn er aus diesen zufälligen Naturmassen ein in seinem Geiste entsprungenes Urbild mit der größten Ökonomie, Zweckmäßigkeit und Festigkeit zusammenstellt. Alles außer uns ist nur Element, ja ich darf wohl sagen, auch alles an uns; aber tief in uns liegt diese schöpferische Kraft, die das zu erschaffen vermag, was sein soll, und uns nicht ruhen und rasten lässt, bis wir es außer uns oder an uns auf eine oder die andere Weise dargestellt haben.“

Das Individuum verdient seinen Namen nur, wenn es für alle Nutzen stiftet und sich mit Erfolg in die Gesellschaft einordnet. Und die moderne Gesellschaft, so wie Goethe sie beim Abfassen der Fortsetzung der „Lehrjahre“ vor Augen hat, fordert von dem Einzelnen nicht mehr die Vervollkommnung aller Kräfte, sondern die Konzentration auf eine einzelne Kraft oder Fähigkeit, mit der sie dem Gemeinwohl nutzen kann. An die Stelle der Idee einer vielseitigen Bildung tritt ein Bildungskonzept der Einseitigkeit: „Vielseitigkeit bereitet eigentlich nur das Element vor, worin der Einseitige wirken kann, dem eben jetzt genug Rahmen gegeben ist. Ja, es ist jetzt die Zeit der Einseitigkeiten; wohl dem, der es begreift, für sich und andere in diesem Sinne wirkt.“
Vor allem im zweiten Teil, „Wilhelm Meisters Wanderjahre“, ist somit die Erfahrung einer immer komplexer und weiträumiger werdenden Welt eingegangen: „Nur alle Menschen machen die Menschheit aus, nur alle Kräfte zusammengenommen die Welt.“ Die „entschlossene Tätigkeit“, der „Forderung des Tages“ zu gehorchen, wird die vordringlichste Aufgabe. Erst wenn „unsre redlichen menschlichen Gesinnungen“ in einen „praktischen Bezug ins Weite“ und nicht nur zu dem „Nächsten“ gesetzt werden, kann den Ansprüchen einer modernen Welt Genüge getan werden. Ein sich auf den Einzelnen konzentrierender Bildungsbegriff ist damit fragwürdig geworden. Der Mensch muss angesichts der Moderne viel eher einen Weg finden, seine selbstischen Wünsche zu beschränken und sie den Bedürfnissen der Gesellschaft anzupassen. Am bündigsten hat Goethe diese Maxime durch den Untertitel der „Wanderjahre“ ausgedrückt: „Die Entsagenden“.
Weil also ein fest umschreibbarer Höhepunkt eines Bildungsprozesses nicht mehr auszumachen ist, ändert sich auch die Erzählform. Während die „Lehrjahre“ noch linear erzählt werden konnten, die Möglichkeit bestand, Wilhelms auf ein Ziel hin ausgerichtetes Streben chronologisch wiederzugeben, musste Goethe bei den „Wanderjahren“ sich anderer literarischer Techniken bedienen. Da sich die Vielschichtigkeit und Vielseitigkeit der Erfahrungen einer sich ankündigenden Moderne „nicht rund aussprechen und mitteilen“ lassen, wählte Goethe ein Verfahren der Gegenüberstellung und Spiegelung, bei dem es dem „aufmerkenden“ Leser überlassen ist, den „sich gleichsam ineinander abspiegelnden Gebilden den geheimeren Sinn“ abzulauschen.

6 Goethes Alterswerk als Überwindung der Klassik – „Faust“

Johann Wolfgang von Goethe: Faust. Der Tragödie erster Teil (1808)
Pandora (1809)
Die Wahlverwandtschaften (1809)
Dichtung und Wahrheit. Aus meinem Leben (1811)
West-östlicher Divan (1819)
Wilhelm Meisters Wanderjahre oder die Entsagenden (1821)
Trilogie der Leidenschaft (1827)
Novelle (1828)
Faust. Der Tragödie zweiter Teil (1832)

Goethes Urteil über „Wilhelm Meisters Wanderjahre“, sie seien eines der „incalculabelsten Produktionen“, gilt in gleicher Weise von seinem „Faust“. In einem Gespräch mit Eckermann lässt Goethe sich über sein noch nicht ganz zu Ende geführtes Werk folgendermaßen aus:

„Der ‚Faust‘ ist doch etwas ganz Inkommensurables, und alle Versuche, ihm dem Verstande näher zu bringen, sind vergeblich. Auch muss man bedenken, dass der erste Teil aus einem etwas dunklen Zustande des Individuums hervorgegangen. Aber eben dieses Dunkel reizt die Menschen, und sie mühen sich daran ab wie an allen unauflösbaren Problemen.“

Das Inkommensurable des Werkes liegt zumindest zum Teil in der sich über sechzig Jahre hinziehenden Entstehungsgeschichte begründet. Goethes erste Beschäftigung mit dem Fauststoff datiert aus der Zeit 1772–1775, fällt demnach in die Sturm-und-Drang-Phase. Der die Gelehrten- und die Gretchentragödie enthaltende „Urfaust“, zu Lebzeiten Goethes nicht veröffentlicht und erst 1887 von Erich Schmidt wieder entdeckt, erschien in überarbeiteter Form 1790 unter dem Titel *„Faust, ein Fragment“*. Schiller veranlasste Goethe zur Wiederaufnahme und Fortführung des Dramas, so dass 1808 *„Faust, der Tragödie erster Teil“* erscheinen konnte, nun vor allem erweitert durch die drei Prologe und die Paktszenen, so dass mit dem Motiv des Paktes bzw. der Wette mehr an Handlungskontinuität gewährleistet war. Zwischen 1825 und 1831 fügte Goethe schließlich die schon um 1800 entstandenen Teile, den Helena-Akt und die Szenen am Kaiserhof, zu einem Ganzen, das er jedoch mit nur wenigen Ausnahmen vor den Augen der Öffentlichkeit verschloss. Er versiegelte das Werk, damit „es, wie es auch sei, noch einige Jahre in Ruhe bleiben möge“.

Das Inkommensurable des „Faust“ erklärt sich nicht nur aus seiner Entstehungsgeschichte. Goethe sprengt mit der von ihm gewählten Form alle vorliegenden Gattungsmuster des Dramas, indem sich im „Faust“ Tragödie und Komödie, Fastnachtsspiel und Mysterienspiel zu einer eigenartigen Einheit vermischen. Die gleiche Mannigfaltigkeit weist auch die metrische Form auf. Stanze, Knittelvers, klassischer Trimeter und Alexandriner wechseln miteinander, Ballade, Volkslied, Terzine, Madrigalvers und hymnischer Gesang stehen nebeneinander, sodass jede Szene, jede Situation den ihr einzig angemessenen Ausdruck findet. Während in „Faust I“ noch eine sehr sprunghafte, an die Sturm-und-Drang-Dramatik erinnernde Handlungsfolge vorhanden ist, fehlt diese im zweiten Teil der Faustdichtung. Die Fausthandlung bildet hier allenfalls noch den roten Faden, an welchem eine selbstständig gewordene Bildfolge in sich weitgehend autonomer Szenen aufgezogen ist. Auch in „Faust II“ greift Goethe folglich auf ein für seinen Altersstil charakteristisches Darstellungsprinzip zurück, das schon im Roman „Wilhelm Meisters Wanderjahre“ zu beobachten war und das er in einem Brief an Iken vom 27. September 1827 im Hinblick auf „Faust II“ folgendermaßen umschreibt: „Da sich gar manches unserer Erfahrungen nicht rund aussprechen und direkt mitteilen lässt, so habe ich seit langem das Mittel gewählt, durch einander sich gegenübergestellte Gebilde den geheimeren Sinn dem Aufmerkenden zu offenbaren.“ An die Stelle der dramatischen Sukzession, eines zeitlichen Kontinuums, kausaler Handlungsverknüpfung und psychologischer Entwicklung und Wahrscheinlichkeit ist eine Reihung von aufeinander verweisenden Bildern, ein Symbolgeflecht als Verweisungszusammenhang getreten. Gemäß der Goethe'schen Devise „Alles was geschieht ist Symbol“ (so Goethe am 2. April 1818 an Schubarth) wird das Ganze, das Göttliche eingeschlossen, nie sagbar, sondern nur andeutbar: „Indem [das Symbol] vollkommen sich selbst darstellt, deutet es auf das übrige“ (ebd). Die symbolische Struktur ist damit die eigentliche Antwort auf Fausts Streben, des Ganzen innezuwerden, es in Besitz zu nehmen. Die Struktur des Werkes selbst widerlegt Fausts Unterfangen, des Göttlichen auf direktem, unmittelbarem Wege habhaft zu werden, ein von vornherein zum Scheitern verurteiltes, weil der Conditio humana widersprechendes Unterfangen. Dies beweist der Schluss von „Faust II“, wenn Faust auf der Stufenleiter der Erlösung des Göttlichen innewerden darf, und die Ariel-Szene zu Beginn von „Faust II“, wenn er erkennen muss, dass ihm der direkte Blick in die Sonne versagt und er statt dessen auf den „farbigen Abglanz“ und die „Trübung“ angewiesen ist.

Insofern dürfte es einem großen Missverständnis gleichkommen, wenn man in Goethes Faustdichtung nichts anderes sehen will als eine groß angelegte Rechtfertigung des menschlichen Strebens. Nur zu lange wurde diese Seite am „Faust“ einseitig betont. „Wer immer strebend sich bemüht, den können wir erlösen.“ Dieser Satz wurde zur billigen, unreflektierten Phrase im Munde des Bildungsbürgers, der sich nur allzu gern mit Faust identifizierte und in ihm einen typisch deutschen Zug erkennen wollte, so dass deutsch und faustisch miteinander gleichgesetzt wurden. Wenn Faust überhaupt als Prototyp für etwas gelten soll, dann ist er weniger der Prototyp des Deutschen, sondern viel eher der Prototyp des modernen Menschen. Goethe hat mit Bedacht eine historische Figur gewählt, um die sich bereits zu Lebzeiten eine Fülle von Geschichten rankte und die sich als Dramenfigur und als Warnfigur in den Volksbüchern anbot. Seine Wahl fiel auf die Figur des Doktor Faustus, weil Faust eine typische Figur an der Epochenschwelle von der mittelalterlichen Ordo-Welt zur Moderne ist. Faust ist der neuzeitliche Mensch, der voraussetzungslos, jenseits der alten Autoritäten, ganz auf sich gestellt nach dem sucht, was „die Welt im Innersten zusammenhält“. Fausts Stationenweg bezeichnet unterschiedliche, immer wieder scheiternde Experimente, sich des Ganzen zu vergewissern. Dies gilt für die Gelehrtentragödie und die Gretchentragödie. Weder die Wissenschaft noch die Liebe oder die Magie verhelfen Faust zu seinem Ziel. Auch die Macht erweist sich als untauglich. Dies beweist der zweite Teil der Tragödie: Mephistos inflationistische Verwendung des Papiergeldes, die Erzeugung des Homunkulus (eines künstlichen Menschen) durch den Famulus Wagner, Faust als Herr der Meere und schließlich als Kolonisator. All diese Experimente scheitern, weil Faust blind ist für die menschlichen Grenzen und sein Maß nicht kennt. So wie er die Idylle um Philemon und Baucis zerstört, zerstört er auch sich selbst. Goethe verwirft nicht die an Faust demonstrierte Autonomie des Menschen, aber er zeigt an Fausts Scheitern, dass der autonome Mensch sich durch Entsagung und Verzicht in ein Ganzes eingliedern muss.

„Faust“ und *„Wilhelm Meisters Wanderjahre“* sind somit zwei komplementär zueinander stehende Werke. Das eine Werk zeigt den autonomen, das andere den entsagenden Menschen. Fausts Scheitern und die Ironie, die als Grundton vor allem den Schluss von „Faust II“ untermalt, verweisen auf die Lehre, die gegen Ende der Wanderschaft Wilhelm Meisters zusammenfassend formuliert wird. Es heißt da,

„dass man weder nötig habe, bis zum Mittelpunkt der Erde zu dringen, noch sich über die Grenzen des Sonnensystems hinaus entfernen, sondern schon genüglich beschäftigt und vorzüglich auf Tat aufmerksam gemacht und zu ihr berufen werde. An und in dem Boden findet man für die höchsten irdischen Bedürfnisse das Material, eine Welt des Stoffes, den höchsten Fähigkeiten des Menschen zur Bearbeitung übergeben; aber auf jenem geistigen Wege werden immer Teilnahme, Liebe, geregelte freie Wirksamkeit gefunden. Diese beiden Welten gegeneinander zu bewegen, ihre beiderseitigen Eigenschaften in der vorübergehenden Lebenserscheinung zu manifestieren, das ist die höchste Gestalt, wozu sich der Mensch auszubilden hat.“

West-östlicher Divan. Die Aktualität des „Faust" hat sich bis heute erwiesen. Sie mag u. a. darin begründet liegen, dass Goethe hier den Problemen der modernen Individualität nachfragt und mögliche Lösungen in drei Sinngebungszyklen erörtert: enthusiastische Liebe (Gretchen), Schönheit (Helena) und Herrschaft. Aber er empfiehlt keine Lösung. Das Werk ist kein Traktat, sondern poetisches Spiel von der Bestimmung des Menschen. Es ist zugleich Formspiel, weil es die unterschiedlichsten in der Geschichte der Literatur zur Verfügung gestellten Formen zitiert und zugleich mit ihnen spielt, wie es Goethe auch im *„West-östlichen Divan"* tut.

Der Vielfalt der Themen und Motive, die dort schon durch die Spannweite zwischen Westlichem und Östlichem bestimmt wird, entspricht in dieser Gedichtfolge ein auffallender Wechsel der Töne, der von alltagssprachlichen, scherzhaften Wendungen bis zu Versen von höchstem Pathos und religiöser Ergriffenheit reicht. Diese auch hier vorfindbare Vereinigung des Heterogenen, oft Antithetischen, war nur in der Kunstform des Zyklus zu gestalten und zu bewältigen. Einheit und Geschlossenheit des Zyklus werden vor allem durch die Figur des Dichters selbst hergestellt, dessen Geist sich in den verschiedenen Büchern, in die der „Divan" unterteilt ist, souverän nach allen Bereichen hin entfaltet. Sein Selbstgefühl, das sich im Übermacht- oder Kaiser-Motiv ausspricht, ist zunächst in seinem Dichtertum begründet, sodann aber in der Liebe, die ihn auch noch über den Kaiser stellt, denn dieser weiß nicht, wie man liebt. Doch ist auch diese Überlegenheit des Dichters jener Dialektik unterworfen, die ein strukturbestimmendes Prinzip des ganzen Zyklus ist, der Dialektik von Selbstpreisgabe und Selbstgewinn. Zum andern wird die Einheit des Zyklus durch die Wiederkehr gleicher Motive in fast allen Büchern gewährt. Sie stehen im Zeichen der Begegnung von Ost und West, doch das Medium dieser Begegnung ist wiederum der Geist des Dichters, der in weltweitem Überblick und zugleich mit spielerischer Leichtigkeit Westliches und Östliches überlegen zu vermischen, Scherz und Ernst virtuos miteinander abwechseln zu lassen versteht.

Zweiter Teil: Romantik

1 Einführung in die Epoche

1.1 Zum Begriff „Epoche“

Die deutsche Literaturgeschichtsschreibung scheidet seit längerem „Sturm und Drang“, „Klassik“ und „Romantik“. Zugunsten einer stärkeren begrifflichen Differenzierung verzichtet sie auf einen zusammenfassenden Namen für ein Zeitalter, das noch von H. A. Korff in den 1920er-Jahren dieses Jahrhunderts als „Goethezeit“ begriffen wurde. In den angelsächsischen Ländern und in Frankreich benennt man den Zeitraum mit dem weit gefassten Begriff „Romantik“, der z. B. Goethes „Leiden des jungen Werthers“ (1774) und „Wilhelm Meister“ (1795/96), Herders „Ideen zur Philosophie der Geschichte der Menschheit“ (1784/91) und Schillers Briefe „Über die ästhetische Erziehung des Menschen“ (1795/96) mit einschließt. Heinrich Heine hat dem 1803 erstmals in der Zeitschrift „Apollon“ gebrauchten Begriff „Kunstperiode“ zur Verbreitung verholfen; er bezog ihn 1833 auf Goethes Tod und auf die nach dem Gefühl seiner Zeitgenossen damit zu Ende gehende Phase.

Konsequenterweise vermeidet die deutsche Literaturgeschichtsschreibung in ihrem engeren Romantikverständnis zumeist den Begriff „Epoche“, weil er in seiner üblichen Geltung einen zeitlich begrenzten und inhaltlich genauer bestimmbaren geschichtlichen Abschnitt meint. Jüngere Forschungsarbeiten sehen „Romantik“ nicht mehr bevorzugt im Kontrast zur „Weimarer Klassik“, sondern als ein Phänomen in komplexer geschichtlicher Verzahnung. Es lässt sich zeigen, dass „Romantik“ innerhalb der deutschen Entwicklung weniger eine Periode umfassender Veränderungen und unübersehbaren Neubeginns als vielmehr eine Phase fortdauernder politischer Wertbegriffe, kontinuierlicher wirtschafts- und sozialgeschichtlicher Bewegungen und durchgängiger geistiger Traditionen ist. Dementsprechend wäre eine Aufwertung der „Romantik“ zu einem historischen Epochenbegriff unangemessen; auch, weil sie den Blick auf die allgemeine Zeittypik verstellen und das Wechselspiel der Kräfte verdecken könnte. Sofern nun doch von der Romantik als einer Epoche gesprochen werden soll, kann das nicht ohne vorherige Erläuterungen und Bestimmungen geschehen, die „Epoche“ in einem engeren Verständnis meinen, z. B.: Romantik als „Phase“ im Sinne einer zeitlich begrenzten Erstreckung, als „Gruppierung“ im Hinblick auf bestimmte Personenkreise, als „Richtung“ in Anbetracht der geistigen Oppositionen, als „Strömung“ in der Bedeutung einer eigenen Kraft im Wechselspiel mit anderen, als „Bewegung“ unter dem Aspekt der geistigen Formation.

1.2 Zu den Begriffen „Romantik“ und „romantisch“

Man belegt seit dem Beginn des 19. Jahrhunderts die etwa zwischen 1795 und 1820 sich entfaltende philosophisch-literarische Bewegung um die Brüder Schlegel mit den Begriffen „Romantik“ und „romantisch“.

„Romantik“ geht etymologisch auf das altfranzösische Wort „romanz“ zurück, das die Volkssprache im Gegensatz zum Latein, der Sprache der Gelehrten, bezeichnet. Die Parallele zur Begriffsgeschichte des Wortes „deutsch“, das althochdeutsch als „diutisk“ ebendiesen Unterschied in der Bedeutung „volkssprachlich“ markiert hat, ist gegeben. Der Begriff „romance“ wurde auf die volkssprachlichen Vers- und Prosaerzählungen übertragen (engl. „romance“; dt. „Romanze“), woraus schließlich unser Terminus „Roman“ hervorgegangen ist.

Die Bezeichnung „Roman“ besitzt kurz vor 1800 noch keine theoretische Konsistenz und kann daher in Diskussionen zwischen Goethe und Schiller Definitionsversuchen unterworfen bzw. als Exerzierfeld für die Vorstellung einer „Gattungsmischung“ durch die jungen Autoren (wie Fr. Schlegel, Novalis, Tieck) erkoren werden. Um die Jahrhundertwende wird das Adjektiv „romantisch“ (erstmals 1650 von Thomas Baily in der Form „romantick“ verwendet) in der Bedeutung „im Roman vorkommend“, „wunderbar“, „phantastisch“, „unwirklich“, „unwahr“, „lebensfern“, „erfunden“ gebraucht. Für die Aufklärer wie auch für alle, die einen Gegensatz zur klassischen Kunst ausdrücken wollen, hat es einen überwiegend abwertenden Klang. Herder, der es zur Abgrenzung von germanisch-romanischer Kultur gegen die „antikische“ verwendet, wertet es positiv. August Wilhelm Schlegel bezieht den Begriff „romantisch“ auf die mittelalterliche und die neuzeitliche, christlich geprägte Literatur im Gegensatz zur klassisch-antikischen; Friedrich Schlegel erweitert ihn auf das Poetische an sich, das sich nach seiner Anschauung im Roman in reiner Form verwirklicht findet. Die Gleichsetzung von „romantisch“ mit „poetisch“ bei Tieck nimmt hier ihren Ausgang. Novalis verwendet als erster das Substantiv „Romantik“ und meint damit „Lehre vom Roman“. Heute versteht man unter „romantisch“ im allgemeinen Sprachgebrauch das Vorherrschen von Gefühl und Phantasie, von Introvertiertheit, Weltfremdheit, Naturverbundenheit.

1.3 Zum Verständnis der Romantik als einer literarischen Epoche

Grundzüge der Epoche. Romantik – zunächst verstanden als eine Bewegung um die Brüder Schlegel – folgt nicht auf die Klassik, sondern spielt sich in den Anfängen gleichzeitig, in unmittelbarer Auseinandersetzung mit deren

Prinzipien und Vorstellungen ab. Die gleichen politischen, sozialen und geistigen Phänomene markieren den Lebensweg der romantischen Autoren – nur sind sie, fast alle in den 70er-Jahren des 18. Jahrhunderts geboren, etwa eine Generation jünger als die Klassiker. Die Französische Revolution trifft sie noch nicht als beruflich etablierte, gesellschaftlich weitgehend integrierte Bürger, sondern als Gymnasiasten, die etwas älteren auf der Schwelle zum Universitätsstudium. Nicht zuletzt rührt daher ihre anfänglich begeisterte Reaktion auf das epochale Ereignis, die Varnhagen von Ense 1811 hinsichtlich der Brüder Schlegel folgendermaßen festhielt:

„Sie sind unstreitig ein paar echte Revolutionsmänner. Die damals in Deutschland mögliche Umwälzung haben sie versucht und, gestehn wir es nur, zum Teil bewirkt. Ihr Witz, ihre Gelehrsamkeit, ihr Tiefsinn folgte ganz dieser Richtung, die in Frankreich so furchtbar auf die Staatsverhältnisse wirkte und in Deutschland die gesamte Literatur erschütterte. Mit welchem Erstaunen sah man ihr gewaltsames Verfahren mit Schriftstellern und Werken, die eines königlichen Ansehns genossen."

Die spätere Skepsis der Romantiker entspricht allerdings durchaus der Ablehnung oder Distanziertheit, die die Revolution durch Schiller und Goethe erfährt (vgl. o. S. 57 ff.). Die älteren Romantiker – die Brüder Schlegel, Novalis, Tieck – empfinden ihre Positionen generell nicht als einen Gegensatz, sondern als eine Ergänzung und Erweiterung der Klassik. Ihre Erforschung des Sanskrit und der germanischen Vorzeit tritt gleichberechtigt neben die Begeisterung für die griechische und römische Antike. Die häufig zitierte Formulierung A. W. Schlegels, die auf Gegensätzlichkeit der klassischen und romantischen Kunstbestrebungen zielt, steht in Wirklichkeit völlig vereinzelt:

„Die Poesie der Alten war die des Besitzes, die unsrige ist die der Sehnsucht; jene steht fest auf dem Boden der Gegenwart, diese wiegt sich zwischen Erinnerung und Ahndung."

Schon 1806 schreibt Achim von Arnim in der „Zeitung für Einsiedler":

„Der blinde Streit zwischen sog. Romantikern und sog. Klassikern endet sich. Was übrig bleibt, das lebt."

Die Romantiker wenden sich in erster Linie gegen die vernünftelnde Literatur der Aufklärungsnachfahren. Besonders Tieck hatte zwischen 1795 und 1798, als er für Friedrich Nicolais „Straußfedern" schrieb, Erfahrungen mit dessen moralisierender Unterhaltungsliteratur und profitorientiertem Geschäftsgebaren gemacht. An der Person des erfolgreichen Vielschreibers August Kotzebue, des Verfassers unzähliger, höchst erfolgreicher Theaterstücke, entzündet sich ihr Widerspruch (vgl. o. S. 33 f.).

Die Romantiker erneuern aber auch den Irrationalismus des Sturm und Drang. Ihr Ziel ist nicht ein Mensch, der sich vernünftig in die Gesellschaftsgegebenheiten einpasst, sondern einer, der sich durch Bildung – als die Gesamtheit menschlicher Erfahrung – seinem Ziel einer zum Unendlichen hin möglichen Selbstbestimmung nähert. Ähnlich den Bemühungen der Autoren des Sturm und Drang um Befreiung des Menschen aus seinen ständischen und sozialen Fesseln oder denen der Klassik zur Lösung des Menschen aus seiner naturhaft-gesellschaftlichen und moralisch-geistigen Beschränktheit haben manche Ansätze der romantischen Vorstellung vom Menschen und von der ihm angemessenen gesellschaftlichen Organisation stark utopischen Charakter. Doch sind sie häufiger rückwärtsgewandt, mystifizierend oder eskapistisch ausgerichtet.

Zusammenfassend kann man folgende Akzentuierungen und Ausrichtungen hervorheben, mit denen sich die Romantiker von den unmittelbar vorausgehenden und gleichzeitigen literarischen Bewegungen unterscheiden und charakterisieren lassen:

Sie begründen literarische Mischformen als höchsten geistigen Ausdruck universalen Strebens; sie versuchen, die zeitgenössischen Beschränkungen menschlicher Denk- und Handlungsfreiheit durch neue Perspektiven aufzubrechen: den psychischen Innenraum, den Bezug zum Jenseits, die menschliche Vorgeschichte (Mythologie), die Kindheit des Individuums und des Volkes, die nationale Vergangenheit, die Versenkung in die Natur, die geografische Ferne (Exotik); sie betonen das Gefühl als ein wesentliches Wahrnehmungs- und Beurteilungsinstrument und geben sich einem grenzenlosen Subjektivismus (in Ruhelosigkeit und Weltschmerz) hin; sie erheben das Lyrische zur intensivsten menschlichen Ausdrucksform und die Musik zum reinsten künstlerischen Ausdrucksmittel.

Der Mangel an Tatkraft, der Rückzug in die Innerlichkeit, das Ausweichen in eine Welt der Vorstellungen ist schon von Zeitgenossen, z. B. Goethe, heftig kritisiert und auch von einigen Romantikern, z. B. Wackenroder und E. T. A. Hoffmann, als zumindest problematisch empfunden worden. Doch muss die Romantik nicht als die totale Negation ihrer Gegenwart, als bloße „Erinnerung und Ahndung“ begriffen werden. Ihre frühe Radikalität – die Verabsolutierung des Subjekts, die Proklamierung der Irrationalität, die Forderung nach Poetisierung der Welt – entspricht durchaus der Jugend ihrer Vertreter und der Unbedingtheit, mit der man gleichzeitig in Frankreich politische Forderungen realisiert hat. Überbetonung des Subjekts, seiner Freiheit und Schöpferkraft, auch Ironie, Zynismus und nihilistische Welteinschätzung (Tieck: „Geschichte des Herrn William Lovell“, 1795/96; Klingemann: „Nachtwachen von Bonaventura“, 1804) sind als unbewusste Kompensation der „verzweiflungsvollen Angst“ angesichts der Folgen, die „jeder kleinen Tat

[...] wie große Gespenster nachtreten", und angesichts der „Heerscharen des Elends [...] überall auf dem ganzen Erdenrund" (Wackenroder) interpretierbar. Vor allem seit etwa 1808 scheut die Romantik nicht die Auseinandersetzung mit den gewerblich-industriellen Veränderungen. Sie sucht auch, den von ihr favorisierten Menschentyp im Kontrast zu dem durch Gewerbefleiß, Existenzsicherung, Gewinnstreben und Anpassung langsam sich deformierenden Bürger, dem Philister, zu entwickeln. Mannigfache, der zeitgenössischen Wirklichkeit entnommene Züge werden zur Ausgestaltung der dichterischen Welt genutzt. Diese romantische Literatur ist von beträchtlicher Bedeutung für die Entwicklung realistischer Dichtungen in den folgenden Jahrzehnten.

Zeitliche Begrenzung. Der Beginn der romantischen Bewegung 1795 lässt sich mit dem literarischen Auftreten der Schlegel, Tieck, Novalis annähernd genau ansetzen, die Bestimmung des Endes fällt dagegen schwer. Wenn in dieser Darstellung etwa das Jahr 1820 gewählt wird, dann aus folgenden Gründen: Die Gruppe um die Brüder Schlegel erweitert sich um Personen und geistige Interessen, womit sie erst zu einer Bewegung wird. Diese Bewegung im Sinne einer relativ geschlossenen geistigen Formation fällt nach 1815 auseinander. Die Einbußen an Erneuerungskraft, an gedanklichem und literarischem Niveau lassen sich erklären mit dem Tod von Wackenroder (1798), Novalis (1801), Kleist (1811), Hoffmann (1822), mit dem Rückzug der Schlegels, der Grimms, Görres', Uhlands in die Wissenschaft, nicht zuletzt mit den völlig verwandelten Zeitverhältnissen. Weiter ist ein deutlicher Resonanzverlust – so paradox das auch erscheinen mag – ablesbar an der Trivialisierung romantischer Themen, Motive, Formen, Schreibweisen und am Abgleiten in eine populäre, überwiegend Unterhaltungszwecken dienende Literatur. Schließlich treten neue Namen in den Blickpunkt, mit denen zugleich gewandelte Einstellungen, andere Themen, Betrachtungsweisen und Schreibhaltungen in den Vordergrund der geistigen Szenerie rücken: Grillparzer und Raimund, Heine und Grabbe, in der literaturhistorischen Terminologie gesprochen: das beginnende Biedermeier und das Junge Deutschland.

Probleme einer Grenze bei 1820. Außerhalb der Betrachtung bleibt der Wandel in der Geschichtsauffassung (Adam Müller, Joseph Görres). Ausgehend von einer Sympathie für die Prinzipien der Französischen Revolution und einem Bewusstsein von Deutschlands vergangener historischer Größe, gibt deren Geschichtsdenken den widerstreitenden Kräften entscheidende Impulse für den begeisterten Aufruhr gegen die französische Fremdherrschaft; doch mündet es nach 1820 mehr und mehr in eine Ideologie zum Schutz restaurativer Politik ein. Nur vom Endpunkt dieser Entwicklung her erklärt sich eine Einschätzung der Romantik als einer politisch reaktionären Bewegung.

Von den Dichtern der romantischen Bewegung sind besonders Tieck († 1853) und Brentano († 1842) weit über 1820 hinaus literarisch produktiv. Tieck passt sich den auf Wirklichkeitsnähe zielenden Zeitströmungen an und beeinflusst sie seinerseits mit einer Anzahl Novellen und Erzählungen („Der Aufruhr in den Cevennen“, 1826; „Der junge Tischlermeister“, 1836; „Des Lebens Überfluss“, 1839; „Vittoria Accorombona“, 1840). Brentano wendet sich, von der späten Überarbeitung und Veröffentlichung viel früher entstandener Märchen abgesehen, mit seiner Abreise 1818 aus Berlin nach Dülmen – zur Aufzeichnung der Visionen der stigmatisierten Nonne Anna Katharina Emmerick – der religiösen Zweckliteratur zu. Diese mehrt er mit konservativen Tendenzschriften, mit dem gewaltigen, nur teilweise ausgeführten Plan einer „Leben Jesu“-Dichtung und später mit religiös durchdrungener Liebesdichtung.

Der einzige heute populäre Dichter der Romantik, Joseph von Eichendorff (1788–1857), hat bis 1820 erst den Roman „Ahnung und Gegenwart“ (1815) mit etwa 50 eingelegten Gedichten, darunter „In einem kühlen Grunde“, „O Täler weit, o Höhen“, und die Novelle „Das Marmorbild“ (1818) veröffentlicht. Die Erzählung „Aus dem Leben eines Taugenichts“, für Generationen der Inbegriff der Romantik, erscheint vollständig erst 1826. Eichendorffs umfangreiches, bedeutsames literarisches Werk, das Roman, Erzählung, Lyrik, Drama, Versepos umfasst, entsteht also zum größten Teil erst nach diesem Zeitpunkt.

Die Setzung einer Zeitgrenze überhaupt bedeutet, dass das Fortwirken der Romantik, z. B. im Schwäbischen Dichterkreis oder bei Platen, Lenau, Heine, aber auch die Neoromantik späterer Zeit nicht Gegenstand dieser Darstellung ist.

1.4 Möglichkeiten zur Untergliederung der Epoche

Auf den ersten Blick bestimmen Geschwisterpaare, Verwandtschaftsgruppen und Freundeskreise das Bild der Romantik; die Brüder Schlegel und Grimm, die Geschwister Clemens und Bettina Brentano; Achim von Arnim heiratet Bettina, Bernhardi heiratet Tiecks Schwester Sophie, die später A. W. Schlegels Geliebte wird; Caroline (geb. Michaelis, verwitwete Böhmer) heiratet zunächst A. W. Schlegel, dann Schelling; Dorothea (geb. Mendelssohn, geschiedene Veit) heiratet Fr. Schlegel; eng befreundet sind Wackenroder und Tieck, Tieck und Novalis, Brentano und Arnim, Arnim und die Grimms. Verschiedentlich publizieren auch Freunde gemeinschaftlich, wie z. B. Wackenroder und Tieck in den „Herzensergießungen eines kunstliebenden Klosterbruders“ (1797). Dennoch ergibt sich kein einheitliches Bild. Das Fehlen einer stetigen Entwicklung ist unverkennbar. Die Romantik ist in hohem Maß von Diskontinuität geprägt, weshalb sie gewöhnlich in den Darstellungen untergliedert wird. Unterschiedliche Einteilungen, die sich z. T. sinnvoll ergänzen, stehen nebeneinander:

die zeitliche Unterteilung in eine stärker der Philosophie und Literaturkritik verpflichtete Frühromantik (1797–1804), in eine Hochromantik mit Dominanz historisch-politischer Interessen (nach 1805) und schließlich in eine Spätromantik (nach 1813);
die Unterscheidung nach den jeweiligen geistigen Zentren, also Jena (1796/1802)/Berlin (1801/1804), Heidelberg (1805/1807), Berlin 1807/1811);
eine Differenzierung nach Personengruppen (mit den Brüdern Schlegel, ihren Frauen Caroline und Dorothea, Tieck, Wackenroder, Novalis, Schelling, Schleiermacher, Steffens, Bernhardi; mit Arnim, Brentano, Görres, Eichendorff, Loeben; mit Arnim, Brentano, Eichendorff, Kleist, Fouqué, Chamisso, A. Müller);
eine Ordnung nach den Zeitschriften als gemeinsamem Sprachrohr: „Athenäum" (1798–1800), „Europa" (1803/1805), „Zeitung für Einsiedler" (1808), „Phöbus" (1808), „Berliner Abendblätter" (1810/11).

Schaut man sich an, inwieweit sich diese Unterteilungen decken, dann wird man wohl eine ältere Romantik, die weitgehend identisch mit der „Frühromantik" ist, von einer jüngeren (ab 1805) trennen müssen.
Vorstellbar ist aber auch eine Gliederung, die ihre Einschnitte aus den politischen Zäsuren gewinnt. Ein solches Vorgehen erscheint umso sinnvoller, wenn man bedenkt, dass die Romantik in ihren Dichtungen nicht autonom, wie sie es selbst meint, sondern in hohem Maß Begleiterscheinung der Zeitbewegungen ist. Folgende Abschnitte müssten gebildet werden: die Zeit der Koalitionskriege bis 1805; die Zeit der Napoleonischen Eroberungen und der Freiheitskriege bis zum Wiener Kongress; die Zeit der Restauration nach 1815. Die folgende Epochendarstellung wählt einen anderen Weg. In ihm spiegeln sich zwar die Phasen der Romantik, das Verfahren ist jedoch systematisch. In Kapitel 2, „Kunst- und Lebensanschauung", werden insbesondere die kunstkritischen Grundlegungen der Romantik behandelt, in Kapitel 3, „Entgrenzungen", werden die psychologischen, historischen, geographisch-topographischen Ausweitungen der zeitüblichen Wirklichkeitserfassung beschrieben, im letzten Kapitel, „Konfrontationen", werden Auseinandersetzungen der Romantiker mit der zeitgenössischen Wirklichkeit vorgestellt.

2 Romantische Kunst- und Lebensanschauung

Friedrich Schlegel:
Athenäum-Fragmente (1798 und 1800)
Lucinde (1799)
Novalis: Fragmentsammlung Blüthenstaub (1798)
Logologische Fragmente (1798)
Die Lehrlinge zu Sais (1798)
Joseph von Eichendorff: Wünschelrute (Gedicht, 1835)
Über die ethische und religiöse Bedeutung der neueren romantischen Poesie in Deutschland (Abhandlung, 1846)
Wilhelm Heinrich Wackenroder:
Von zwei wunderbaren Sprachen und deren geheimnisvoller Kraft (1798)
Ein wunderbares morgenländisches Märchen von einem nackten Heiligen (1798)

2.1 Philosophische Prinzipien

Der „subjektive Idealismus“. Die Frühromantik mit Fr. Schlegel und Novalis ist philosophisch, doch mit Ausnahme von Schelling nicht systematisch eingestellt. Sie schließt in ihren Überlegungen an die klassisch-idealistische Philosophie, besonders an *Johann Gottlieb Fichte* (1762–1814) an. Dieser hatte mit seiner Lehre vom Menschen – nicht Gott oder Natur – als dem Schöpfer des Seins den theoretischen Anknüpfungspunkt für die Verherrlichung einer schrankenlosen Individualität geboten. Die Romantik löst den bei Fichte vorhandenen Zusammenhang des tätigen Ichs mit der sinnlichen Außenwelt. Sie isoliert ferner den individuellen Einzelnen, da sie die gemeinschaftsbezogenen Aspekte der fichteschen Lehre bezüglich des empirischen Ichs, die Unterordnung des Einzelnen unter die Erfordernisse der Gemeinschaft als Wurzel aller Sittlichkeit, vernachlässigt. Sie reduziert zudem die Subjektivität auf die künstlerische Einzelpersönlichkeit. Damit knüpft sie zugleich an die Genielehre des Sturm und Drang an.
In diesem Verständnis des „subjektiven Idealismus“ legt die Romantik den Grundstein zu all den Problemen, die sie in dichterischen Versuchen zu umschreiben und zu lösen sucht: die Propagierung des vor allem phantasietätigen Menschen; die durch die Einbildungskraft des Dichters erzeugten Welten der idealisierten Vergangenheit als einer neuen Gegenwart und Zukunft; den zerrissenen, sich mit seiner zeitgenössischen Wirklichkeit uneins fühlenden und einsamen Menschen; den Widerstreit zwischen Künstler und Bürger (Philister).

Die aktivistischen Impulse, die Fichte durch Rückführung des Seins auf das Tun dem Bürgertum vermittelt hatte, weichen einer Rechtfertigung der Tatlosigkeit:

„O Müßiggang, Müßiggang! Du bist die Lebensluft der Unschuld und der Begeisterung; dich atmen die Seligen und selig ist, wer dich hat und hegt, du heiliges Kleinod! einziges Fragment von Gottähnlichkeit, das uns noch aus dem Paradiese blieb." (Fr. Schlegel: „Lucinde", 1799).

Die Welt als System. Bedeutsam für das romantische Denken ist Schellings Versuch, die Natur in ihrer Gesamtheit als dialektische Selbstentfaltung darzustellen. *Friedrich Wilhelm Schelling* geht in seinen „Ideen zu einer Philosophie der Natur" (1797) von einer Identität des Systems der Natur und des Systems des menschlichen Geistes aus. An die Stelle der mechanischen Naturerklärung des Rationalismus nach dem Prinzip der linearkausalen Betrachtungsweise tritt die teleologische Deutung. Der Sinn der Naturgebilde wird in der Bedeutung gefunden, die diese im Entwicklungssystem des Ganzen haben. An der Formenverwandtschaft der organischen Welt – man beachte in diesem Zusammenhang die Forschungen Goethes zur Morphologie – entwickelt Schelling die Einheit des Plans, den die Natur als die uns sichtbare, voranschreitende Handlung des unendlichen Geistes verfolgt. Im System der Natur steht am Ende das empfindsame Wesen, der Mensch, in dem die „objektive" Vernunft, die Schelling an die Stelle der subjektiven Fichtes setzt, Organismus wird.
Die Betrachtung der Natur als eines organischen Systems durch Schelling und seine Anhänger, den Physiker Ritter und den Naturphilosophen Steffens, eröffnet die Möglichkeit, die zeitgenössischen Entdeckungen und Fortschritte in den Naturwissenschaften (Elektrizität, Geologie, Chemie) in einen Zusammenhang zu bringen. Sie hat durchaus Entsprechungen im Denken Kants, Fichtes und Hegels. Hegel jedoch kritisiert scharf die „Unmethode" des Ahnens, des gefühlhaften Schließens und enthusiastischen Bildens von Analogiereihen und beklagt den Verzicht, Naturerfahrung einer klaren Begrifflichkeit und wissenschaftlichen Systematik zu unterwerfen.

Die „intellektuale Anschauung". Das von Schelling entwickelte Prinzip der „intellektualen Anschauung" als des eigentlichen Erkenntnisorgans hat besondere Bedeutung für den Religionsphilosophen Friedrich Schleiermacher, für Novalis und für andere Frühromantiker. Fr. Schlegel vermerkt in seinen Fragmenten: „Die intellektuale Anschauung ist der kategorische Imperativ der Theorie." Nicht Verstand, nicht Vernunft, sondern innere Anschauung bildet das Vermögen, „die himmlischen Dinge [...] zu erfassen und zu begreifen", wie Wilhelm Heinrich Wackenroder schon vor Schelling in seinem

Aufsatz „Von zwei wunderbaren Sprachen und deren geheimnisvoller Kraft“ (1798) ausgesprochen hatte. Wackenroder hatte aus dieser Erkenntnismöglichkeit gar eine Pflicht gemacht: „Darf er [der schwache Mensch] die dunklen Gefühle, welche wie verhüllte Engel zu uns herniederschweben, hochmütig von sich weisen?“
Auf die Anschauungen Schellings und besonders auch des Naturphilosophen, Theosophen und Geologen Franz von Baader hat Jakob Böhme (1572–1624), der von zahlreichen Frühromantikern schwärmerisch verehrt wird, mit seiner dynamischen Auffassung von der Natur und ihrer mystischen Erfassung eingewirkt. Aber auch der Einfluss Spinozas (1632–1677) in der Vermittlung durch Goethe ist spürbar.

Eklektizismus. System und Begriff sind den Romantikern wegen der damit verbundenen Beschränkung im Streben nach innerer Freiheit verdächtig. Ihrem sprunghaften Denken und Fühlen entspricht der momentane, oft hellsichtige Einfall in der Gestalt der kurzen Notiz oder des pointierten Aphorismus (Novalis: „Blüthenstaub“, 1798; Fr. Schlegel: „Fragmente“ 1798, „Ideen“ 1800). Bestimmt ist ihr Denken vom Kontrast, vom Hervorkehren der Dualität als These und Antithese im dialektischen Progress und von der um 1800 gerade aktuellen naturkundlichen Polarität in Elektrizität und Magnetismus. Im Punktuellen sind die Romantiker oft voller Witz und Verstand, voller Ironie und Phantasie zugleich. Das zeigt sich z. B. im „Athenäum“, dem Hauptpublikationsorgan ihrer Reflexionen in den Jahren 1798–1800, weitgehend verfasst und gestaltet von Fr. Schlegel. Die Tatsache, dass Novalis wie Schlegel sich ursprünglich gegenüber dem Gefühlskult von Wackenroder/Tieck und dem Mystizismus Schellings zurückhielten und die Verstandeskräfte gleich bewerteten („Witzige Einfälle sind die Sprüchwörter der gebildeten Menschen“ oder „Witz als Prinzip der Verwandtschaften, ist zugleich das menstruum universale“), belegt die Spannweite und auch Widersprüchlichkeit der romantischen Prinzipien.

2.2 Kunstanschauung

Progressive Universalpoesie. Fr. Schlegel gibt im 116. „Athenäum“-Fragment eine Theorie der romantischen Poesie. Er bezeichnet sie als „progressive Universalpoesie“, weil sie alle getrennten Gattungen der Poesie wiedervereinigt, Poesie, Philosophie und Rhetorik zueinander in Beziehung setzt, Poesie und Prosa, Genialität und Kritik, Kunstpoesie und Naturpoesie zu einer Gesamtkunst verbindet. Sie enthält alles, was nur poetisch ist, vom gehauchten Kuss bis zum umfassendsten ästhetischen System, sie ist ganz dem Dargestellten hingegeben und erhält doch in vollendeter Weise „den Geist des Autors", seine Individualität. Sie allein kann „ein Bild des Zeitalters" geben und zugleich dem Darstellenden die Freiheit zur poetischen Reflexion erhalten. Progressiv muss sie genannt werden, da sie als „der höchsten und der allseitigsten Bildung fähig ... ewig nur werden" kann. Nur die romantische Dichtart ist unendlich und frei. Sie anerkennt, „dass die Willkür des Dichters kein Gesetz über sich" duldet. Die romantische Poesie ist identisch mit der Dichtkunst überhaupt.

Die Einschätzungen des „Wilhelm Meister". Schlegels Dichtungstheorie ist in der Auseinandersetzung mit Goethes „Wilhelm Meister" (vgl. o. S. 33 f.) entstanden. Wesentliche Bestimmungen romantischer Poesie findet Schlegel in diesem Roman eingelöst. Das kann er freilich nur, weil er Aspekte und Dimensionen dieser Dichtung missversteht oder bewusst umdeutet: Schlegel sieht in ihr „die Absicht des Dichters, eine nicht unvollständige Kunstlehre aufzustellen", hebt den allegorischen Charakter der Romangestaltung hervor, registriert eine über dem ganzen Werk schwebende Ironie, vermutet hinter wunderbaren Zufällen, weissagenden Winken und geheimnisvollen Erscheinungen die erhabenste Poesie und hält das Ganze „durch die Willkür eines bis zur Vollendung gebildeten Geistes gelenkt". Zuletzt versteht Schlegel sogar den Schluss des Romans als den eigentlichen „Mittelpunkt dieser Willkürlichkeit" und verkennt, dass in diesem Erziehungsroman Meister über Stationen des Irrens, der Passivität, der Wirklichkeitsferne zur sittlichen Vollendung geführt wird, die sich gerade im praktischen Wirken innerhalb einer tätigen Gesellschaft bewährt. Schiller hat diesen Punkt in einem Brief an Goethe (8. 7. 1796) bezeichnet:

> „Wenn ich das Ziel, bei welchem Wilhelm nach einer langen Reihe von Verirrungen endlich angelangt, mit dürren Worten auszusprechen hätte, so würde ich sagen: Er tritt von einem leeren und unbestimmten Ideal in ein bestimmtes tätiges Leben, aber ohne die idealisierende Kraft dabei einzubüßen."

Genau in diesem Punkt scheidet sich die klassische von der romantischen Weltanschauung. Das wird noch deutlicher an der negativen Beurteilung des Werks durch *Novalis*. Keinesfalls kann er, der die Schlegel'schen Einschätzungen nicht teilt, in ihm ein Muster der romantischen Poesie erblicken. Er findet im „Wilhelm Meister" nur „eine poetisierte bürgerliche und häusliche Geschichte". In ihr geht das Romantische dadurch zugrunde, dass das Wunderbare „ausdrücklich als Poesie und Schwärmerei behandelt" wird, also Trennung statt Mischung vorliegt, auch dadurch, dass „Natur und Mystizism" ganz vergessen sind und statt ihrer die Ökonomie über die Poesie, das Materielle über den Geist regiert. Das Werk ist seiner Meinung nach „eine Satire auf die Poesie, Religion etc.". Wenn Novalis an Goethe tadelt, dass er „die Musen zu Komödiantinnen, anstatt die Komödiantinnen zu Musen" macht, dass „Aventuriers, Komödianten, Mätressen, Krämer und Philister [...] die Bestandteile des Romans" sind, so finden wir hier als Kritik, was er an anderer Stelle als programmatische Forderung formuliert hat:

„Die Welt muss romantisirt werden. So findet man den urspr[ünglichen] Sinn wieder. Romantisiren ist nichts, als eine qualit[ative] Potenzirung. Das niedre Selbst wird mit einem bessern Selbst in dieser Operation identificirt. So wie wir selbst eine solche qualit[ative] Potenzreihe sind. Diese Operation ist noch ganz unbekannt. Indem ich dem Gemeinen einen hohen Sinn, dem Gewöhnlichen ein geheimnißvolles Ansehn, dem Bekannten die Würde des Unbekannten, dem Endlichen einen unendlichen Schein gebe, so romantisire ich es [...]" („Logologische Fragmente", Nr. 105).

Deutlicher noch als bei Schlegel ist hier der Anspruch einer Verwandlung der ganzen Welt, der Erschließung ihres ursprünglichen Sinns durch geistige Operationen des Ichs ausgesprochen. Kunstanschauung erweitert sich zur Lebensanschauung.

Mischung der Gattungen. Die Kritik an Goethes „Wilhelm Meister" mündet in die Forderung nach einer umfassenden Vermischung der Formen, Gattungen und Stile mit eindeutiger Präferenz des Romans, den Schlegel im „Gespräch über die Poesie" als „romantisches Buch" schlechthin definiert. In ihm sollen die Gattungsunterschiede in einer universalen Form zusammengeführt werden. Mit seiner „Lucinde" liefert er selbst das Muster dieser neuen Form, indem er in ihr die unterschiedlichsten poetischen und philosophisch-reflektorischen Formen abwechseln lässt. Schon das Inhaltsverzeichnis gibt davon eine Vorstellung:

Prolog
Bekenntnisse eines Ungeschickten
Julius an Lucinde
Dithyrambische Phantasie über die schönste Situation
Charakteristik der kleinen Wilhelmine
Allegorie von der Frechheit
Idylle über den Müßiggang
Treue und Scherz
Lehrjahre der Männlichkeit
Metamorphosen
Zwei Briefe: I
Zweiter Brief
Eine Reflexion
Julius an Antonio: I
II
Sehnsucht und Ruhe
Tändeleien der Phantasie

Dieser Vermischung verwandt ist eine der Töne, des Zweiklangs des Grotesken mit dem Erhabenen. Gewonnen an den Tragikomödien Shakespeares und dem tragikomischen „Don Quijote" des Cervantes findet sich diese die älteren Vorstellungen von der Reinheit der Töne sprengende Kontrastierung in zahlreichen Werken, angefangen von Tiecks frühen Märchen über Arnim („Die Majoratsherren"), Hoffmann („Der Sandmann"; „Die Abenteuer der Sylvesternacht“; „Die Elixiere des Teufels“), Chamisso („Peter Schlemihls wundersame Geschichte“) bis hin zu Eichendorff („Das Schloss Dürande“). Die heterogene Komposition von Groteskem und Erhabenem findet z. B. bei Hoffmann eine Begründung in seiner Interpretation der Stiche Callots:

„Schaue ich deine überreichen aus den heterogensten Elementen geschaffenen Kompositionen lange an, so beleben sich die tausend und tausend Figuren, und jede schreitet, oft aus dem tiefsten Hintergrunde, wo es erst schwer hielt, sie nur zu entdecken, kräftig und in den natürlichsten Farben glänzend hervor.“ („Fantasiestücke in Callots Manier“, Nr. 1: „Jacques Callot“)

Es mischen sich menschliche und tierische Züge insbesondere in Werken Hoffmanns, indem der Hund Berganza, der Kater Murr, der Affe Milo, der Meister Floh vermenschlicht erscheinen, Ritter Gluck, Belcampo/Schönfeld, Klein Zaches Spuren von Tierischem aufweisen. Auch aus der Kontrastierung des Menschen mit künstlichen Papp- und Gliederfiguren oder Marionetten wie in Hoffmanns Puppe Olimpia im „Sandmann“, in nachweisbarer Kenntnis von Kleists Essay „Über das Marionettentheater“ geschrieben, erwachsen tiefe Zweifel an der eigenen Identität.

Unendlichkeit – Ironie und Fragment. Der Unendlichkeit des Universums – als Kosmos und als Bewusstsein – und der Erfüllung menschlicher Bestimmung in der Zeitlosigkeit dieser Unendlichkeit entspricht das Bestreben romantischer Theoretiker, die Poesie offen zu halten. Dies belegen vorzüglich ihre intensive Beschäftigung mit der Frage der Ironie und die Bevorzugung des Fragmentarischen.

Ironie. Obwohl es üblich ist, von „romantischer Ironie“ zu sprechen, gibt es keine verbindliche Definition. Fr. Schlegel hat sich mehrfach zu ihrem Prinzip geäußert. Er begreift sie als paradoxe (polare) Gedankenführung, als das Zusammentreffen von Gegensätzlichem, als „Gefühl von dem unauflöslichen Widerstreit des Unbedingten und des Bedingten“, demnach als Denkform, als Inhalt und als Wirkung.
Sie ist aber nicht nur Vehikel, das aus dem Gefühl „der Endlichkeit und der eigenen Beschränkung“ (Schlegel) hinausführt, sondern zugleich Selbstkontrolle, „die Kraft, die dem Dichter die Herrschaft über den Stoff erhält“ (Tieck).
Bei Novalis, der von „produktiver Imagination“ spricht, wird Ironie bestimmt als „Schweben zwischen Extremen, die notwendig zu vereinigen und notwendig zu trennen sind“. Nicht nur „producirt [sie] die Extreme“, sie ist darüber hinaus „die Mater aller Realität, die Realität selbst“.
Ironie ist also das Herrschaftsprinzip absoluter dichterischer Willkür und zugleich die Methode einer Annäherung an das Unendliche.

Fragment. Der Universalitätsanspruch der Frühromantik kann sich nur in Unabschließbarkeit realisieren. Novalis notiert einmal, dass die „Darstellung der Philosophie [...] aus lauter Themas – aus Anfangssätzen – Prinzipien" bestehe. In diesem Sinn formuliert er „Anfänge interessanter Gedankenfolgen", die er überarbeitet, bessert, „fortschreiten" lässt. Ihrer Unvollständigkeit, Vorläufigkeit und Unvollkommenheit bewusst, sieht er sich auf dem Weg zu einer umfassenderen Wahrheit. Die fragmentarische Form entspricht dem erreichten Zustand und verspricht den erforderlichen Fortgang: „Als Fragment erscheint das Unvollkommene noch am erträglichsten – und also ist diese Form der Mitteilung dem zu empfehlen, der noch nicht im Ganzen fertig ist – und doch einzelne merkwürdige Ansichten zu geben hat." Liegt für Novalis die Bedeutung des Fragments in seinem Charakter des Vorläufigen und Vorübergehenden, so wird es für Fr. Schlegel zum adäquaten Spiegelbild der Wirklichkeit. Vor allem die großen Romanversuche stellen in ihrer kompositionell und narrativen Unabgeschlossenheit (Novalis, Tieck, Brentano, Arnim, Hoffmann), auch in ihrem fragmentarischen Kompositionsprinzip, das sich z. B. in der Aufspaltung bzw. Verdoppelung der Figuren zeigt (vgl. auch Kap. 4.3), eine Destruktion des klassischen Bildungsromans in seinem personalen Einheitsentwurf dar. Das hat literarisch eine Nachfolge z. B. in Musils „Mann ohne Eigenschaften" gefunden. Der selbstreflektorische Verweis der Frühromantiker auf die Rissstruktur und die Brüche der Texte hat gelegentlich zu einer emphatischen Reaktion in neuerer Literaturtheorie (Dekonstruktivismus) geführt, in der Kleist und F. Schlegel als Gewährsleute fungieren.

Kunstziel und Kunsthaltung: Eichendorff, Wackenroder, Novalis. Eine gedrängte Formel für die Haltung des romantischen Dichters zur Welt hat *Eichendorff* in seinem „Wünschelrute" (1835) überschriebenen Vierzeiler gefunden: „Schläft ein Lied in allen Dingen,/Die da träumen fort und fort,/Und die Welt hebt an zu singen,/Triffst du nur das Zauberwort." In seiner literaturhistorischen Abhandlung „Über die ethische und religiöse Bedeutung der neueren romantischen Poesie in Deutschland" (1846) schreibt Eichendorff noch präziser:

> „[...] die arme, gebundene Natur träumt von Erlösung und spricht im Traume in abgebrochenen, wundersamen Lauten, rührend, kindisch, erschütternd, es ist das alte, wunderbare Lied, das in allen Dingen schläft. Aber nur ein reiner, gottergebener, keuscher Sinn kennt die Zauberformel, die es weckt" (Abschnitt „Brentano").

Poesie entbindet also die Natur, die den Menschen einschließt, von ihren Fesseln, Beschränkungen, Entstellungen; Poesie erlöst.

Bereits 1798 dichtet *Wackenroder* „Ein wunderbares morgenländisches Märchen von einem nackten Heiligen", in dem durch „ätherische Musik" „der Zauber gelöst und der verirrte Genius aus seiner irdischen Hülle befreit" wird. Dieser war gebannt in die Gestalt eines Heiligen, der angstvoll und rastlos das unaufhaltsame Rad der Zeit drehen musste. Wackenroder entfaltet ein ätherisch-kosmisches Bild des durch poetischen Klang aus der Endlichkeit, d.i. aus Geschichte und Gesellschaft, entbundenen Menschen.
Ähnliche Gedanken wie Wackenroder bewegen wenig später *Novalis* in seiner fragmentarischen Dichtung „Die Lehrlinge zu Sais" (1798). Er hebt nicht so sehr die Überhöhung hervor, betont dafür stärker die Korrespondenz zwischen den Naturgegenständen und dem sprechenden, denkenden, ahnenden Ich. Sprache und Musik werden als die Kraft dargestellt, mit der es möglich ist, sich die Natur anzuverwandeln, sich der Natur einzuverleiben:

„[...] aber mir scheinen die Dichter noch bei weitem nicht genug zu übertreiben, nur dunkel den Zauber jener Sprache zu ahnden und mit der Phantasie nur so zu spielen, wie ein Kind mit dem Zauberstabe seines Vaters spielt. Sie wissen nicht, welche Kräfte ihnen untertan sind, welche Welten ihnen gehorchen müssen. Ist es denn nicht wahr, dass Steine und Wälder der Musik gehorchen und, von ihr gezähmt, sich jedem Willen wie Haustiere fügen? [...] Drückt nicht die ganze Natur so gut, wie das Gesicht, und die Gebärden, der Puls und die Farben, den Zustand eines jeden der höheren, wunderbaren Wesen aus, die wir Menschen nennen? Wird nicht der Fels ein eigentümliches Du, eben wenn ich ihn anrede? Und was bin ich anders als der Strom, wenn ich wehmütig in seine Welten hinabschaue, und die Gedanken in seinem Gleiten verliere? Nur ein ruhiges, genussvolles Gemüt wird die Pflanzenwelt, nur ein lustiges Kind oder ein Wilder die Tiere verstehn."

Poesie ist welterschließend, Musik das eigentliche Wesen der Natur, der Dichter der Mittler. Es kann nicht verwundern, dass bei einer derartigen Funktionsbeschreibung von Dichtung Musik eine so hervorragende Bedeutung gewinnt. Nie zuvor in der deutschen Literatur wird Musik als Motiv, als Handlungselement, als Ausdrucksmittel so häufig, so intensiv, so konstitutiv verwendet. Neu ist der seine Gemütsverfassung heraussingende, der auf die mannigfaltigen Töne und Geräusche lauschende Held (Heinrich in Novalis' „Heinrich von Ofterdingen"; Eichendorffs Taugenichts). Das Akustische ist ein vorherrschender Zug: „Die Poesie ist Musik für das innere Ohr [...]" (Novalis), die Musik ist Seelenausdruck für das Äußere. Daher hat man mit ihrer Entdeckung durch Wackenroder/ Tieck („Herzensergießungen eines kunstliebenden Klosterbruders", 1796) seit je die Periode romantischer Literatur beginnen lassen. Die Einbeziehung der Musik ist nicht gattungsgebunden. Sie spielt in der erzählenden Literatur eine gleich bedeutsame Rolle wie in der Lyrik („Ritter Glück", „Kreisleriana", „Das Sanctus" u. a. von E. T. A. Hoffmann; „Die heilige Cäcilie oder die Gewalt der Musik" von Kleist).

Im Zentrum der dichterischen Bestrebungen der Romantik steht der Roman. Dennoch dominiert das Lyrische, und zwar in Form des schwärmerischen, phantasiebegabten und oftmals singenden oder musizierenden Romanhelden, als Klangreiz in der Sprache, als Stilprinzip der gleitenden Übergänge, als Motiv der sanften Beziehungen, sowie in der Verwendung von Musik, in der Mischung der Gattungen, in den gesungenen Einlagen (Liedern). Das Lyrische entspricht am meisten dem Selbstverständnis vieler Romantiker: Sehnen statt Wollen, Träumen statt Handeln, Singen statt Arbeiten („Aus dem Leben eines Taugenichts“).

3 Entgrenzungen

3.1 Wendung nach innen

Novalis: Hymnen an die Nacht (1799)
Gotthilf Heinrich von Schubert:
Ansichten von der Nachtseite der Naturwissenschaft (1808)
Die Symbolik des Traumes (1814)
Wilhelm Heinrich Wackenroder/Ludwig Tieck:
Herzensergießungen eines kunstliebenden Klosterbruders (1796)
Phantasien über die Kunst für Freunde der Kunst (1799)

Seit Novalis die Parole ausgegeben hat: „Nach innen geht der geheimnisvolle Weg" („Heinrich von Ofterdingen"), bemühen sich die romantischen Autoren darum, die „Wissenschaft der menschlichen Geschichte" durch Beobachtung innerer Zusammenhänge voranzubringen. In ihrer Fragestellung unterscheiden sie sich kaum von rationalistischen Psychologen aus der Vätergeneration (z. B. Karl Philipp Moritz und Immanuel David Mauchart: „Magazin für Erfahrungsseelenkunde", 1783–1793), in ihrer Methode jedoch fundamental. Novalis hat die Differenz in den Wegen prägnant bezeichnet: „Der eine, mühsam und unabsehlich, mit unzähligen Krümmungen, der Weg der Erfahrung; der andere, fast ein Sprung nur, der Weg der innern Betrachtung." In einer Art Wesensschau wird „die Natur jeder Begebenheit und Sache gleich unmittelbar" erfasst. Dichterisches Vermögen ist imstande, dem Geschauten Ausdruck zu geben. Dichtung wird auf diese Weise nicht nur zu einer Wissenschaft neben anderen, sondern zur eigentlich zentralen.

3.1.1 Abkehr von der Tagwelt

Novalis: „Hymnen an die Nacht". Zu den charakteristischen Themen der Romantik zählen die Nacht, der Schlaf, der Traum, der Tod. Novalis hat diese Thematik mit seinen „Hymnen an die Nacht" (1799) vorgegeben. Als Vorbilder sind im Motivischen vor allem Edward Young mit seinem Werk „The Complaint, or Night Thoughts" („Nachtgedanken", 1742–1744), in der Haltung Klopstock und Hölderlin zu nennen; mystischer und pietistischer Einfluss ist nachweisbar.
Die epochale Bedeutung dieser „Hymnen" liegt in ihrer rigorosen Propagierung menschlicher Daseinserfüllung im Jenseits, mit der sie eine Wende innerhalb der deutschsprachigen Weltanschauungslyrik markieren. Aufklärung und Klassik hatten den Menschen aus den Ansprüchen sowohl der

christlichen Religion wie der feudalhierarchischen Ideologie zu befreien gesucht, indem sie seine Selbstverwirklichung im Diesseits zu begründen und literarisch zu gestalten trachteten.
Novalis jedoch knüpft an die christlichen Vorstellungen eines spirituellen jenseitigen Lebens an. Schlaf und Traum führen aus der Tagwelt hinaus in eine andere Welt, in der die tote Braut (Sophie von Kühn, † 1797) gegenwärtig, die mystische Vereinigung mit ihr möglich ist. Die Nacht ist auch Bild für den Tod, der das Tor zum ewigen Leben bedeutet. Sowohl der Weg nach innen wie der ins Jenseits werden im Nachthymnus beschritten. Deshalb beherrscht die „Hymnen" nicht die äußere Anschauung der Nacht, sondern ihre metaphysische Wesenserfahrung: „Abwärts wend ich mich zu der heiligen, unaussprechlichen, geheimnisvollen Nacht. Fernab liegt die Welt – in eine tiefe Gruft versenkt – wüst und einsam ist ihre Stelle" (erste Hymne). Die Welt versinkt in einer Gruft, nicht der tote Mensch, dessen Geist und Seele im Tod in „himmlische Freiheit" aufsteigen und eine „selige Rückkehr" in den „alten, herrlichen Himmel" (vierte Hymne) feiern.
Wenn Novalis die Mythenwelt durchschreitet, dann tut er es auf der Suche nach einer Lösung des Todesproblems. Nicht die ästhetische Kompensation der Lebenssorgen bewegt ihn, wie er sie an der klassizistischen Ästhetik (Schiller: „Die Götter Griechenlands" – vgl. o. S. 78 ff.) kritisiert. Diese sucht mit Hilfe der griechischen Mythologie den schönen Schein eines archaischen, überschaubaren Lebenszusammenhangs zu wahren. Novalis hingegen wendet sich angesichts einer Gegenwart des Warentauschs und rationaler Wissenschaftlichkeit, die er als die Herrschaft der „dürren Zahl" und des „strengen Maßes" (fünfte Hymne) charakterisiert, nicht sehnsuchtsvoll rückwärts der griechischen Welt zu, sondern lässt ein neues Weltalter anbrechen. Die Ineinssetzung von Nacht und persönlicher Liebesvereinigung wird auf die Menschheit ausgeweitet und mit Blick auf die Erlösungstat Christi in eschatologischer Heilsgewissheit formuliert: „Du bist der Tod und machst uns erst gesund" (fünfte Hymne). Christus hat den Tod besiegt; der Mensch kann daher der Aufhebung seiner Begrenztheit und Endlichkeit gewiss sein. Die Vorstellung einer unsterblichen Seele sichert die Unendlichkeit des Individuums. Der Geschichte eröffnen sich mit der Heraufkunft des Christentums neue Perspektiven.
Doch Novalis selbst gewinnt aus diesem Triumph über den Tod keine Kraft zur Gestaltung der geschichtlichen Welt, konkret: seiner Gegenwart. Mit Blick auf deren Endlichkeit fragt er zu Beginn der sechsten Hymne: „Was sollen wir auf dieser Welt/Mit unsrer Lieb' und Treue./Das Alte wird hintangestellt,/ Was soll uns dann das Neue", um als Antwort die „Rückkehr" aus „dieser Zeitlichkeit" in die „Heymath" zu verkünden. Diese Heimat aber, „zeitlos und raumlos", ist die „Herrschaft" der Nacht des Traums, des Rausches (zweite

Hymne) und schließlich – in der Aufhebung der Geschlechtsgegensätze – die Vereinigung mit der Braut, mit Christus, im Tod.
Die literarischen Nachfolger von Novalis nehmen seine Thematik und seine Motive auf. Seine metaphysische Durchdringung der Nacht erreichen oder aber erstreben sie nicht. Doch kaum einer von ihnen verzichtet auf die „Nacht“ als eine Zeit menschlicher Sinnenschärfe und gesteigerter Empfänglichkeit, als eine Zeit wundersamer Erscheinungen, grauenvoller Ängste, aber auch der Selbsterfahrung und Welterkenntnis (z. B. Klingemann: „Nachtwachen von Bonaventura“, 1804; Hoffmann: „Nachtstücke“, 1816/17; selbst Kapiteleinteilungen heißen „Vigil“).

Bewusstseinserweiterung. Die Rückkehr des Menschen im Schlaf zu seinen organischen Ursprüngen oder zu den jenseitigen Regionen fasziniert die ganze Generation. Die naturkundlichen Spekulationen und Untersuchungen sind bestimmt vom Bemühen, Zugang zum Unbewussten zu finden. Dem Traum als einem Phänomen auf der Schwelle der verschiedenen Bewusstseinsstufen, von dem Mediziner, Naturphilosophen und Maler Carl Gustav Carus als ein „Betätigen des Bewusstseins innerhalb der in die Sphäre des bewusstlosen Zustandes zurückgewandten Seele“ bezeichnet, gehört die besondere Zuwendung gerade auch der romantischen Dichter. Nicht nur quantitativ (allein bei Hoffmann fast 600 Nennungen des Wortes „Traum“) ist die Rolle des Traums in romantischer Dichtung fassbar; Träume sind in Dichtungen unterschiedlicher Gattungszugehörigkeit strukturbildend: in Tiecks Märchen (um 1800), Novalis’ Roman „Heinrich von Ofterdingen“ (1802) und Brentanos „Romanzen vom Rosenkranz“ (1803–1812), in Kleists Drama „Das Käthchen von Heilbronn“ (1808), Eichendorffs Roman „Ahnung und Gegenwart“ (1815), Arnims Erzählung „Die Majoratsherren“ (1820).
Die prognostische Bedeutung des Traums hat der Naturphilosoph Gotthilf Heinrich von Schubert in seinem Werk „Die Symbolik des Traumes“ (1814) erforscht. Bedeutsam ist seine Ansicht einer allen Menschen gemeinsamen Symbolsprache, durch welche die menschliche Natur „mit einem anderen, Höheren oder Niederen, eins zu werden, Teil, Organ desselben zu sein vermag“.
In den „Ansichten von der Nachtseite der Naturwissenschaft“ (1808) behandelt G. H. v. Schubert weitere Zustände des Bewusstseins wie tierischen Magnetismus, hypnotischen Somnambulismus, Nachtwandeln, Schlafwachen, Hellsehen, in denen er Möglichkeiten einer spirituellen Verbindung mit dem Übersinnlichen und einer telepathischen Seelenvereinigung sieht. Auch im Wahnsinn wird entgegen der in der Zeit üblichen Einschätzung nicht eine Phase geistig-seelischer Störung oder des Persönlichkeitsverfalls gesehen; in Anknüpfung an alte, in die Antike reichende Vorstellungen gilt er als ein

Zustand, in dem außergewöhnliche Kräfte freigesetzt, Verbindungen zu anderen Welten hergestellt, prophetische Gaben entfaltet werden können. Alle diese Phänomene, einschließlich Rausch, Besessenheit und Bewusstseinsspaltung, haben besonders für die Dichtung E. T. A. Hoffmanns motivische und strukturelle Bedeutung erlangt (z. B. „Der goldne Topf", 1814, „Die Elixiere des Teufels", 1815/16, „Der Sandmann", 1816). Die Grenzen der bekannten Wirklichkeit werden überschritten, die erfahrbare Welt wird weit in bis dahin unbekannte psychisch-geistige Bereiche ausgedehnt.
Das Märchen, das Reales und Irreales nicht trennt, wird zu einer bevorzugten Form. Es gilt nicht nur in traditioneller Weise als eine Möglichkeit realitätsüberschreitender Wunschdarstellung, sondern als eine realistische Gattung, da es den Zusammenhang der eigentlichen, nämlich ganzen Welt wiederzugeben vermag.
Bewusstseinserweiterung in Traum, Rausch und Wahn ist eine zentrale Thematik der Romantik. Sie vor allem hat Nachfolger gefunden und weit über die deutschsprachigen Grenzen gewirkt, nachweislich z. B. auf Edgar Allan Poe und Charles Baudelaire.

Bergmetaphorik und Bergsymbolik. Die Naturphänomene, eingeschlossen der Mensch mit seinen Innenräumen, stehen untereinander in einem „lebendigen, mannigfaltigen Zusammenhange" (Novalis: „Heinrich von Ofterdingen"). Es ist daher selbstverständlich, wenn mit der Erforschung der geheimnisvollen Innenwelt der Berge – Ausbau der Bergakademien in Freiberg/Thüringen und Clausthal-Zellerfeld/Harz – den Romantikern mehr als bloße Analogien sichtbar werden. Die Arbeit des Bergmanns ähnelt nicht nur der des Seelenforschers und kann daher symbolisch verstanden werden, sie ist letztlich in die äußere Natur verlegte Seelenforschung. Im „Heinrich von Ofterdingen", in Tiecks „Runenberg" (1804), in Hoffmanns Erzählung „Die Bergwerke zu Falun" (1819) steht der geheimnisvolle Berg im Mittelpunkt. Die Bergleute in Falun z. B. finden tief im Berg eine unversehrte, jugendliche Leiche, die von einer steinalten Frau als ihr verschollener Bräutigam identifiziert wird. Bergarbeit legt demnach frühere Lebensphasen oder wie im „Runenberg" verborgene tiefenpsychologische Schichten frei. Bergabbau und Innenschau sind beide Bestandteil der Naturgeschichte; nicht zuletzt darin liegt für die Romantiker die Berechtigung ihrer Mischung.

3.1.2 Gefühlskult am Beispiel der „Herzensergießungen eines kunstliebenden Klosterbruders" von Wackenroder/Tieck

Bedeutsam für die romantische Haltung ist die Priorität, die Gemüt und Gefühl im Bereich der Kunstproduktion und Kunsterfassung, ja in der gesamten Lebenseinstellung einnehmen sollen. Zahlreich sind Äußerungen, in de-

nen „Gefühl" bzw. „Gemüt" in ihrer zentralen Bedeutung bestimmt werden, z. B.: „Dem Zauberstab des Gemüts tat sich alles auf" (Schleiermacher); Poesie als „Darstellung des Gemüts – der inneren Welt in ihrer Gesamtheit" und als „Gemüterregungskunst" (Novalis).
Wackenroder und Tieck wenden sich in den „Herzensergießungen eines kunstliebenden Klosterbruders" (1796) entschieden gegen die zeitgenössischen Kunstdiskussionen, gegen Kunstbetrieb und Künstlerideal, in denen die „Vollkommenheit" des Kunstwerkes, also – nach damaligem Sprachgebrauch – seine Wahrheit und Schönheit, für Künstler und Kritiker verbindlich nach Regeln der Mathematik normiert werden. Sie setzten dem rationalistisch geprägten Bemühen nach Deutlichkeit und größter Genauigkeit bei der Entwicklung objektiver Beurteilungsmaßstäbe eine subjektivistische Auffassung entgegen. Nach ihr existiert die Kunst erstens als Idee im Geist des Künstlers, zweitens als Technik im Instrument, drittens ungeformt als Möglichkeit in der Materie. Da die künstlerische Idee bei ihrer materiellen Realisierung getrübt wird, gebührt einer Betrachtung der zugrunde liegenden Idee der Vorrang vor dem vollendeten Werk. Nicht die Analyse des Kunstwerkes, sondern die der Künstlergeschichte gibt über die Größe von Künstler und Werk Aufschluss. Der wahre Künstler bildet allerdings seine Ideen nicht willkürlich aus, sondern ist Medium einer übernatürlichen Kraft. Folgerichtig wird Raffael, dem die Vollendung seiner Bilder in Träumen und Visionen eingegeben sein soll, als ein in hohem Maß religiöser Künstler gefeiert. Die Kunst steht im Dienst der Religion.
Aus diesem irrationalistischen Kunstverständnis ergibt sich die unmittelbare Forderung, Gemäldesammlungen nicht mehr als „Jahrmärkte", sondern als „Tempel" anzusehen, „wo man in stiller und schweigender Demut und in herzerhebender Einsamkeit" die Kunstwerke bewundern soll. „Sie sind nicht darum da, dass das Auge sie sehe; sondern darum, dass man mit entgegenkommendem Herzen in sie hineingehe, und in ihnen lebe und atme" („Herzensergießungen", Abschnitt „Wie und auf welche Weise man die Werke der großen Künstler der Erde eigentlich betrachten [...] müsse").
Dem überwiegend bürgerlichen Publikum wird damit ein von seinem höfischen Vorbild erheblich abweichendes Rezeptionsverhalten nahe gebracht. Zugleich wird der Künstler zu einem Instrument der Gottheit befördert, der unmittelbaren Bevormundung durch Kritik und Publikum entrückt; es wird ihm Freiheit gegeben.
Wackenroder und Tieck erweitern in den „Phantasien über die Kunst" (1799) ihre Thematik um die Verherrlichung der Musik, die nach ihrer Auffassung imstande ist, Gefühle zu verewigen. Die auch in dieser Schrift verfochtene Identität von Kunst und Gefühl bestimmt das Kunstschaffen über Jahrzehnte. Sie hat die bürgerliche Kunstaneignung bis in unsere Zeit geprägt.

3.2 Rückwendung in die Vergangenheit

Novalis: Hyazinth und Rosenblüte, aus: Die Lehrlinge zu Sais (1798)
Heinrich von Ofterdingen (entstanden 1799/1800, veröffentlicht 1802)
Ludwig Tieck: Volksmärchen (1797)
Minnelieder aus dem Schwäbischen Zeitalter (1803)
Franz Sternbalds Wanderungen (1798)
Nibelungenlied (entstanden um 1210; gedruckt 1810)
Achim von Arnim/Clemens Brentano:
Des Knaben Wunderhorn (1805 und 1808)
Jacob und Wilhelm Grimm: Kinder- und Hausmärchen (1812/15/22)
Joseph Görres: Die teutschen Volksbücher (1807)
Achim von Arnim: Die Kronenwächter (1817)
Heinrich von Kleist:
Die Hermannsschlacht (1808; veröffentlicht 1821)

3.2.1 Die Kindheit des Menschen

Ideal der Kindlichkeit. Schon vor den Romantikern wenden sich z. B. Hamann, Goethe, etliche Stürmer und Dränger gegen eine einseitige Verstandeskultur und sprechen sich dafür aus, an die Stelle von Regel- und Systemzwang, zeremonieller Lebensgestaltung, Hang zur Vielwisserei, Unterdrückung von spontaner Gefühlsäußerung und Lustfeindlichkeit mehr Kindlichkeit, Naivität, Einfachheit, Spontaneität und Ursprünglichkeit zu setzen. Auch gewinnt die pietistische Tradition mit ihrer Neigung, Jesu Forderung nach Kindlichkeit (z. B. Matth. 18,3: „Wenn ihr euch nicht bekehrt und werdet wie die Kinder [...]") wörtlich und ernst zu nehmen, gegen Ende des Jahrhunderts an Einfluss. Zudem wirkt z. B. über Rousseau die Anschauung vom Kind als einem Wesen eigener Art und eigenen Wertes, dem Erwachsenen ebenbürtig und gleichberechtigt, auf die Zeitgenossen ein.
Diese unterschiedlichen Stimmen gegen eine Erstarrung der Kultur werden von den Romantikern aufgenommen und gleichsam zu einem Ideal der Kindlichkeit gesteigert. Clemens Brentano strebt zeit seines Lebens, dieses Ideal zu erreichen; in seiner Schwester sieht er es in hohem Maße verwirklicht. Bettina stilisiert allerdings ihr Verhalten den Erwartungen entsprechend; ihre Veröffentlichung von 1835 nennt sie „Goethes Briefwechsel mit einem Kinde". – Kindlichkeit gilt als ein so hervorragender Wesenszug, dass er am Erwachsenen, wo immer möglich, betont wird. Man kann im Lob der Kindlichkeit das beliebteste Lobschema der Zeit um 1800 sehen.
Das Kind ist für Novalis, Tieck, Brentano, Hölderlin, Jean Paul, Dorothea Schlegel ein anbetungswürdiges, „himmlisches", ja „göttliches" Wesen. Es

wird als Repräsentant des Goldenen Zeitalters, des vergangenen und des künftigen, verehrt. Novalis schreibt z. B.: „Wo Kinder sind, da ist ein goldenes Zeitalter“ („Blüthenstaub“, 97). Die Kinderzeit, die bei Eichendorff durchgängig als „die alte schöne Zeit“ erscheint, wird – auch im Anschluss an Bemerkungen Schillers („Über naive und sentimentalische Dichtung“) – mit der eigenen Kindheit oder mit dem Mythos der Kindheit identifiziert.

Die mythische Gestalt des „Kindes“ bei Novalis. Im Fragment *„Die Lehrlinge zu Sais“* von Novalis erscheint ein Kind eines Tages unter den Lehrlingen, dem der Lehrer sogleich „den Unterricht übergeben“ will. Sein ätherisches Aussehen, der Klang seiner Stimme lässt in den Lehrlingen den Wunsch nach völliger Hingabe wach werden. Sein Wesen ist in den einzigen Satz gefasst: „Es lächelt unendlich ernst.“ Der Lehrer kann in der Gewissheit, dass die Zeit des Übergangs ein Ende haben wird, die Zukunftsverheißung aussprechen: „Einst wird es wiederkommen [...] und unter uns wohnen, dann hören die Lehrstunden auf.“ Dieses Kind, das wie ein Abgesandter einer höheren Welt auftritt, lässt den Lehrling ahnen, dass er „innerlich“, in sich mehr wird erfahren können; es hinterlässt in ihm das Gefühl der „Verwandtschaft“, der Verwandlung und der Hoffnung („mir [wäre] am Ende vielleicht der Busen offen, die Zunge frei geworden“). Dem von Novalis skizzierten Fortgang zufolge sollte das Kind am Schluss im Zusammenhang des endzeitlichen Jerusalem als „Messias der Natur“ wieder auftreten. Novalis plante auch „die Aussöhnung der christlichen Religion mit der heidnischen“ und sah für das Sais-Fragment vor, an die „Kosmogonien der Alten“ anzuknüpfen. Daher erscheint die Deutung annehmbar, dass sich in diesem Kind christliche Vorstellungen mit solchen des ägyptischen Isis-Kultes verbinden: Jesus und Horus, göttliche Kinder, Heilsbringer.

Novalis: „Hyazinth und Rosenblüte“. Der Lehrling, nicht zur Begleitung des Kindes auserwählt, muss einen eigenen Weg finden. Die im „Natur“ überschriebenen Teil des Fragments vorgetragenen Ansichten über das Verhältnis von Natur und Mensch verwirren ihn; jede erscheint ihm für sich berechtigt, untereinander widersprechen sie sich. Seine Ratlosigkeit soll das Märchen von Hyazinth und Rosenblüte beenden.
Hyazinths Weg richtet sich nur scheinbar in die Ferne; denn das Märchen handelt von der inneren Reifung des fragenden, wissbegierigen und sehnsuchtsvollen Menschen, der seiner Kindheit entwachsen und seinem Einverständnis mit der Natur und seiner unschuldigen Liebe entfremdet ist. Er sucht tastend die Natur auf neue Weise zu erfassen, kriecht dabei in tiefe Schächte und sammelt in sich Bücherweisheit. Hyazinth gewinnt aber die Freiheit, „die Mutter aller Dinge“, „die verschleierte Jungfrau“ zu suchen, erst, nach-

dem eine „alte wunderliche Frau“ das sein Leben bis dahin bestimmende Buch, Abschiedsgeschenk eines fremden Lehrlings, verbrannt hat. Er durcheilt nun sämtliche Naturformationen und liest hingebungsvoll in dem allerorten aufgeschlagenen Buch der Natur, überall nach der Göttin Isis fragend. Schließlich, vor ihrer göttlichen Wohnung angelangt, schlummert er ein; ein Traum führt ihn in das Innerste ihres Tempels. Indem er ihren Schleier hebt, sinkt Rosenblütchen in seine Arme. Hyazinths Weg mündet in den Ursprung. Doch handelt es sich um ein „liebendes Wiedersehn“ und Wiederfinden in der Steigerung zur „zweiten, höhern Kindheit“, wie es analog im „Heinrich von Ofterdingen“ heißt. Nun hebt eine traute Zeit an, denn „alles Fremde“ ist verbannt. Hyazinth und Rosenblüte leben inmitten ihrer vielen Kinder, jedes ein „sichtbar gewordner Keim der Liebe zwischen Natur und Geist“ – so Novalis in einem anderen Zusammenhang.

Das Goldene Zeitalter im „Heinrich von Ofterdingen“ von Novalis. Novalis verkündet im „Heinrich von Ofterdingen“ (1802) das Reich der Poesie. Er bestimmt sie als die Kraft – ähnlich der Einheit stiftenden Liebe –, das Auseinandertretende miteinander zu verbinden, die Wirklichkeit mit dem Märchenhaften als der höchsten Wahrheit, das Irdische mit dem Überirdischen, das Endliche mit dem Unendlichen harmonisch zu vereinigen. Vormals war alles Poesie, dereinst wird nach Durchdringung der Welt mit dem poetischen Geist alles wieder zu Poesie werden. Diese Durchdringung macht den Weg Heinrichs aus; er vollzieht sich zwischen Träumen, Märchen, Gesprächen und Begegnungen als ständigen „Erinnerungen“. Auf diese Weise wird Heinrich seines Inneren gewahr; so ereignet sich auch die Einführung des geborenen Dichters in sein Reich der Innerlichkeit und des Gemüts. Dabei werden die „Erinnerungen“ zugleich zu „Ahndungen“ des künftigen Zeitalters.
Der erste Teil des Romans, die „Erwartung“, ist ein beständiger Weg nach innen. Die Welt verwandelt sich in einen Traum, aus dem im zweiten Teil, der „Erfüllung“, eine neue Welt von mythischer Wirklichkeit geschaffen werden soll, in der die Zeit endgültig durch Zerstörung des Sonnenreiches vernichtet ist und alle Jahreszeiten und Menschenalter vereinigt sein werden.
Klingors Märchen von Eros und Fabel bedeutet die Einweihung Heinrichs in die Geheimnisse der Zukunft; dem Leser gestattet es auch einen Ausblick auf das fragmentarische Romanende. Schon die Gattungswahl an dieser Stelle des Romans signalisiert den hohen Anspruch, denn Novalis hatte gefordert: „Das echte Märchen muss zugleich prophetische Darstellung – idealische Darstellung – absolut notwendige Darstellung sein. Der echte Märchendichter ist ein Seher der Zukunft.“ Im Fortgang des Romans war überdies der allmähliche Übergang in die einzig adäquate Darstellungsform, die des Märchens, vorgesehen.

Das Handlungsgerüst des Märchens: Sophie hat sich von König Arctur, ihrem Gatten, getrennt und das Reich verlassen, das in Eis versinkt. Während Eros (die Liebe) ruhelos in der Welt umherschweift, begleitet von Ginnistan (der Phantasie), muss sich Fabel (die Poesie) der Anschläge durch den prosaischen „Schreiber" und die Parzen erwehren. Sie kann sich aus deren Gefangenschaft befreien. Es gelingt ihr, eine neue Zukunft zu stiften, indem sie das ganze Reich befreit, den gezähmten Eros mit Freya (dem Frieden) verbindet, Arctur mit Sophie versöhnt. Fabel spinnt einen goldenen, unzerreißlichen Faden, Sinnbild ihrer nun unvergänglichen Herrschaft.

Der Mittelteil der allegorischen Handlung wird vom Kampf bestimmt, den Fabel mit ihren Feinden führen muss: Sie überlistet „Schreiber", den Repräsentanten einer gefühllosen und bösen Antiromantik, und schafft mit diesem Sieg über die falsche Aufklärung, deren Symbol die Sonne ist, die Voraussetzung, die irregegangene Geschichte wieder in richtige Bahnen zu lenken. Ihr Kampf gegen die Parzen hebt das Märchen aus der Zeitproblematik in die universelle Thematik des irdischen Schicksals überhaupt. Mit dem Triumph über die Parzen überwindet das Kind Fabel – also die Poesie – Zeit und Tod und gründet „das Reich der Ewigkeit, in Lieb' [Eros] und Frieden [Freya]", wie Fabel zum Abschluss singt.

Runges Kindmalerei. Die von Novalis poetisch bearbeitete Thematik gestaltet Runge mit den Mitteln der allegorischen Malerei. Runge schreibt über den Sinn seiner Tageszeitendarstellungen:

„Der Morgen ist die gränzenlose Erleuchtung des Universums. Der Tag ist die gränzenlose Gestaltung der Creatur, die das Universum erfüllt. Der Abend ist die gränzenlose Vernichtung der Existenz in den Ursprung des Universums. Die Nacht ist die gränzenlose Tiefe der Erkenntniß von der unvertilgten Existenz in Gott. Diese sind die vier Dimensionen des geschaffenen Geistes."

In seinen Ölgemälden „Der Kleine Morgen" (vgl. Abb. S. 115) und „Der Große Morgen" steht Aurora, die Göttin der Morgenröte, im Zentrum, von geflügelten Gottheiten umgeben. Die anbrechende Zeit, verkörpert durch das Kind im Vordergrund, erhält einen aktuellen Akzent, wenn man in der Gestalt der Aurora nicht nur die antike Venus und die christliche Maria, sondern auch die zeitgenössisch häufig thematisierte Morgenröte als Freiheitsgestalt erkennt. Damit gewinnt die Runge'sche Kunst eine dem Entstehungsjahr 1808/09 angemessene konkret-utopische Dimension.

9 *Philipp Otto Runge: „Der Kleine Morgen." Gemälde, 1808. Öl auf Leinwand. Hamburg, Kunsthalle. Foto: Archiv für Kunst und Geschichte, Berlin.*

3.2.2 Zeugnisse aus der Kindheit des Volkes

Nach der Jahrhundertwende verstärkt sich das Interesse an der deutschen Vergangenheit und ihrer Literatur. Die Jakobinerherrschaft in Frankreich hatte bei den meisten Romantikern den Zusammenbruch ihrer demokratischen Jugendideale zur Folge; Napoleonische Besetzung, politische Ohnmacht der zersplitterten Territorien und das allgemein verbreitete Gefühl großer Ernied-

rigung des Vaterlandes führen – gleichsam als kompensatorisches Gegengewicht – zur Glorifizierung von vergangenen Geschichtsperioden deutscher Vormachtstellung in Europa. Auch Industrialisierung und fortschreitende Kapitalisierung des alltäglichen Lebens mit ihren Begleiterscheinungen eines gesteigerten Egoismus, einer sich ausbreitenden materiellen Denkweise bestärken die Romantiker in ihrer Rückbesinnung auf Zeiten vermeintlich einfacherer und ehrlicherer menschlicher Beziehungen und gesellschaftlicher Verhältnisse.
Die romantische Bewegung knüpft an Bemühungen Herders an, der das erwachende Nationalgefühl nach dem Siebenjährigen Krieg philosophisch und historisch durch Untersuchungen über den Volksbegriff, den Ursprung der Sprache, Lieder alter Völker u. ä. legitimiert hatte. Er wies dem bis dahin als finster geschmähten Mittelalter seinen Platz in der Entwicklung des Volkscharakters zu und entdeckte die mittelalterliche Literatur als eine wesentliche Quelle zu seiner Erforschung. 1778/79 gab Herder die „Volkslieder" heraus, eine Sammlung von Liedern aller Völker und Zeiten, an der u. a. auch Goethe und Lessing mitgearbeitet hatten.

Tiecks Bearbeitungen. Als erster lenkt Ludwig Tieck mit seinen „Volksmärchen" (1797) die Aufmerksamkeit auf die alten Stoffe; besonders mit der darin enthaltenen Märchenkomödie „Der gestiefelte Kater" und dem Märchen „Der blonde Eckbert" findet er in der literarischen Öffentlichkeit Beachtung. – Seine „Minnelieder aus dem Schwäbischen Zeitalter" (1803) gelten heute als das Pionierwerk der romantischen Erneuerungsversuche. Zum einen sieht Tieck in dieser mittelalterlichen Minnelyrik mit ihrem Reichtum an Formen, ihrer differenzierten Reimtechnik, ihrer strukturellen Dichte, ihrer vollendeten Musikalität die eigenen Vorstellungen vorbildlich verwirklicht. Zum andern entspricht das Bemühen um die alte Literatur seinem Konzept der „Einen Poesie", das er in der Vorrede zu seiner Minneliedersammlung entwickelt:

„[...] es gibt doch nur Eine Poesie, die in sich selbst von den frühesten Zeiten bis in die fernste Zukunft, mit den Werken, die wir besitzen, und mit den verlorenen, die unsere Phantasie ergänzen möchte, sowie mit den künftigen, welche sie ahnden will, ein unzertrennliches Ganze ausmacht."

Nach seiner Vorstellung fördert die Lektüre älterer Literatur das Verständnis der gegenwärtigen Kunst, denn es „erklärt und ergänzt die alte Zeit die neue, und umgekehrt". Eine angemessene Vorstellung vom „Ganzen" gibt aber erst die umfassende Kenntnis. Das Interesse richtet sich demgemäß auf „Entstehung und Kenntnis der italienischen, spanischen, deutschen, englischen und nordischen Poesie" neben der des Altertums, ist also in seinem Ansatz

nicht national, sondern zeitlich und kulturell umfassend. Besonderes Gewicht kommt in diesem Zusammenhang den Übersetzungen aus älteren Sprachstufen und fremden Sprachen zu. Vor allem sind es *A. W. Schlegel* (mit Übersetzungen der meisten Werke Shakespeares, zwei Bänden mit Werken Caldérons, Proben aus Dante, Tasso, Petrarca) und *Tieck* (mit der Übersetzung des „Don Quijote“ von Cervantes), welche die Kenntnis nichtdeutscher Literatur fördern und zugleich maßgeblich an der Herausbildung unserer Vorstellung von Weltliteratur mitwirken.
Der Grundsatz der Bewahrung der Form erschließt der deutschen Literatur besonders in den Übersetzungen aus dem romanischen Sprachbereich bis dahin nicht gebräuchliche Strophen- und Versmaße. Das Bemühen wieder vor allem Tiecks, breiteren Volksschichten mittelhochdeutsche Literatur nicht um jeden Preis inhaltlich korrekt, dafür aber als klanglichen „Rausch von Freude und Lust“ nahe zu bringen, findet nicht die Zustimmung der stärker wissenschaftlich ausgerichteten Brüder Grimm. Sie betonen den historischen Abstand und lehnen poetisierende Übersetzungen ab; sie fordern die Lektüre des Originals und lassen höchstens die völlige Umdichtung, wie sie Goethe im Versepos „Reineke Fuchs“ vorgelegt hatte, gelten. Die Brüder Grimm stehen der Möglichkeit einer Wiederbelebung der mittelalterlichen Poesie wie überhaupt dem von Tieck propagierten Gedanken einer neuen Volksbildung durch die Lektüre von Volkspoesie („das Publikum zur Poesie erziehn“) skeptisch gegenüber.

„Nibelungenlied“. Eine zentrale Rolle im Literaturkonzept spielt von Anfang an das „Nibelungenlied“. Seine Bearbeitung plant Tieck seit 1802; Schlegel erwägt 1802 einen "retouchierten Abdruck". Es erscheint schließlich 1810 in Friedrich von der Hagens Bearbeitung und 1814 in der Übersetzung durch August Zeune. In seiner „Rede über die Mythologie“ (1800) beklagt Fr. Schlegel den fehlenden Mittelpunkt der zeitgenössischen Literatur („Wir haben keine Mythologie. Aber [...] wir sind nahe daran eine zu erhalten, [...] eine hervorzubringen“). Bald danach äußert Tieck: „[...] aus diesem Gedicht [„Nibelungenlied“], wenn man die Nordische Mythologie daran knüpft, kann vielleicht eine Art Ilias und Odyssee werden [...].“ Er verspricht eine derart erweiterte „Nibelungen“-Bearbeitung und gedenkt, so der Poesie ihre frühere Einheit mit der Mythologie wiederzugeben. Doch nach 1806 wird diese kulturelle Zielsetzung von den politischen Ereignissen überholt. Patriotische, ja militärische Motive fördern die Verbreitung des „Nibelungenliedes“, das gar 1815 als „kleine Feld- und Zeltausgabe“ herausgebracht wird, „[...] da viele Jünglinge das Lied als ein Palladium in den bevorstehenden Feldzug mitzunehmen wünschten [...]“ (Zeune, im Jahre 1836).

10 *Des Knaben Wunderhorn. Titelseite der Ausgabe aus dem Jahre 1808, Zweiter Teil. Foto: Bildarchiv Preußischer Kulturbesitz, Berlin.*

„Des Knaben Wunderhorn“. Angeregt durch die Tieck'schen Unternehmungen publizieren *Clemens Brentano* und *Achim von Arnim* in den Jahren 1805 und 1808 drei Bände „Des Knaben Wunderhorn“: 722 alte deutsche Lieder überwiegend volkstümlichen Charakters aus dem späten Mittelalter und der frühen Neuzeit. Sie betrachten ihre Sammlung als die Errettung des Volksgesangs in letzter Stunde, zu einem Zeitpunkt, an dem die Welt sich bereits in ein großes „Arbeitshaus“ verwandelt habe.
Die gesammelten Lieder (Handwerker-, Soldaten-, Liebes-, Kinderlieder, religiöse Lieder) entspringen nach Ansicht der Herausgeber der Arbeit des Volkes und wirken stimulierend auf es zurück – ein Gedanke von politischer Tragweite angesichts der herrschenden rechtlichen Unfreiheit, der geistigen Bevormundung durch Staat und Kirche und der sich verstärkenden Arbeits- und Wirtschaftszwänge.
Charakteristisch für die Entwicklung des Literaturbegriffs durch die Herausgeber ist die Ineinssetzung von „Volkspoesie“ und „Naturpoesie“ als Schöpfungen einer eher idyllisch gedachten Gesellschaft. Literarische Kritik und Originalität des individualisierten Künstlers werden verworfen, statt dessen Verständlichkeit, weite Verbreitung und Wirksamkeit zu Wertkriterien erhoben. Kritisiert wird – in Arnims Aufsatz „Von Volksliedern“ als „Begleitwort“ zum ersten Teil – „das Bemühen der Kunstsänger zu singen, wie Vornehme gern reden möchten, ganz dialektlos“, getadelt wird die von Gelehrten in ihrer „Nichtachtung des besseren poetischen Teiles vom Volke“ betriebene „Sprachtrennung“. Ganz generell wird die Entfremdung der führenden Stände „von dem Teile des Volks, der allein noch die Gewalt der Begeisterung ganz und unbeschränkt ertragen kann, ohne sich zu entladen in Nullheit oder Torheit“, bemängelt.
Dieser auf Harmonie zielende, die vorhandenen geistigen und sozialen Widersprüche einebnende Volksbegriff hat, wiewohl historisch falsch, seine Wirkung auf die Zeitgenossen – am Vorabend der Befreiungskriege gegen Napoleon – nicht verfehlt. Impulse auf die politische Lyrik sind ablesbar z. B. in Ernst Moritz Arndts Sammlung „Bannergesänge und Wehrlieder“ (1813) oder Theodor Körners „Leier und Schwert“ (1814).
Die Wirkung des „Wunderhorn“ auf die romantische Lyrik ist beachtlich. Die kritischen Stimmen wie Goethes Mahnung beim Erscheinen des ersten Bandes, „sich vor dem Singsang der Minnesänger, vor der bänkelsängerischen Gemeinheit und vor der Plattheit der Meistersinger sowie vor allem Pfäffischen und Pedantischen höchlich [zu] hüten“, oder Görres' Befürchtung, dass „die Subjektivität der Dichter [Arnim und Brentano] durchgedrungen und dabei etwas Fremdartiges der reinen Masse zugemischt“ sein könne, haben der Begeisterung keinen Abbruch getan. Namentlich Wilhelm Müller in seinen Zyklen „Die schöne Müllerin“ (1820) und „Die Winterreise“ (1823) –

berühmt in ihrer Vertonung durch Franz Schubert –, Ludwig Uhland in Balladen und Gedichten, Heinrich Heine im „Buch der Lieder" (1827) und besonders Eichendorff nehmen den volkstümlichen Ton, aber auch Bilder, Sprachformeln und Stimmungen auf, variieren sie, bilden sie weiter. Als Beispiel für diesen Vorgang der schöpferischen Weiterbildung sei hier auf Eichendorffs Verse vom „Zerbrochenen Ringlein" („In einem kühlen Grunde,/Da geht ein Mühlenrad"), entstanden um 1810, hingewiesen, das die zweite Strophe von des „Müllers Abschied" („Da unten in jenem Tale,/Da treibt das Wasser ein Rad") aus dem „Wunderhorn" fortspinnt; wenige Jahrzehnte später wird es selbst für ein Volkslied gehalten.

„Kinder- und Hausmärchen". Angeregt durch das „Wunderhorn", geben die Brüder *Jacob* und *Wilhelm Grimm* nach jahrelanger Arbeit des Sammeln, nach textkritischen Untersuchungen zur Herstellung der reinsten und reichsten Grundform, nach sorgsamer Redaktion des Ganzen drei Bände „Kinder- und Hausmärchen" (1812/15/22) heraus. Die Grundsätze, die sie in der Kritik an der Herausgebertätigkeit von Tieck und Arnim/Brentano formuliert haben, können die Grimms nicht immer mit ganzer Strenge verwirklichen. Vielleicht hat aber gerade die poetische Leistung, die in der freien Umbildung und Verlebendigung der überlieferten Stoffe, aber auch in Tilgung von Tabuiertem sowie in der Harmonisierung allzu krasser sozialer Gegensätze, in der Bevorzugung der Hochsprache vor der Mundart zutage tritt, also das, was den charakteristischen „Grimm'schen Märchenstil" ausmacht, wesentlich zum enormen Erfolg der Sammlung als Lese- und Erzählstoff für Menschen jeden Alters beigetragen. Der wissenschaftliche Anteil, vor allem in Anmerkungen und Textvarianten im dritten Band, hat die Sammlung zum Grundstein einer bis heute nicht beendeten Forschungsarbeit gemacht.

„Die teutschen Volksbücher". Aus eng verwandtem Geist hat 1807 *Joseph Görres* „Die teutschen Volksbücher" publiziert. Es handelt sich um „das erste umfassende kritische Werk über ältere deutsche Literatur", wie ein Sachkenner 1810 schreibt. Görres hatte die auf den ersten Blick bunte Sammlung von „Historien-, Wetter- und Arzneybüchlein" nicht nur zusammengebracht, sondern jedes Stück nach Inhalt und Geschichte vorgestellt, kommentiert und knapp charakterisiert. Bezeichnend auch hier der weite Begriff „Volksbuch", der eine Vielzahl populärer, nach Herkunft, Inhalt und Form aber ungleichartiger Texte abdeckt: Unter den Historien finden sich Heldendichtung und Ritterepen in der Gestalt des Prosaromans, Heiligenlegenden, eine Reisebeschreibung, historische Erzählungen, Handwerksbüchlein; daneben meint „Volksbuch" auch Bauernregeln, Gesundheitsbüchlein, Traum- und Zauberbücher. Wenn Görres auch nicht alles uneingeschränkt wertschätzen

und empfehlen kann (Traum- und Zauberbuch hält er für „Unsinn“ und polizeilich zu verbieten), so bezeichnet er doch das meiste als „gewissermaßen den stammhaftesten Theil der ganzen Literatur“. Die poetische Überlegenheit dieser Literatur – ganz analog zu Volksliedern und -märchen – resultiert aus ihrem Alter und aus ihrem nicht durch Standesschranken oder Sprachbarrieren begrenzten „Wirkungskreis“. In Görres' Hochachtung vor der geistigen Kraft der „untern Volksklasse“, seinem Verständnis und Mitgefühl mit den „gedrückten Bauern“, seiner Sympathie für den „Volksnarr[en]“ und „plebeyischen Tribun in der Schellenkappe“, den Eulenspiegel, drückt sich seine wahrlich demokratische Gesinnung jener Jahre aus. Vergangenheitsbezogenheit entbehrt hier jeder Rückschrittlichkeit; sie enthält noch die politische und soziale Sprengkraft eines aus der Literatur gewonnenen neuen Selbstvertrauens und nationalen Stolzes. Befreiung und Wiedergeburt unter Einschluss der unverbrauchten kulturellen und moralischen Kräfte der „untern Volksklasse“ bedeuten noch nicht den Einsatz der Vielen zur Wiederherstellung feudaler Macht.

3.2.3 Mittelalterbegeisterung

Heines Kritik. Wesentlich haben Heines Äußerungen in der „Romantischen Schule“ (1836) die Vorstellung von einer altertümlichen, ja reaktionären Mittelalterbegeisterung bilden helfen. Dort schreibt er über die viel gelesenen Romane, Rittergeschichten und -dramen des populären Friedrich de la Motte-Fouqué (1777–1843):

„Die retrograde Richtung, das beständige Loblied auf den Geburtsadel, die unaufhörliche Verherrlichung des alten Feudalwesens, die ewige Rittertümelei missbehagte am Ende den bürgerlich Gebildeten im deutschen Publikum, und man wandte sich ab von dem unzeitgemäßen Sänger. [...] als der ingeniose Hidalgo Friedrich de la Motte-Fouqué sich immer tiefer in seine Ritterbücher versenkte und im Traume der Vergangenheit das Verständnis der Gegenwart einbüßte, da mussten sogar seine besten Freunde sich kopfschüttelnd von ihm abwenden.“

In der Tat sind durch Fouqués Mittelalterdarstellung bei einem breiten Publikum Ideale erweckt worden, die einer fortschrittlichen Erneuerung gesellschaftlicher Ordnungen und staatlicher Organisation nach der Befreiung von der Napoleonischen Herrschaft nicht zuträglich sein konnten. Doch tut man der romantischen Bewegung insgesamt unrecht, wenn man von diesen relativ späten – wenn auch wirksamen – Dichtungen her sein Urteil bildet.

Die Bedeutung des „Mittelalters“ im „Heinrich von Ofterdingen“ von Novalis. Bereits in der geschichtsphilosophischen Schrift „Die Christenheit oder Europa“ (1799) interpretiert Novalis das „christliche“ Mittelalter als harmonische Vorzeit zur wirren Gegenwart. Er zielt dabei nicht auf die Rekonstruktion eines real-historischen Mittelalterbildes, sondern verwendet geschichtliche Materialien zur gleichnishaften Darstellung einer geistigen Wahrheit.

Auch „Heinrich von Ofterdingen" (1802) ist kein historischer Roman. Überhaupt sind konkret historische Bezüge von Raum und Zeit verhältnismäßig bedeutungslos in einem Werk, das gerade in der Darstellung des Wesens der Poesie auf die Aufhebung von Raum und Zeit hinarbeitet. Allerdings gilt das Mittelalter Novalis als „eine tiefsinnige und romantische Zeit [...], die unter schlichtem Kleide eine höhere Gestalt verbirgt". Um diese „höhere Gestalt" geht es ihm.

Novalis verwendet spätmittelalterliches Quellenmaterial (Johannes Rothes „Düringische Chronik", um 1415) und stützt sich auf Mittelalterstudien zu Kaiser Friedrich II. Bezeichnenderweise wählt er als zentrale Gestalten für seinen Roman die sagenhaften Sänger Klingsor und Heinrich von Ofterdingen, literarische Hauptgestalten im „Sängerkrieg auf der Wartburg" (um 1250), deren historische Existenz und deren Wirken bis heute dunkel sind. In das Romankonzept spielt auch die Novalis vertraute thüringische Volkssage vom Kyffhäuser, die sich ursprünglich an den letzten großen Stauferkaiser, Friedrich II., knüpft: So sollte sich der Held des Romans, Heinrich, nachdem er die Heldenzeit und das Altertum kennengelernt und das Morgenland durchreist und erforscht hatte, an den Hof Friedrichs II. begeben. Die „Sehnsucht nach dem Kyffhäuser", durch ein altes Lied erweckt, sollte dann Heinrich mit Klingsors Hilfe in das Innere des Berges führen, wo er nicht nur die schlafende Mathilde, ihr gemeinsames Kind und die blaue Blume findet, sondern auch den an der Krone fehlenden Karfunkelstein, ein „altes talismanisches Kleinod", entdeckt, dessen Rückkehr das „künftige Kaiserhaus" erlöst. – An Friedrich II. scheint Novalis die ideale Verbindung von Macht und Geist, abend- und morgenländischer Kultur fasziniert zu haben. Sie hat seiner Absicht einer Verknüpfung der „entferntesten und verschiedenartigsten Sagen und Begebenheiten" und seiner Vorstellung eines Endkaisers und einer Endzeit, gekennzeichnet durch die Aussöhnung der Religionen, die Verschmelzung der Kulturen, die Aufhebung der Zeiten, Jahreszeiten und Lebensalter, einen historischen Ausgangspunkt gegeben.

Wackenroder/Tieck: „Franz Sternbalds Wanderungen". Dieses Werk wurde als Gemeinschaftsarbeit mit Wackenroder geplant und nach dessen Krankheit und Tod 1798 von Tieck allein ausgeführt. Es handelt sich um den Versuch, einen romantischen Künstlerroman in unverkennbarer Orientierung an Goethes „Wilhelm Meister" als dem wegweisenden Muster des neueren Bildungsromans zu verfassen.

Franz Sternbald, Schüler Albrecht Dürers, verlässt Nürnberg, „um in der Ferne seine Kenntnisse zu erweitern und nach einer mühseligen Wanderschaft dann als ein Meister in der Kunst der Malerei zurückzukehren". Seine Reise führt ihn durch Deutschland, die Niederlande, über Straßburg nach Florenz und Rom. Er verkehrt mit Bauern, Handwerkern, Fabrikanten, mit Kunstliebhabern und Aristokraten; er empfängt u.a. seinen Wirklichkeitssinn stärkende Ratschläge von Dürer, erfährt aber auch durch den romantischen Bohemien Florestan Anleitung zu erotischem Lebensgenuss und Unterweisung über die Sinnlichkeit der Kunst. Der mit dem Vorsatz, „immer ein Kind [zu] bleiben", aufgebrochene Sternbald entwickelt sich im Verlauf seiner Reise zu einem kunstverständigen und welterfahrenen jungen Mann. In Rom findet er überraschend seine ihm zu Beginn der Wanderschaft wieder erscheinende Geliebte aus der Kindheit. Damit endet der Roman vorzeitig, ohne dass Tiecks Plan, Sternbald an den Ausgangspunkt Nürnberg zurückzuführen, vollendet ist.

Der Roman hat den Untertitel „Eine altdeutsche Geschichte"; die Handlung ist in den Anfang des 16. Jahrhunderts gelegt. Doch ist die historische Wirklichkeit dieser Zeit nicht besonders deutlich ausgeprägt. Den Leser erinnern in erster Linie das Auftreten oder die Erwähnung von Personen wie Dürer, Pirckheimer, Lucas von Leyden, Holbein und die Nennung einiger ihrer bekannteren künstlerischen Arbeiten an die altdeutsche Zeit. Die Jahrhundertwahl hängt mit dem Kunst- und Künstlerideal zusammen, wie es in den Dürer-, Raffael- und Leonardo-Aufsätzen der „Herzensergießungen" und der „Phantasien über die Kunst" entwickelt ist. In diesen Idealvorstellungen durchdringen sich Kunst und Alltagsleben noch weitgehend gegenseitig in einer insgesamt als harmonisch und idyllisch skizzierten, vorzüglich bürgerlichen Gesellschaft. Aus dieser Realitätsverkennung gewinnt Tieck im „Franz Sternbald" ein utopisches Gegenbild zur problematischen Situation des Künstlers in der Gegenwart.

Von Arnim: „Die Kronenwächter". Dieser Roman Achims von Arnim, Teil eines umfangreicheren Werkplans, 1817 erschienen, spielt gleichfalls im 16. Jahrhundert.

Der Geheimbund der Kronenwächter hütet die Kaiserkrone. Vergeblich sucht er Abkömmlinge der Hohenstaufen (Berthold im ersten, Anton im zweiten Teil) auf die Wiederherstellung des Stauferreiches vorzubereiten. Berthold scheitert, weil er in seinem „zweiten Leben", das ihm mittels einer Bluttransfusion durch den Doktor Faustus gegeben ist, von seiner ehemals bürgerlichen Lebensbahn abweicht, indem er nach einem veräußerlichten ritterlichen Lebensstil strebt. Nach Bertholds Tod bei einer Besichtigung der Hohenstaufengräber in Lorch tritt an seine Stelle der Maler Anton. Nach vielen Abenteuern lernt er seinen Vater kennen, der ihm die Geschichte seines Geschlechtes mitteilt. Anton, zum Hüter der Hohenstaufenkrone ausersehen, verzichtet unter dem Eindruck seiner Erfahrungen auf dieses Amt. Nach einer erhaltenen Notiz zu diesem nur skizzenhaft ausgeführten Teil sollte Anton am Ende die Burg der Kronenwächter zerstören.

Die Krone aber, Symbol der Volkserneuerung und nationalen Einheit, muss weiter aufbewahrt werden, bis „ein von Gott Begnadeter alle Deutschen zu einem großen, friedlichen gemeinsamen Leben vereinigen wird".

Man hat Arnim wegen der detaillierten Materialsammlungen zu Bauten, Trachten und Geräten, zu Sitten, Bräuchen und Lebensformen und wegen der angestrebten historischen Genauigkeit als den Antiquar unter den romantischen Dichtern bezeichnet. Doch steht nicht die Rekonstruktion vergangener Wirklichkeit im Zentrum seiner Bemühungen. Ihm geht es wesentlich um Geschichtsphilosophie, in welcher der Mythos den ihm von der Romantik zugewiesenen Platz weiterhin einnimmt. Auch Arnim verarbeitet die Kyffhäusersage, die er auf Friedrich I. (Barbarossa) bezieht. Sie ist ihm Ausdruck der im Volk lebendigen Zukunftshoffnungen. Vordergründig scheint es sich um eine Dichtung zu handeln, welche die nach 1815 verstärkt restaurativen Tendenzen stützt. Doch unübersehbar ist Arnims Kritik an der zeitgenössischen Verbindung von herrschsüchtiger Bürokratie und starr reaktionärer Haltung der „altadligen Fronde" in Preußen, „welche blind an eine notwendige Rückkehr derselben Verhältnisse glaubte, die lange ihnen bequem gewesen" („Gräfin Dolores", 2. Abt., 18. Kap.). Arnim erkennt die unmittelbare Gefahr, die von allen geschichtsmythischen und heilsgeschichtlichen Konstruktionen ausgeht, wenn die dem Mythos innewohnende Hoffnung zur bloßen Legitimierung von Machtstreben und Macht missbraucht wird. Im Unterschied zu Novalis und dem Tieck des „Sternbald" bewahren ihn aber auch umfassende Kenntnisse und stärkerer Realitätssinn vor einer unkritischen Idealisierung des Spätmittelalters. „Wir fühlen, dass die alte Zeit nicht viel taugte und die neue nicht vollendet ist." – Der Fortgang der Geschichte nach 1813 bringt nicht die von Arnim erhoffte Vollendung. Er muss schmerzlich erkennen, dass die Nation ihre Einheit auf der Grundlage einer ständisch-liberalen Verfassung in einem monarchisch-konstitutionellen Staat nicht gewinnt. Das Romankonzept büßt seine aktuelle Bedeutung ein. Die in Arnim aufkommende Resignation verhindert eine Fortführung des Romans.

Kleist: „Die Hermannsschlacht". Kleist, der ja auch im „Michael Kohlhaas" und im „Prinz Friedrich von Homburg" anhand von geschichtlichen Ereignissen aktuelle Einsichten zu vermitteln sucht, will mit dem Tendenzdrama „Die Hermannschlacht" (1808; veröffentlicht 1821) den patriotischen Kräften ein Lehrstück für ihren Kampf gegen Napoleon schaffen. Mit der Darstellung der Vorbereitungen und des Ablaufs der siegreichen Schlacht der vereint kämpfenden Cherusker und Sueven über die Römer im Teutoburger Wald (9 n. Chr.) erteilt er in dichterischer Form Preußen und Österreich einen gleichsam geschichtlich vorgezeichneten Handlungsauftrag. Direkte Lehren werden aus der Geschichte gezogen; in unmittelbarer Gleichsetzung ähnlicher historischer Konstellationen wird das Gebot eines Verteidigungs- und Befreiungskrieges verkündet. Geschichte dient der Legitimierung gegenwärtiger Tat.

3.3 Räumliche Entgrenzung

Ludwig Tieck: Der blonde Eckbert (1796)
Joseph von Eichendorff: Sehnsucht (Gedicht, 1834)
Aus dem Leben eines Taugenichts (1826)

3.3.1 „Waldeinsamkeit“

Im Europa der Jahrhundertwende dominiert eine ausbeuterische Einstellung zu den Schätzen der Natur. Die im Gefolge rationaler, systematischer Nutzung der Naturkräfte sich entwickelnden Industrien (Glas, Porzellan, Eisen) verschlingen zum Antrieb von Maschinen und beim Verhütten riesige Mengen von Holz, so dass im ausgehenden 18. Jahrhundert der gesamte Waldbestand von der Vernichtung bedroht ist. Die Entwaldungsgefahr, der man durch Dekrete in Belgien (1723), in Frankreich und verschiedenen deutschen Staaten frühzeitig zu begegnen sucht, erregt allenthalben die Gemüter aufs heftigste. Hundert Jahre später meint der Volkswirtschaftler Sombart, dass „der Mangel an Holz die Frage der europäischen Kultur war, deren Entscheidung für diese vielleicht bedeutsamer war als die andere, die die Zeit bewegte: ob Napoleon Sieger bleiben werde oder die verbündeten europäischen Mächte“.
Die öffentliche Erregung spiegelt die Sorge, künftig auf den wichtigsten Rohstoff, auf Holz, verzichten zu müssen. Sie entspringt nicht ökologischen Überlegungen, erst recht keiner Naturliebe, sondern entspricht – mit anderem Vorzeichen freilich – dem rational-ökonomischen Zeitgeist, der auch die Ausbeutung bewerkstelligt.

Im ersten Jahrzehnt setzt die planmäßige Aufforstung ein. Diesen zweckgerichteten Unternehmungen gibt die Romantik sowohl in ihrer Naturphilosophie (Schelling; Novalis) einen über das Ökonomische hinausweisenden Sinn wie auch in der Emotionalisierung der Naturphänomene einen lebendigen Bezug.
Die vom Großstädter Tieck stammende Wortbildung „Waldeinsamkeit“ („Der blonde Eckbert“, 1796) wird zu einem Schlagwort der Romantik, weil sie programmatisch dem Wald eine emotionale Qualität zuspricht und ihn in enge Beziehung zu den menschlichen Gemütsbedürfnissen setzt. Dabei richtet sich implizit die Entdeckung der Natur als einer neuen Lebensqualität gegen die Stadt als Inbegriff der Zivilisation; der Preis der Einsamkeit des Einzelnen inmitten von Wald und Feld zielt gegen die städtischen Menschenansammlungen (die Bevölkerung z. B. Berlins, der „Stadt der Soldaten und

Manufakturen", versechsfacht sich im 18. Jahrhundert). Im Bewusstsein einer größeren Öffentlichkeit wird schon zwei Jahrzehnte später Eichendorff, der an die Frühromantik anschließt, vor allem mit einigen Liedern (z. B. „Der Jäger Abschied"; „Abschied") zum Sänger des Waldes schlechthin.
Der Mensch tritt in eine gefühlsmäßige Bindung zur Natur; darüber hinaus glaubt Bettina von Arnim, dass auch die Natur des Menschen bedürfe und lebendig an ihn herangehe, ja um Erlösung bitte. Der Naturphilosoph G. H. v. Schubert schreibt den Tieren unsterbliche Seelen zu.
Obwohl in endlosen Variationen von großer Suggestivkraft die Wechselwirkung zwischen der Seele des Menschen und den Kräften der Natur beschrieben wird, ist nur selten von der beschädigten Natur die Rede: Einmal ist in Chamissos „Peter Schlemihl" (9. Kap.) der verwüstete Wald erwähnt. Seine Zerstörung wird Naturkräften zugeschrieben, hier einem Bergbach. Doch geht man nicht fehl, die von „dem sonnenhellen Raum" natürlicherweise ausgehende Gefahr einer Entdeckung des fehlenden Schattens als eine Gefährdung überhaupt zu interpretieren. Bezeichnenderweise gibt es „die Geschichte dieser Verwüstung" zu erzählen; das ist ein Hinweis auf etwas anderes als eine Naturkatastrophe, nämlich auf Menschenwerk. – Eichendorff lässt die allegorische Gestalt Libertas („Libertas und ihre Freier", 1849) im Gespräch über die ehemals schönen Wälder ihrer Heimat bemerken: „Da ist viel abgeholzt seitdem, das wächst so bald nicht wieder nach auf den kahlen Bergen." Hier wird ausdrücklich Kritik an der selbstherrlichen Nutzung und Zerstörung der Natur geübt. Aber derartige Äußerungen sind nicht eigentlich Sache der Romantiker; auch bei Eichendorff findet sie sich erst in einem Märchen um die Jahrhundertmitte. Die Romantiker sprechen indirekt von dem, was sie bedrückt, indem sie Gegenwelten ersinnen. Daher darf der übermächtigen Bedeutung, die der Wald der als Naturmetapher besitzt, zugleich auch ein zeitkritischer Gehalt unterstellt werden.

3.3.2 Fernweh und Wanderlust

Heimat und Ferne. Fernweh und Wanderlust bestimmen zahlreiche romantische Helden, so Franz Sternbald (Tieck), Heinrich von Ofterdingen (Novalis), Florentin (Dorothea Schlegel), Christian im „Runenberg" (Tieck), Peter Schlemihl (Chamisso), Taugenichts (Eichendorff). Auch in vielen Liedern wird die Sehnsucht nach der Ferne besungen (Wilhelm Müller: „Die schöne Müllerin"; Tieck: „Sehnsucht"; Eichendorff: „Der frohe Wandersmann", „Allgemeines Wandern", „Nachts", „Der verliebte Reisende").
Aus der Enge ihrer Lebensverhältnisse machen sich die Helden auf, eine Welt zu suchen, die – hervorgelockt durch alte Lieder oder geheimnisvolle Andeutungen – als Ahnung oder sehnsüchtiger Traum in ihrer Phantasie entstanden ist. Nur eines geringen Anstoßes bedarf es jeweils, und es wird Abschied

genommen von einem treuen Freund, einer liebenden Mutter, einem verehrten Meister. Eine durch Familiensitte und gesellschaftlichen Brauch vorgezeichnete, zumeist auch gesicherte Existenz wird gegen ein vages Reiseziel, ein Leben in der Fremde, eine ungewisse Zukunft getauscht.
Das gibt Veranlassung zu vielen Fragen, deren Beantwortung gelegentlich mehr erfordert als Werkkenntnis: Wie stark müssen Neugierde, Wissensdurst sein, die diese Helden Familie und Heimat, Geborgenheit und Nähe, Sicherheit und Orientierung aufgeben lassen? Oder sind vielleicht diese „Heimatwerte“ mit anderen Akzenten versehen, weil etwa die Familie als beengend, die Heimat als öde erscheint, die Geborgenheit Einschluss, die Nähe Beschränkung bedeutet, Sicherheit durch Einordnung in einen krämerhaften oder bürokratischen Alltag erkauft werden muss und Orientierung die Lebensperspektive eines Philisters verlangt? Der Aufbruch der Romangestalten wird in der Erzählung begründet, nur – erfahren wir die eigentlichen Gründe? Was haben die Wege der Helden mit den Wünschen ihrer Autoren zu tun? Auch ist zu fragen nach der Art des Reisens, nach dem Ziel des Sehnens, nach dem Verhältnis des Romantikers zu den neuen Verkehrsmitteln seiner Zeit, nach den gesellschaftlichen Konsequenzen seiner Einstellung. Nicht zuletzt sind die literarischen Mittel – vor allem in der Lyrik – von Interesse, mit denen die Intentionen sprachlich realisiert werden und so Generationen von Epigonen das Rüstzeug für eine gefühlhafte Naturlyrik bereitgestellt wird.

Ersungene Welt am Beispiel von Eichendorffs „Sehnsucht“. Eichendorffs Gedicht „Sehnsucht“, veröffentlicht 1834, stellt den Idealfall aller Gedichte dieser Thematik dar.

> Es schienen so golden die Sterne,
> Am Fenster ich einsam stand
> Und hörte aus weiter Ferne
> Ein Posthorn im stillen Land.
> Das Herz mir im Leib entbrennte,
> Da hab ich mir heimlich gedacht:
> Ach, wer da mitreisen könnte
> In der prächtigen Sommernacht!
>
> Zwei junge Gesellen gingen
> Vorüber am Bergeshang,
> Ich hörte im Wandern sie singen
> Die stille Gegend entlang:
> Von schwindelnden Felsenschlüften,
> Wo die Wälder rauschen so sacht,
> Von Quellen, die von den Klüften
> Sich stürzen in die Waldesnacht.

Sie sangen von Marmorbildern,
Von Gärten, die überm Gestein
In dämmernden Lauben verwildern,
Palästen im Mondenschein,
Wo die Mädchen am Fenster lauschen,
Wann der Lauten Klang erwacht
Und die Brunnen verschlafen rauschen
In der prächtigen Sommernacht. –

Dieses Gedicht enthält einen Großteil des Vokabulars, das wir mit den Begriffen „Romantik“ und „romantisch“ verbinden: „Sterne“ und „Mondenschein“ als Merkmale der Nacht, „Posthorn“, „Laute“, „Gesang“ als Ausdrücke für Musik, „Felsenklüfte“, „Wälder“, „Quellen“ als Repräsentanten der Natur. Die feudale Kultur wird signalisiert mit den Ausdrücken „Marmorbilder“, „Lauben“, „Paläste“, das jugendliche Personal ist präsent in „einsames Ich“, „wandernde Gesellen“, „lauschende Mädchen“, Gefühl wird hervorgerufen durch „Herzschmerz“, „heimliches Denken“, „seufzendes Wünschen“. Dieses Vokabular bestimmt den Eindruck im Groben; doch das Recht zur Überschrift „Sehnsucht“ gewinnt Eichendorff nicht aus bloßen Benennungen, sondern aus der inneren Bewegung seines kunstvollen Arrangements. In einem Spannungsverhältnis befinden sich die gestirnte Weite zur einsamen Person am Fenster (typisch für Eichendorff und beliebt in der Malerei der Zeit; vgl. Abb. S. 129), das stille Land zum Klang des Posthorns, der einsam Stehende zu den gesellig Gehenden, der Schweigende zu den Singenden. Eichendorff bietet dem Leser kontrastive Anordnungen dar, als deren Ausgangs- und Bezugspunkt das lyrische Ich fungiert. Doch verharrt Eichendorff in den anschließenden Strophen nicht bei der Ausführung der aufgestellten Korrespondenzen und Kontraste. In einem Kunstgriff lässt er das lyrische Ich nicht nur Gesang vernehmen, sondern er füllt mit dem Vokabular ebendieses Liedes die zweite Hälfte seines Gedichts. Das Lied singt von der Musik der Natur; es beschreibt aber zugleich auch Landschaft und konstituiert sie dadurch; es eröffnet Raum, gewinnt Ferne, schafft Welt. Die Bilder haben eine Verbreiterungstendenz: vom einsamen Ich zu den zwei Gesellen am Waldeshang, zu der eingeschlossenen Felsenlandschaft, zum offen liegenden Garten. Die geseufzte Fernsucht der ersten Strophe konkretisiert sich hier im Gesellenlied in Reisestationen, doch gewinnt sie kein festes Ziel, wie sich am perspektivischen Bau des Gedichts zeigen lässt. Zum Posthornruf tritt das Gesellenlied, aus dem Lautenklang und Brunnenrauschen erwachsen. Es deuten sich weitere Klangräume an, Musik in einer unendlich klingenden Progression. Das eigentliche Ziel liegt außerhalb des Gedichts.

„Sehnsucht“ kann als Musterbeispiel für die Technik des Evozierens und Imaginierens durch zugleich einfache wie raffinierte sprachliche Mittel gelten. Das Gedicht verwirklicht auch strukturell seinen Inhalt: die Entgrenzung. Im Unterschied zu Eichendorff lässt Wilhelm Müller in seinen Liederzyklen den unsteten Helden unfreiwillig, ohne wirkliches Ziel durch die Welt ziehen. Der Held erlebt sich dabei als Außenseiter an den Orten, die er auf seiner Reise passiert. Weniger Neugier auf anderes, eher enttäuschte Liebe bestimmt ihn bei seinem Entschluss nach Selbsterfahrung durch Welterwanderung („Die Liebe liebt das Wandern/Gott hat sie so gemacht“), die zuletzt in Einsamkeit und Tod mündet. Müllers bis heute reichende Popularität beruht auf der Vertonung vieler seiner fast 800 Lieder (darunter „Das Wandern“, „Wohin?“, „Der Lindenbaum“), aber auch auf dem bereitwilligen Missverstehen seiner vordergründig unkomplizierten, volksliedhaft-eingängigen Verse.

11 *Carl Gustav Carus: Fenster am Oybin bei Mondschein. Öl auf Leinwand, um 1828. Foto: Museum Georg Schäfer, Schweinfurt.*

Wunschziele. Bezeichnenderweise ist jedoch in „Sehnsucht“ nicht eine durchgeführte, sondern eine ersungene Reise Gegenstand. Das Ich verharrt körperlich am Fenster; es reist imaginativ. Das Posthorn weckt eine diffuse

Reiselust; kein Ziel, keine Bestimmung wird genannt. Die im Gesellenlied gewonnenen Konkretisierungen eröffnen dem Spiel der Reisephantasie Tore zu vorstellbaren Welten. Der Leser denkt vielleicht an das Italien des „Taugenichts" oder an die Kulturlandschaft im „Marmorbild". Doch bestimmt sich die Ferne weniger durch die geographische Lage eines Zielpunktes als durch die Diskrepanz zwischen der heimatlosen Eingebundenheit in den Alltagsbetrieb und dem „heimlichen", d. h. verschwiegenen Wünschen in eine andere Welt.
Ob es die gesellenübliche Wanderung auf dem Weg zur Meisterschaft des Franz Sternbald oder die von der Faszination durch den Runenberg gesteuerten Wege des jungen Christian sind, jeweils entfalten sich symbolische Beziehungen und Hintergründe: in christlicher Tradition die Pilgerschaft auf Erden als Vorbereitung auf ein jenseitiges Ziel; in säkularisierter literarischer Tradition die Entwicklungs- und Bildungsreise mit dem Ziel der Selbstfindung wie im „Parzival" Wolframs von Eschenbach (um 1210), im „Simplicissimus" Grimmelshausens (1669), im „Wilhelm Meister" Goethes (1795/96).

Errungene Welt am Beispiel des „Taugenichts" von Eichendorff. Italien ist seit dem Mittelalter Station der Begüterten auf ihrer Bildungsreise durch die Kulturwelt. Neue Attraktivität gewinnt dieses Ziel mit der von Winckelmann entfachten Begeisterung für die Antike (vgl. o. S. 71 f.); der berühmteste Reisende ist Goethe. Den Romantikern, z. B. Wackenroder (Abschnitt „Sehnsucht nach Italien" in den „Herzensergießungen"), E. T. A. Hoffmann, Eichendorff, ist dieses Ziel zumeist ein unerfüllter Wunsch. Doch gerade der letztere ist mit seiner Novelle „Aus dem Leben eines Taugenichts" (1826) im Bewusstsein seiner Zeitgenossen und auch in dem unsrigen zum kompetenten Repräsentanten romantischer Wander- und Reiselust geworden.
Die Reise geht wieder nach Italien, das allerdings – man denke an die Gefährdungen durch die antike Schein- und damit Trugwelt im „Marmorbild" (1818) – keineswegs nur von Heiterkeit durchpulst ist; selbst im „Taugenichts" zeigt sich leise Skepsis. Nur bleibt solche Kritik am Antike-Taumel der älteren Generation gerade für den „Taugenichts"-Leser zu subtil. Es stellt sich die Frage, was eine Gesellschaft, für die Erwerbsfleiß, soziale Sicherung, Ein- und Unterordnung zu den tragenden Wertvorstellungen gehört, dazu bewegt, gerade den „Taugenichts", diese Mischung aus gottergebener Unbekümmertheit, unzuverlässiger Unstetigkeit, ja fast immoralischer Freiheit, zu einer Lieblingslektüre zu wählen. Des Taugenichts Gestimmtheit beim Fortgang aus der Arbeits- und Erwerbswelt („Mir war es wie ein ewiger Sonntag im Gemüte") gibt Aufschluss über die geheimen Wünsche der Leser und erschließt den Hauptgesichtspunkt der Identifikation mit dem Helden. Die Leser sind bis auf den heutigen Tag zumeist weit davon entfernt, den „Taugenichts" als

Kritik an der eigenen Existenzweise, gar als Handlungsanweisung für ein alternatives Leben zu lesen. Der reale „ewige Sonntag" liegt außerhalb ihres Strebens. Sie bescheiden sich mit dem schicklichen Freiraum phantasiegebundener Wunscherfüllung. Doch gerade darin, dass sich der „Taugenichts" für sie nicht in der Beschreibung einer konkreten Italienreise erschöpft, sondern – vor allem in der Unentschiedenheit und Ziellosigkeit – immerzu auch von einer utopischen Reise in den „ewigen Sonntag" handelt, liegt seine anregende Kraft. Dass die „Taugenichts"-Welt zudem als Gegenwelt zur zweckgerichteten Geschäftigkeit des modernen Lebens, ja als Protest gegen die Arbeitsversklavungen unserer Zeit zu lesen ist, mehrt die Dimensionen dieser zunächst so schlicht erscheinenden Dichtung.

Selbstfindung. Fernweh und Wanderlust erweisen sich als die Umsetzungen der immergleichen romantischen Sehnsucht nach Selbstbefreiung ins Räumliche. Sie korrespondieren dem Weg nach innen, dem Gang in die Kindheit der Menschheit, wie er sich in Mythenforschung und im Sammeln von Volksdichtung ausdrückt, und der Versenkung in die Geschichte. Von alldem schreibt Franz Sternbald seinem Freund in seiner Sprache:

„Wir sprechen immer von einer goldenen Zeit und denken sie uns so weit weg und malen sie uns mit so sonderbaren und buntgrellen Farben aus. O teurer Sebastian! Oft dicht vor unsern Füßen liegt dieses wundervolle Land, nach dem wir jenseits des Ozeans und jenseits der Sündflut mit sehnsüchtigen Augen suchen. Es ist nur das, dass wir nicht redlich mit uns selber umgehen. Warum ängstigen wir uns in unsern Verhältnissen so ab, um nur das bisschen Brot zu haben, das wir selber darüber nicht einmal in Ruhe verzehren können? Warum treten wir denn nicht manchmal aus uns heraus und schütteln alles das ab, was uns quält und drückt, und holen darüber frischen Atem und fühlen die himmlische Freiheit, die uns eigentlich angeboren ist?"
(Tieck: „Franz Sternbalds Wanderungen", 1. Buch, 4. Kap.)

3.4 Stil ohne Grenzen

Jean Paul: Des Luftschiffers Giannozzos Seebuch (1803)
Clemens Brentano: Das Märchen von dem Dilldapp (um 1806)

Mischung der Gattungen. Praktische Konsequenz der Lehre von der „progressiven Universalpoesie" ist die Gattungsmischung. Sie wird am deutlichsten in der Hochschätzung des Romans sichtbar, der nach Fr. Schlegel „als gemischt aus Erzählung, Gesang und anderen Formen" zu denken ist (s. auch

S. 101 f.). Tieck, Novalis, Brentano, später dann Eichendorff bieten diese Mixturen. Sie brechen damit die geschlossenen Gattungs- und Formtypen auf, die bei Goethe und Schiller einen Schwerpunkt der literaturtheoretischen Reflexionen bilden. Der Vorwurf ästhetischer Willkür wird ihnen jedoch nicht zu Recht gemacht, weil die in die Romanhandlung eingelegten Lieder, Gesänge, Erzählungen, Märchen – in der Veräußerlichung der inneren Welt, in der Präsenz des Fernen, in der Vergegenwärtigung des Vergangenen und Künftigen – den Charakter perspektivischer Ergänzungen oder der Raum-Zeit-Vervollständigungen haben. Die Einschübe unterbrechen gelegentlich zwar die Handlung, aber nur, um ihr neue Dimensionen hinzuzugewinnen.

Abschweifung und Bildlichkeit im Werk Jean Pauls. Die Disparatheit des Beieinanderliegenden und die Ähnlichkeit des Entfernten, die Diskontinuität des menschlichen Lebens sowie die unauflösbare Spannung von angestrebtem Ideal und widerstreitender Realität sucht Jean Paul zu gestalten. Dazu hat er sich einen eigenen Stil und eine an den englischen Romanautor Laurence Sterne anknüpfende Erzähltechnik geschaffen, die er in seiner „Vorschule der Ästhetik" (1804) auch theoretisch begründet. Auflösung gewohnter syntaktischer Muster, Metaphernreihen, in denen Entlegenes miteinander verbunden ist, assoziative Vergleiche, Analogieketten und Gleichnisse prägen seinen Stil:

„Das Schnupftuch – dieses Geifertüchlein bärtiger Kinder – ist die beste Herzensfloßfeder, die ich an solchen Fischen gesehen; die Mädchen sind wie Kalk, den der Freskomaler so lange bearbeiten und bemalen kann, als er nass ist. O warum bin ich nicht der Teufel oder seine Großmutter, um solche Neptunisten – die zu Vulkanisten zu erbärmlich sind – abzuholen und abzutrocknen in der Hölle?" („Des Luftschiffers Giannozzos Seebuch", 1803, 4. Fahrt.)

Der auktoriale Erzähler gestattet sich in willkürlich scheinender Subjektivität Anspielungen, Abschweifungen, Leseranreden, Kommentierungen in Zwischenbemerkungen und Fußnoten, Selbstunterhaltung mit dem verdoppelten Ich, die Eröffnung von Nebenschauplätzen, Nebenhandlungen und deren Verselbstständigung. Dadurch wird die traditionelle Handlungsfolge in Handlungsmomente zerstückelt und alle objektive Kausalität zur Unwirklichkeit degradiert. Angesichts der zusammengefügten Formenvielfalt hat man den Jean-Paul'schen Roman mit einer Nummernoper verglichen, die Stücke unterschiedlichen Charakters – lyrische, dramatische, lehrhafte – in der Gestalt von Träumen, theatralischen Szenen, Briefen, Abhandlungen inselhaft gegeneinander absetzt.
Dieses Prinzip der „Formlosigkeit" hat die Leser dieser Romane zu allen Zeiten verwirrt und die Kritiker zu höhnischen Ausfällen gereizt (z. B. Goethe:

„Der Chinese in Rom“, 1797). Doch hinter den scheinbar ästhetischen Defiziten steht als Rechtfertigung Jean Pauls Wille, Totalität zu spiegeln, die freilich, im Gegensatz zum Goethe'schen Harmonisierungsbestreben, die Heterogenität der Welt abbildet. Zu diesem Zweck wird der Wirklichkeitsstoff seiner zufälligen Ordnung entrissen und deformiert, damit er in neuer Gestalt neue Erkenntnisse hergibt. Dieser Vorgang ist dem Blick durch ein Fernrohr vergleichbar, das die Gegenstände, je nachdem, wie man es ansetzt, ins Riesenhafte vergrößert oder zu lächerlicher Bedeutungslosigkeit verkleinert. Im ersten Fall werden Menschen zu Titanen, die Weisen zu Gottesmännern, die Jungfrauen zu Madonnen, die geistig Mächtigen zu Dämonen und Magiern, die Ironiker zu Universalzweiflern, die Idylliker zu Paradiesbewohnern; so findet sich das Verfahren in den letzten drei Büchern des „Titan“ (1792–1802). Der perspektivischen Verkleinerung zuzurechnen sind besonders satirische Passagen, so der Anfang des „Siebenkäs“ (1796/97) oder Walts Bemühungen in den „Flegeljahren“ (1804/05), die testamentarisch festgelegten Aufgaben zur Erlangung seiner Erbschaft zu erfüllen.
Die Übersicht, deren der Weltbetrachter bedarf, besitzt beispielhaft der in seinem Ballon Deutschland überfliegende Luftschiffer Giannozzo:

„Könntest du doch jetzt unter meinem Luftschiff mithängen, Bruder Graul – dieser Name ist viel besser als dein letzter, Leibgeber –: du machtest gewiss die Sänftetüren meiner Luft-Hütte weit auf und hieltest die Arme ins kalte Ätherbad hinaus und das Auge ins düstere Blau – Himmel! du müsstest jetzt aufstampfen vor Lust darüber, wie das Luftschiff dahinsauset und zehn Winde hinterdrein und wie die Wolken an beiden Seiten als Marsch-Säulen und Nebel-Türme langsam wandeln und wie drunten hundert Berge, in eine Riesenschlange zusammengewachsen, mit dem Gifte ihrer Lavaströme und Lawinen zornig zwischen den Ameisen-Kongressen der Menschen liegen – und wie man oben in der stillen heiligen Religion nichts merkt, was drunten quäkt und schwillt.“ („Des Luftschiffers Giannozzos Seebuch“, 1. Fahrt.)

Giannozzo nutzt die Möglichkeit, die Welt unter sich zu lassen, aber sich auch nach Belieben ihre Details mit dem Fernglas wieder heranzuholen. So beobachtet er den Literaturzensor Fahland (mhd. „valant“, „Teufel“) beim Versuch, ein zur Schwärmerei neigendes Mädchen zu verführen, und kommentiert den Vorgang: „Fahland, wie seine ganze Diebesbande, hält das Abendrot und ganze Haine bloß als Springwurzeln an das weibliche Herz, damit dieses Vorlegeschloss der Person aufspringe; mit der Erdkugel und einigen Himmelskugeln und der zweiten Welt beeren [legen] sie die Schlinge für das dumme Schneußvögelein [Vogel, der in die Schneuß, d. i. die Schlinge, geht] vor“ (4. Fahrt).
Hier wird uns Fahlands Bemühen angezeigt, den Himmel einzuspannen, um zu seinem irdischen Ziel zu gelangen. Zugleich kommt das sehr ähnliche Verfahren Jean Pauls zur Sprache, in der Verbindung des Trivialen mit dem

Erhabenen, des Gemeinen mit dem Hohen wenigstens punktuelle Totalität zu gewinnen. Doch entlarvt die gleich einsetzende Kommentierung das kunstvolle Weltarrangement in seiner Ungleichwertigkeit und zertrümmert es damit. Und dennoch entsteht insgesamt als Folge des ständig präsenten Erzähler-Ichs ein scheinbar systematischer Zusammenhang höchst unterschiedlicher Elemente. Die reine Objektwelt erfährt durch die Negierung der realen Beziehungen eine ungeahnte Entgrenzung.

Das Stilprinzip der „Arabeske" bei Brentano. Unter „Arabeske", einem zunächst kunsthistorischen Stilbegriff, kann man – im Sinne der zeitgenössischen Dichtungstheorie – Verzierungen und Schnörkel der Phantasie ansehen, welche die gradlinig fortlaufende Handlung unterbrechen und gelegentlich auch überwuchern. Brentano sieht in der Arabeske – wie Fr. Schlegel und Jean Paul – ein Formprinzip, das weit über dekorative Ornamentik hinausgeht und in besonderer Weise die symbolisch-bildliche Darstellung künstlerischer Empfindung zu leisten vermag. Schlegel hatte die Arabeske aus der Naturpoesie abgeleitet, indem er sie als die Form der wild wachsenden Poesie definierte. In diesem Sinn heißt auch Brentanos „Godwi" (1801) „ein verwilderter Roman". – Später gewinnt Brentano an Runges Arabeskenmalerei (vgl. Abb. S. 115), die er eine „tiefsinnige Bildersprache" von „anspruchsloser Zierlichkeit" nennt, sein individuelles Kompositionsprinzip.

12 *Karl Friedrich Schinkel (1781–1841): Mittelalterliche Stadt am Fluss. Öl auf Leinwand, 1815. Foto: Jörg P. Anders. Bildarchiv Preußischer Kulturbesitz, Berlin.*

„Dilldapp aber geriet in ein solches Laufen bergab und bergauf, durch Wälder und Felder, Land und Sand, Stock und Stein, Distel und Dorn, dass er nicht eher aufhörte, bis er nichts mehr sah vor lauter Nacht. Denn die Sonne hatte er schon über den Haufen gelaufen, und an der Abendröte hatte er die bunten Fensterscheiben eingerannt. Da hingen die Sterne ihre tausend Laternen zum Himmel heraus, und der Mond zog als Nachtwächter auf die Wache, um zu sehen, wer so erbärmlich laufe." („Das Märchen von dem Dilldapp", um 1806.)

Ähnlich der arabesken Bewegung in ihrem endlosen, wuchernden Weiterschreiten in der Malerei steigert Dilldapp seinen beiläufigen Beginn zu einer grotesken Hetzjagd. Das Laufen verselbständigt und vergrößert sich in phantastische Verschlingungen; selbst Metaphern werden überrannt. Indem die Sprachbewegung die normale Ordnung verlässt, gewinnt sie einen tieferen Sinn.

4 Konfrontationen. Idealwelt und Wirklichkeit

4.1 Auseinandersetzung mit Zeitproblemen

Wilhelm Heinrich Wackenroder: Ein Brief Joseph Berglingers (1797)
Adelbert von Chamisso:
Peter Schlemihls wundersame Geschichte (1814)
Novalis: Heinrich von Ofterdingen (1802)
Heinrich von Kleist: Michael Kohlhaas (1810)
Clemens Brentano:
Geschichte vom braven Kasperl und dem schönen Annerl (1817)

Die Romantiker machen die zeitgenössische politische, ökonomische, rechtliche und soziale Wirklichkeit selten zum Gegenstand ihres Dichtens. Dennoch stehen sie mit der Wahl ihrer Sujets in engem Bezug zu ihrer Zeit. Sie zielen auf den inneren Menschen, auf Veränderung seines Bewusstseins. Ihr emanzipatorisches Denken ist während der Fremdherrschaft durch Napoleon gefesselt von der übermächtigen Vorstellung einer Wiederherstellung nationaler Souveränität, Einheit und Größe. Zwangsläufig verlieren so Forderungen nach sozialer Veränderung ihren Vorrang.

4.1.1 Kunstreligion und soziales Elend

Wackenroder: „Ein Brief Joseph Berglingers“. Wackenroder ist in den „Herzensergießungen eines kunstliebenden Klosterbruders“ maßgeblich beteiligt an der Ausarbeitung einer Kunstlehre, in der der Schaffensvorgang üblicher geistiger Produktivität entrückt ist und die Rezeption in einem Akt gleichsam religiöser Ergriffenheit erfolgt. Doch wird Wackenroder früh von Zweifeln am hohen Anspruch der Kunst geplagt. In den „Phantasien über die Kunst“ (1799), insbesondere in dem darin enthaltenen „Brief Joseph Berglingers“, gestaltet er sein Schwanken zwischen der Hochschätzung der Kunst als einer „die Geistes- und Herzenskraft des Menschen“ verdichtenden Kraft und der entgegengesetzten Einschätzung, dass die Kunst „ein täuschender, trügerischer Aberglaube“ ist, durch den schöne Werke den Anspruch des tätigen und leidenden Menschen verdecken. Der Scheincharakter, das Illusionäre von Kunstübung und Kunstgefühl wird in Konfrontation mit der das Gewissen peinigenden sozialen Wirklichkeit offen gelegt. Die Verwandlung von wirklichem Leben in Theater in der Weise, dass man die „Bühne für die echte Muster- und Normalwelt“ erklärt, wird von Wackenroder als Mittel zur Beruhigung des Gewissens, zur Kaschierung hilfloser Untätigkeit erkannt. Das Bestreben, „aus dem elenden Jammer irgend etwas Schönes und kunst-

artigen Stoff herauszuzwingen", wird als eine Form eitler Selbstbefriedigung entlarvt. Der Kunstenthusiast in seiner Hingabe an die „lüsternen, schönen Akkorde" „mit ihren lockenden Sirenenstimmen" befindet sich in Wahrheit auf der Flucht vor den ihn bedrängenden Ansprüchen der Unrecht, Elend, Krieg und Not erleidenden Menschheit. Deren „herzergreifende Töne", deren Dissonanzen sind die eigentliche Realität, die schönen Harmonien der Kunst daneben „wie Seifenblasen". Zwischen Kunst und sozialer Wirklichkeit gibt es bei Wackenroder keine Vermittlung.
Die Frühromantiker in Wackenroders Gefolgschaft haben sich diese Vorstellung einer Unvereinbarkeit von Kunst und sozialer Wirklichkeit ganz zu eigen gemacht, allerdings in der Form, dass sie einer direkten Aufnahme sozialer Problematik in ihre Dichtungen aus dem Weg gegangen sind. In dem später häufig behandelten Gegensatz von Kunst und Alltagswelt steht nicht die tatsächliche Not, sondern die Poesielosigkeit der Normalität im Mittelpunkt.

4.1.2 Die Kapitalisierung des Lebens

Auch die sich anbahnenden oder gerade vollziehenden ökonomischen Umwälzungen, zum Teil Ursache für die soziale Problematik, werden von den Romantikern zumeist übergangen. Den meisten von ihnen ist nicht nur eine Beschäftigung mit den Niederungen des Alltags verhasst, sondern das auf Poetisierung des Lebens zielende Programm verlangt den Schritt zur Idealisierung. So bleiben den Romantikern fast zwangsläufig wirtschaftliche Zusammenhänge verborgen. Beispielsweise ist Eichendorff zeit seines Lebens der Überzeugung, allein Misswirtschaft seines Vaters habe zum Verlust des Gutes und Schlosses Lubowitz geführt.
Mit dem Tilsiter Edikt von 1807, das jedem Einwohner des preußischen Staates den Erwerb auch solcher Grundstücke gestattete, die zuvor wegen des „ständischen Vorbehalts" nicht aus der Hand des Adels erworben werden durften, nimmt die Zahl städtischer Bürgerlicher (Fabrikanten und Handeltreibender) zu, die Landgüter aus unternehmerischem und kapitalistischem Verwertungsinteresse erwerben.

Chamisso: „Peter Schlemihls wundersame Geschichte". Adelbert von Chamisso versucht, für die neue Zeit charakteristische Motive und Elemente in seinen „Peter Schlemihl" (1814) einzubringen.

Der Herr Thomas John, Peter Schlemihl, sein Diener Bendel, der unehrliche Bedienstete Raskal, alle erkaufen sich ihr weltliches Glück und ihr menschliches Unglück mit Unmengen von Gold und Geld, die sie dunklen Absprachen mit dem Teufel oder Teilhabe an diesem Reichtum durch Ergebenheit oder Diebstahl verdanken. Chamisso verteufelt den Erwerb von Großvermögen, er dämonisiert die Folgen bei durchaus realistischer Detaildarstellung der zeitüblich gewordenen Handlungsweisen und Lebensformen. Herr Thomas John bewohnt ein großes, neues Landhaus „von rot und weißem Marmor mit vielen Säulen“, plant schon ein weiteres, gibt glanzvolle Gesellschaften, deren Gespräche sich unentwegt um den Reichtum drehen. „Wer nicht Herr ist wenigstens einer Million, der ist, man verzeih mir das Wort, ein Schuft!“ äußert er unter Beifall. Doch zuletzt schaut „Thomas Johns bleiche, entstellte Gestalt“ als ein Verdammter dem Teufel aus der Tasche. Peter Schlemihl, selbst den flimmernden Dukaten erlegen, tauscht seinen „herrlichen Schatten“ gegen „Fortunati Glückssäckel“, mit dessen Hilfe er ein prachtvolles Leben zu führen sich anschickt. Kein Wunsch scheint unerfüllbar: Häuser werden verschwenderisch eingerichtet, Feste veranstaltet. Der Wunsch, sich „anzusiedeln und ein sorgenfreies Leben zu führen“, wird durch den Versuch, sämtliche „im Lande angebotenen“ Güter zu erwerben, verwirklicht („[...] er kaufte auch nur für ungefähr eine Million [...], denn überall war ihm ein Fremder zuvorgekommen [...]“). Das Fehlen seines Schattens, Symbol für Identität, gesellschaftliche Integriertheit, Heimatzugehörigkeit, bringt ihn um sein Glück, stürzt ihn schließlich in Elend und seelische Krankheit. Mit dem Rat, „zuvörderst den Schatten, sodann das Geld“ zu verehren, endet das Märchen.

Chamissos Polemik gegen die Auswirkung der Herrschaft des Geldes ist durchgehend ablesbar; indes durchschaut er nicht die Ursachen dieser Entwicklung. Er erläutert nicht gesellschaftliche Grundstrukturen, analysiert nicht rechtliche und ökonomische Voraussetzungen, sondern verwendet das Märchenmotiv des individuellen Einzelpaktes mit dem Teufel; noch ist keine Skizzierung ökonomischer Zwänge auf das Verhalten der Menschen möglich. Im Vordergrund steht das moralische Versagen des frei gedachten Einzelmenschen; dem Zwanghaften menschlichen Handelns wird immer noch im Verweis auf das rätselhafte Schicksal Ausdruck gegeben.
In diesen Aspekten zeigt sich der romantische Geist dieser Geschichte, der durch Verwendung von Märchenmotiven und Volksbuchelementen verstärkt wird. Die Hinwendung Schlemihls zur Natur nach seinem Auszug aus der Gesellschaft stellt eine Variante des Widerstreites Natur – Gesellschaft dar. Seine exotischen Naturforschungen sind als Ausdruck romantischen Fernwehs lesbar. Sie weisen aber zugleich auf versachlichte naturkundliche Beschäftigungen einer neuen Epoche, welche im übrigen ihre Beobachtungen auf die sozialen Strukturen, wie Bettina von Arnim mit ihrem „Armenbuch“ (1844), und auf die ökonomischen Zusammenhänge, wie Marx und Engels, ausdehnen wird.

Einstellung frühromantischer Autoren zum Geld. Schon *Tieck* führt seinen Sternbald in eine Gesellschaft, in der sich so gut wie alles um Geld und Gewinn dreht. Der Hausherr selbst rät ihm, die brotlose Kunst gegen einen Aufseherposten („mit einem sehr guten Gehalte“) in seiner Fabrik einzutauschen (I, 4). Der holländische Kaufmann Vansen bietet ihm seine Tochter zur Frau und

ein sorgenfreies Leben als Maler. Tieck entwickelt hier ein Mäzenatentum der Neureichen, in dem die Kunst dekorative Funktion für das Kapital besitzt. Seine Kritik ist eindeutig, aber noch verhältnismäßig punktuell auf Einzelpersonen konzentriert (II, 7).
Novalis nimmt zur Geldwirtschaft eine eher schwankende Haltung ein. Im „Heinrich von Ofterdingen" (5. Kap.) wird das Verhältnis des Bergmanns zum Gold als ein fast religiöses bestimmt, das sich erst dann schlagartig verändert, als die Edelmetalle zu „Waren geworden sind". Anderseits aber rühmen gerade die Kaufleute das Handelswesen, ohne dass ein kritischer Ton beigemischt wäre:

„Geld, Tätigkeit und Waren erzeugen sich gegenseitig, und treiben sich in raschen Kreisen, und das Land und die Städte blühen auf. Je eifriger der Erwerbfleiß die Tage benutzt, desto ausschließlicher ist der Abend den reizenden Vergnügungen der schönen Künste und des geselligen Umgangs gewidmet" (2. Kap.).

Die Kaufleute betrachten den Reichtum als ein Resultat bürgerlicher Tugenden und als die Voraussetzung für die Beschäftigung mit den Werken der Kunst. Der Geschäftstag gewinnt in all seinen Maßnahmen den Anschein der Rechtfertigung im Blick auf das, was er an geistiger Lebensgestaltung dieser Schicht ermöglicht. Doch gerade das veränderte Verhältnis zum Besitz als einem Mittel für anderes steht in Widerstreit zum Verhältnis der besonderen Aneignung der natürlichen Schätze durch den Bergmann. Er nämlich erkennt in Goldadern, den „zarten Blättchen zwischen den Spalten des Gesteins", nichts, was er unmittelbar zu besitzen trachtet, sondern vervollständigt diese Andeutungen zu einem symbolischen Ganzen, „belebt" dabei das Gold in der Erde, indem er es als einen Bestandteil seines eigenen Herzens und als Manifestation eines Höheren entdeckt.
Die Einstellung von Novalis ist geprägt von der Einsicht in den Verlust von Unmittelbarkeit, dass „in der gegenwärtigen Welt [...] alles durchaus bedingt" ist und „nur unter gewissen fremdartigen Voraussetzungen erlangt werden" kann („Fragmente und Studien 1799–1800", Nr. 686). Die Kritik richtet sich auf den unbedachten, willkürlichen Einsatz von Mitteln zur Erreichung von Zielen, auf die Verfälschung ursprünglicher Zwecke. Novalis' erster der „Politischen Aphorismen" zielt auf dieses Übel als die Wurzel vieler Missstände: „Der Grund aller Verkehrtheit in Gesinnungen und Meinungen ist – Verwechslung des Zwecks mit dem Mittel."

4.1.3 Gesetz – Pflicht – Rechtsbewusstsein – Ehre

Das Verhältnis des Einzelnen zu Größen wie Recht, Staat und Ordnung wird in Zeiten des staatlichen Zusammenbruchs meist stärker reflektiert als in Zeiten ruhigen Dahingehens. Die Veränderung zahlreicher alter Rechtszustän-

de während der Napoleonischen Besetzung Deutschlands gibt darüber hinaus Veranlassung, über grundsätzliche Unterschiede in den Rechtsauffassungen nachzudenken. In dieser Zeit setzt die Beschäftigung der Romantiker mit alten Rechtsvorstellungen, die Sammlung und Veröffentlichung von Rechtsaltertümern ein (Savigny; Grimm).
Kleist setzt sich in drei Hauptwerken mit Problemkomplexen auseinander, die von zeitgeschichtlicher Dringlichkeit und zugleich von übergreifender Bedeutung sind: Im Schauspiel „Prinz Friedrich von Homburg" (1809/10) behandelt er die Frage nach dem Urteilsvermögen und der politischen Mündigkeit; im Lustspiel „Der zerbrochene Krug" (1808) sind die Möglichkeiten der Rechtsfindung und eines gerechten Urteils angesichts einer korrupten Justiz in den Mittelpunkt gerückt; die Erzählung „Michael Kohlhaas" (1810) befasst sich mit der Ohnmacht des Einzelnen und seiner Selbstjustiz aus Verzweiflung in Anbetracht einer willkürlichen adligen Obrigkeit.

Kleist: „Michael Kohlhaas". Der Rosshändler Michael Kohlhaas erfährt bei einem Grenzübertritt Unrecht und wird materiell schwer geschädigt. Statt Genugtuung zu erlangen, sieht er sich mit der Überheblichkeit und dem Desinteresse einer jagd- und weinseligen Adelsgesellschaft konfrontiert. Sein Bemühen, „öffentlich Gerechtigkeit" durch Klage bei einem Gericht, durch Vorsprache bei Kurfürsten zu erreichen, scheitert an Vetternwirtschaft und Intrigen. So beschließt er, „das Geschäft der Rache" selbst zu betreiben. Wenn sich Kohlhaas als „Statthalter Michaels des Erzengels" bezeichnet, dann drückt sich darin Resignation angesichts der Desolatheit staatlicher Gerichtsbarkeit aus; zugleich ist dies auch ein Hinweis darauf, von wo die weltliche Justiz ihre Legitimation empfängt, gegen wen sie verantwortlich ist und durch welche Kräfte sie eine Erneuerung finden kann. Die Racheakte von Kohlhaas führen zu vielfältigen Verstößen gegen die gleiche Rechtsordnung, deren Verletzung durch seine Widersacher den Ausgangspunkt gebildet hat. Dass Kohlhaas zu guter Letzt wegen Landfriedensbruchs zum Tod durch das Schwert verurteilt wird, liegt in der Unerbittlichkeit dieses Falles, in dem empfindliches Rechtsbewusstsein und verfeinertes Ehrgefühl aus einem Kläger einen Richter in höherem Auftrag werden lassen.

Brentano: „Geschichte vom braven Kasperl und dem schönen Annerl" (1817). Auch Brentanos Kasper scheitert daran, dass er in seiner Tugend ausschweift, wie Kleist es für Kohlhaas nennt, nämlich in seiner Ehrsucht. Wie der rechtschaffene Kohlhaas sich das Recht verschaffen will, das ihm verweigert wird, und dadurch schuldig wird, erwartet der ehrbar gewordene Kasper von seiner Umgebung Ehrenhaftigkeit, wird darin enttäuscht und nimmt die Schuld anderer auf sich. Auch dem schönen Annerl wird der übersteigerte Ehrbegriff zum Verhängnis. Entrechtet der eine, entehrt (im doppelten Sinn) die beiden anderen, werden alle drei schuldig: Kohlhaas durch Freveltaten, Kasper durch Selbstmord, Annerl durch Kindsmord. Die Rechtmäßigkeit ihrer Bestrafung wird in beiden Texten nicht in Frage gestellt. Kohlhaas wie auch Kasper und Annerl erfahren nachträglich Genugtuung: Alle drei werden „anständig" begraben, das Volk sympathisiert mit ihnen, ihre Nachkommen werden begünstigt.

Der Zeitbezug bei Kleist und Brentano. Im Unterschied zu Kasper, der verbissen private, individuelle Ehre sichern will, tritt Kohlhaas im erbitterten Kampf gegen Institutionen zu guter Letzt für ein allgemeines Prinzip ein. Der Ausschnitt geschichtlicher Wirklichkeit ist bei Kleist größer, die Konturen gesellschaftlicher Einrichtungen sind greifbarer. Es scheint auch, dass der historische Fall, den Kleist aufgreift und gestaltet, seiner Gegenwart gilt. Generell wird von ihm Rechtsanmaßung angeprangert, gleich ob sie in Rechtsverweigerung oder in Selbstjustiz besteht.
Bei Brentano drohen nicht weltliche, sondern „Gottesgerichte". Die Opfer kollidieren weniger mit einer feindseligen Obrigkeit als mit verinnerlichten Grundsätzen ehrenvoller Lebensgestaltung. Gerechtigkeit wird hergestellt unabhängig von der Willkür oder Großzügigkeit einer Obrigkeit. Der Zeitbezug ist ablesbar an der Veräußerlichung der Ehrvorstellung, die keineswegs an strengen Prinzipien des Christentums orientiert ist, sondern in den Mustern ständischer Lebensformen ihre Erfüllung findet. Brentano zeigt, wie Menschen trotz strengster Grundsätze völlig falsch ausgerichtet sein können: Beispielhaft weisen Repräsentationsstücke wie ein Pferd und höheren Ständen abgeguckte Verhaltensformen auf Fehlorientierungen. Der vermeintliche Aufstieg gelingt durch Absolvierung des Militärdienstes bzw. durch Verkauf der Arbeitskraft in der Stadt. Personen unterschiedlicher Herkunft zeigt Brentano in ähnlichen Situationen. Dabei erweist sich das Wertsystem der einen als zu starr, das der anderen als brüchig. Die ihren eigenen, angemessenen Grundsätzen Entfremdeten gehen an den übernommenen Prinzipien zugrunde. Brentano lässt die ständische Ordnung unangetastet; er kritisiert gerade das Verwischen ihrer Grenzen. Maßstab und Orientierung gibt eine höhere, zeitlose, christliche Ordnung.

4.2 Philister und Künstler

Joseph von Eichendorff: Die zwei Gesellen (Gedicht, 1818)
Ernst Theodor Amadeus Hoffmann: Der goldne Topf (1814)

Ungenügen an der Normalität kennzeichnet Art und Richtung romantischer Wirklichkeitsbetrachtung. Besonders die jüngeren Romantiker wie E. T. A. Hoffmann und Eichendorff entwickeln ihre Erzählwelt kontrastiv zur Umwelt, die sie häufig als Negativfolie einsetzen. So entsteht beim Leser nicht selten der Eindruck einer doppelten und qualitativ in sich unterschiedenen Welt.

In Eichendorffs Gedicht „Die zwei Gesellen" (1818) werden die beiden Lebensmöglichkeiten, die der philiströsen Geborgenheit und die der Gefährdung in einer Künstlerexistenz, exemplarisch auseinander gelegt. Der Ausgangspunkt beider Gesellen scheint gleich zu sein: Beide „strebten nach hohen Dingen, die wollten, trotz Lust und Schmerz, was Recht's in der Welt vollbringen." Doch des einen Weg mündet bald in Sesshaftigkeit, in Eingebundenheit in eine Generationenkette („Der erste, der fand ein Liebchen,/ Die Schwieger kauft' Hof und Haus;/Der wiegte gar bald ein Bübchen,/Und sah aus heimlichem Stübchen/Behaglich ins Feld hinaus"); der des anderen endet in den Verlockungen der Sirenen, im Untergang („Dem zweiten sangen und logen/Die tausend Stimmen im Grund,/Verlockend' Sirenen, und zogen/ Ihn in der buhlenden Wogen/Farbig klingenden Schlund"). Wie am Taugenichts in Eichendorffs gleichnamiger Erzählung und am Anselmus im „Goldnen Topf" *E. T. A. Hoffmanns* sichtbar wird, benennt diese Entfaltung nicht zwei getrennte Existenzformen, sondern die ambivalenten Strebungen, Veranlagungen und Realisierungen ein und desselben Menschen.

Die Selbstbeschränkung des Philisters. Den Philister charakterisiert nach Auffassung der Romantiker am eindeutigsten sein völliges Aufgehen in der Normalität und Durchschnittlichkeit. Novalis notiert: „Philister leben nur ein Alltagsleben", und bestimmt „Alltagsleben" als „Zirkeln von Gewohnheiten", der „aus lauter erhaltenden, immer wiederkehrenden Verrichtungen" besteht („Blüthenstaub", Nr. 77). Zu diesen Verrichtungen zählt nicht nur die Arbeit, sondern gleichermaßen das Vergnügen („ihr Vergnügen verarbeiten sie, wie alles, mühsam und förmlich"). Die „Poesie mischen sie" – so Novalis – „nur zur Nothdurft unter, weil sie nun einmal an eine gewisse Unterbrechung ihres täglichen Laufs gewöhnt sind". Der Philister wird darüber hinaus als starr an Formeln und Grundsätzen orientiert, als den Konventionen, aber auch den Moden folgend gekennzeichnet. Weil er alles „um des irdischen Lebens willen" tut (Novalis), ihn die „kümmerliche Sorge für morgen" (Tieck) treibt, müssen ihm alle Bereiche des Übernatürlichen verschlossen bleiben. Der Philister erweist sich als von Nützlichkeitserwägungen geprägt; bei ihm überwiegt die rationale Weltbetrachtung.

Seine Abneigung vor unkonventionellen emotionalen Regungen und ihrem Ausdruck ist verstehbar als Sorge vor Situationen der herabgesetzten Selbst-

kontrolle. Seine Angst vor derartigen Zuständen ist nicht unbegründet angesichts der reduzierten konstruktiven Kraft, der eingeschränkten Phantasie und Kreativität, aber auch angesichts einer von Kind an von ihm verlangten und von ihm gepflegten Selbstbeschränkung. Die – in Hoffmanns Dichtung meist unter Alkoholeinfluss – entbundenen Kräfte des Philisters äußern sich zuallererst destruktiv („Der goldne Topf", 9. Vigilie).
Besonders dem philiströsen Beamten kommt in einem System der durch Vorschriften, Zensur und soziale Kontrolle eingeschränkten individuellen Freiheiten eine wahrhaft staatstragende Funktion zu. Seine häufige und intensive Beschreibung bei Hoffmann und Eichendorff beruht auf deren Erfahrung in langjähriger eigener Beamtentätigkeit. Doch zielt ihre Kritik nicht auf den Staatsdiener allein, sondern sucht in ihm die gesellschaftlichen und staatlichen Einrichtungen zu treffen. Nicht also dem sich ob seines Sicherungsbedürfnisses emotional und intellektuell selbst beschädigenden Bürger, sondern auch den Verhältnissen, die ihn hervorbringen und anlocken, gilt ihre Aufmerksamkeit.

Die Gefährdung des poetischen Menschen – E. T. A. Hoffmann: „Der goldne Topf". Tritt Heinrich von Ofterdingen aus dieser Welt fort in eine vergangene, in der harmonische Ordnung, Vertrautheit der Menschen untereinander und Einklang mit der Natur herrschen, so versucht Hoffmann in dem Märchen „Der goldne Topf" (1814), Idealwelt und Wirklichkeit in ihrer Verschränkung zu zeigen.
Die Empfänglichkeit des jungen Studenten Anselmus für außergewöhnliche Reize und phantastische Erscheinungen wird von Hoffmann konfrontiert mit dem philiströsen Unverständnis städtischer Bürger, sämtlich Vertretern der Alltagswelt. Anselmus wird einbezogen in eine Welt der magischen Verbindungen, von Zauber und Gegenzauber. Er ist dieses unverderbt kindliche Gemüt, dem der Blick in die Wunder der Natur und die Wege zu Serpentina, einem im Zustand der Entzückung geschauten Schlänglein, offen stehen. Auf seinem Weg schreitet Anselmus mit Fleiß und Geschick, nicht jedoch ohne die Gefahr eines Rückfalls in irdische Leidenschaften, voran. Sein Lohn besteht im goldnen Topf als Hochzeitsgeschenk und einem „Rittergut" im entrückten Atlantis, wo er fortan mit Serpentina in schönstem Einvernehmen lebt. Die Seligkeit des Anselmus ist nichts anderes „als das Leben in der Poesie, der sich der heilige Einklang aller Wesen als tiefstes Geheimnis der Natur offenbaret".
Medium für den künstlerischen Menschen – und Anselmus wird als Dichter bezeichnet – ist die Liebe, die verzehrende, verklärende, spirituale Künstlerliebe. Sie befähigt den Anselmus, die mit rätselhaften Zeichen übersäten Handschriften des Archivarius abzuschreiben. Dieses Kopieren ist wiederum Sinn-

bild für das poetische Schaffen, die Mithilfe Serpentinas eine Umschreibung für Inspiration. Es ist bezeichnend, dass Anselmus seine Fähigkeit verliert, die Manuskripte zu entziffern, sobald er in den Bannkreis der Philisterin Veronika gerät, die unbedingt Anselmus' Frau und Hofrätin werden möchte. Der Tintenklecks ist gleichsam der Verlust der Kreativität, der durch die Berührung mit der Alltagswelt eingetreten ist; die gläserne, unproduktive Gefangenschaft ist die Folge. Diese Alltagswelt besitzt indes für den Künstler durchaus Anziehungskraft. So sieht sich Anselmus doppelt gefährdet: durch seine Wünsche nach Veronikas Liebkosungen und durch seine Gedanken an Speziestaler, den Lohn für seine Kopiertätigkeit.

Die Verschränkung der Welten. E. T. A. Hoffmann bedient sich zur Darstellung des übersinnlichen Reiches und der in ihm wirkenden Kräfte einer zu seiner Zeit modernen mythisch-symbolischen Anschauung von rational nicht fassbaren Zusammenhängen. Das mythische Geschehen bildet einen zweiten Handlungsstrang zum Alltagsgeschehen. Hoffmanns Kunstgriff besteht nun darin, dass er unaufhörlich die Grenzlinie zwischen den Wirklichkeiten umspielt. Er bietet viele erzählerische Mittel auf, z. B. Perspektivenwechsel und ironische Distanz des Erzählers, um den Leser zu irritieren und seine Selbstsicherheit hinsichtlich von Realitätseinschätzung und Wirklichkeitserkenntnis zu erschüttern. Übersinnliche Kräfte sollen nicht nur als möglich erscheinen, sondern sie werden als unabweisbare Erfahrungstatsachen begründet. Das mythische Geschehen – gemeint sind des Anselmus Umgang mit dem Archivarius und mit Serpentina – bildet konsequenterweise keinen geschlossenen Teil des Märchens, sondern ist unauflöslich verquickt mit dem gewöhnlichen Leben getreu der romantischen Einsicht, dass die Geisterwelt unmittelbar in die normale hineinragt.

4.3 Entzweiung und Aufspaltung: Doppelgängerliteratur – Jean Paul, E. T. A. Hoffmann, Tieck

Jean Paul: Siebenkäs (1796)
Titan (1792–1802)
Ernst Theodor Amadeus Hoffmann:
Die Elixiere des Teufels (1815/16)
Lebensansichten des Katers Murr (1820/22)
Geschichte vom verlornen Spiegelbilde (1815)
Ludwig Tieck: Der blonde Eckbert (1796)

Sorge um die eigene Identität ist ein Thema von existenziellem Ausmaß bei einer Reihe romantischer Autoren. Zweifel an der Realität alles Bestehenden ist die Wurzel der Lebensangst, der Furcht vor unbekannten Mächten, der Ungewissheit und Unsicherheit im Hinblick auf die Einheit des Ichs. Das Weltgefühl der Zerrissenheit, die Trennung von Natur und Geist, die Gegenüberstellung von Innen- und Außenwelt, der gestörte Einklang des Menschen mit seiner Umwelt, die Aufsplitterung der menschlichen Verrichtungen, die Arbeitsteilungen und Spezialisierungen – all das gipfelt in der Ichspaltung des Individuums, des realen wie des erzählten.

Vom Gefühl unmittelbarer Bedrohung zeugen z. B. Tagebuchnotizen Hoffmanns lange vor seiner dichterischen Gestaltung des Problems: „Anwandlung von TodesAhndungen – DoppeltGänger –“ (6. 1. 1804); „Ich denke mir ein Ich durch ein VervielfältigungsGlas – alle Gestalten die sich um mich herum bewegen sind Ichs und ich ärgere mich über ihr thun und lassen ppp“ (6. 11. 1809).

Doppel-Ich. Jean Paul prägt 1796 in seinem Roman „Siebenkäs“ für die einander zum Verwechseln ähnlichen Freunde Leibgeber und Siebenkäs das Wort „Doppelgänger“. Die im Namen Leibgeber angedeutete Entpersönlichungstendenz findet im Namenstausch der Freunde eine Bestätigung. Die Ersetzbarkeit des einen durch den andern wird für den Fortgang der Handlung insofern genutzt, als Siebenkäs seinem Ehejoch entflieht, indem er seinen Tod vortäuscht und an Leibgebers statt in der Fremde tätig wird.

An die Stelle hilfreicher Zugetanheit im „Siebenkäs“ tritt in *E. T. A. Hoffmanns* Roman „Die Elixiere des Teufels“ (1815/16) Grauen und Schrecken. Die Schicksale der Halbbrüder, des Mönches Medardus und des Grafen Viktorin, die voneinander nicht wissen, verschränken sich auf geheimnisvolle Weise. Der wahnsinnig gewordene Viktorin hält sich in seiner Krankheit für Medardus. Seine Identifizierung mit ihm geht so weit, dass er dessen eigene Gedanken ausspricht, so dass Medardus glaubt, sich selbst sprechen zu hören, sein innerstes Denken als Stimme von außen zu vernehmen. Dieses paranoische Bild wird ergänzt durch die Verfolgungsideen, denen er im Kloster ausgesetzt ist, durch den Liebeswahn, der sich an das nur flüchtig geschaute Bild der Geliebten knüpft, sowie durch krankhaft gesteigertes Misstrauen und Selbstgefühl. Auch wird er von der Idee gequält, einen kranken Doppelgänger zu haben, worin ihn die Erscheinung des geistesgestörten Kapuziners bestärkt. Grausige Verbrechen, Fortsetzung blutschändischer Beziehungen der Vorfahren, werden mit dem Bewusstsein des anderen begangen, Angst beherrscht den Roman, der als Beispiel der „Schwarzen Romantik“ weit über deutschsprachige Grenzen bekannt wurde.

Ich-Spaltung. Mehr als äußere Ähnlichkeit verbindet in den „Lebensansichten des Katers Murr“ (1820/22) von *E. T. A. Hoffmann* das Schicksal des zur Geisteskrankheit disponierten Kreisler mit dem des wahnsinnigen Malers Ettlinger, dem Kreisler nach dem Ausspruch einer Romanfigur wie einem Bruder ähnlich sieht. Einmal hält Kreisler sein im Wasser geschautes Spiegelbild für den wahnsinnigen Maler und schilt ihn aus, während er unmittelbar darauf glaubt, sein eigenes Ich und Ebenbild neben sich einherschreiten zu sehen. Von tiefstem Entsetzen erfasst, stürzt er ins Zimmer zu Meister Abraham und fordert ihn auf, den lästigen Verfolger mit einem Dolchstoß niederzumachen.
In *Jean Pauls* Roman „Titan“ (1792 ff.) steigert sich die Vorstellung des Hofmeisters Schoppe, vom Ich verfolgt zu werden, zur entsetzlichsten Pein. Er denkt sich die Seligkeit in einer ewigen Befreiung vom Ich. Fällt sein Blick nur zufällig einmal auf seine Hände oder Beine, so erfasst ihn schon die Furcht, er könne sich erscheinen und „den Ich“ sehen. Die Angst geht bei ihm so weit, dass er die verhassten Spiegel deshalb zerschlägt, weil ihm aus ihnen sein Ich entgegentritt. Und wie Kreisler den Doppelgänger töten will, so sendet Schoppe an Albano seinen Stockdegen mit der Aufforderung, die unheimliche Erscheinung zu vernichten.
In Hoffmanns „Geschichte vom verlornen Spiegelbilde“ (1815), einem Gegenstück zu Chamissos „Peter Schlemihl“, verhängt der Kaufmann Spikher alle Spiegel, weil sie sein Spiegelbild nicht mehr wiedergeben. Wie Schlemihl seinen Schatten, so hat er sein Spiegelbild als Folge eines Paktes mit dem Teufel verloren: Beide Male handelt es sich um die symbolische Interpretation eines Identitätsverlustes.

Revenant-Gestalten. Bei den Revenants, Verkörperungen wiedererstandener Toter oder aufgelebter vergangener Lebensphasen, handelt es sich um dem Doppelgänger verwandte, von altem Aberglauben gespeiste Vorstellungen. In ihnen ersteht Vergangenheit in der Gegenwart, so in Hoffmanns „Elixieren“, „die Brautwahl“ (1818), „Meister Floh“ (1821). Insbesondere sei an Tiecks Märchen „Der blonde Eckbert“ (1796) erinnert, in dem nicht nur der von Eckbert erschossene Walther in dem jungen Ritter Hugo und einem Bauern wiederkehrt, sondern zuletzt alle drei von einer Alten als Gestalten enthüllt werden, unter denen sie selbst Eckberts inzestuöse Liebe zu Bertha zu ahnden gesucht hat.

In der Erzählung sind Märchenwelt und Wirklichkeit eng miteinander verwoben. Die märchenhafte Vorgeschichte, die Bertha, ehelich mit Eckbert verbunden, als Kindheitsgeschichte dem gemeinsamen Freund Walther erzählt, bietet die Elemente, die Auslöser für die Verwicklungen um Eckbert sind: Einst von zu Hause fortgelaufen, von einer Alten aufgenommen, die abgeschieden mit einem Hund und einem Edelsteine legenden Vogel lebt, entflieht Bertha aus Sehnsucht nach der Welt dann wieder heimlich dieser einsamen Gesellschaft, nimmt mit sich Edelsteine und den Vogel, den sie aber, da sie sein Lied von der „Waldeinsamkeit“ quält, erdrosselt. Walther wird nicht allein durch diesen Bericht zum Mitwisser, sondern ist es ohnedies schon gewesen, wie seine Kenntnis des Vogelnamens, den Bertha vergeblich zu erinnern sucht, erweist. Darüber fällt Bertha in angsterfülltes Fieber und stirbt. Eckbert tötet aus Rache Walther. Nach der Eröffnung seiner Schuld durch die Alte lebt er gesellschaftlich isoliert und psychisch einsam, selbstquälerisch und unter Verfolgungswahn leidend. Er stirbt im Wahnsinn.

Nicht äußere Schicksalsmächte, sondern zerstörerische Kräfte, die im Menschen selbst liegen, sind hier zentral behandelt. Das Lied von der „Waldeinsamkeit“ verweist auf den anderen Pol, auf das von Bertha mutwillig verlassene und damit verlorene Paradies.
Die Doppelgängerthematik als solche hat zahlreiche Bearbeitungen gefunden. Der Doppelgänger erfährt eine Verselbstständigung als literarisches Motiv, das sich hervorragend zur Erzielung komischer wie geheimnisvoller Effekte eignet, sowohl beim komödiantenhaften Verwechslungsspiel eingesetzt werden als auch bloßer Verkleidungsfreude Ausdruck verleihen kann.

4.4 Romantische Frauen: ihre Produktivität im literarischen Alltag, beispielhafte Lebensläufe

Dorothea Schlegel: Florentin (1801)
Sophie Mereau: Das Blüthenalter der Empfindung (1794)
Die Flucht nach der Hauptstadt (1805)
Karoline von Günderode: Gedichte und Phantasien (1804)
Poetische Fragmente (1805)

Im letzten Vierteljahrhundert hat die Erforschung des Beitrags, den Frauen an unserer Literatur haben, große Fortschritte gemacht in der Gewinnung von Œuvres und in der Erarbeitung der zum Teil sehr schwierigen sozialen und mentalen Bedingungen, unter denen Frauen sich literarisch artikuliert haben. Wer gemeint hat, die Literaturgeschichtsschreibung biete ein verlässliches Reservoir wenigstens an Namen, sieht sich getäuscht, denn ständig kommen Frauen hinzu – wie neuerdings z. B. Louise Brachmann (1777–1822) –, die eine umfangreiche literarische Tätigkeit aufzuweisen haben und deren zahlreiche Texte nicht nur gedruckt wurden, sondern auch mit namentlicher Kennzeichnung erschienen sind. Andere wiederum waren mit ganz wenigen Titeln bisher bloß Kennern geläufig; bei diesen hat erst eine Werkausgabe das Spektrum an literarischen Formen offenbar gemacht, wie z. B. im Falle von Karoline von Günderode und Sophie Mereau.

Es ist erstaunlich, wie wir im systematischen Ignorieren und Vergessen diejenigen überholt haben, auf deren geringschätzendes Urteil über Frauen als Poetinnen wir uns so lange berufen haben: auf die Klassiker Goethe und Schiller. Diese hatten die zunehmende Ausbreitung eines „dilettantischen" Geistes für den Misserfolg ihrer Zeitschriftenprojekte („Die Horen" und „Propyläen") verantwortlich gemacht, mit denen sie ihre Autonomieästhetik durchsetzen und eine klassische Nationalliteratur begründen wollten. Dass die Autonomieästhetik einerseits sowie der Zerfall des Publikums in eine kulturelle Elite und die Masse der Literaturkonsumenten andererseits Teile eines Modernisierungsprozesses sind, der mit einer Ausweitung des literarischen Marktes einhergeht, ist eine Einsicht, die erst die Rückschau erlaubt. Der zeitgenössischen Beurteilung fehlt die kritische Distanz zu diesem Prozess, der zu einer Trennung von „hoher" und „niederer" Literatur geführt hat; einer Trennung, die nach Goethe und Schiller den Geist des Dilettantismus – der ihnen als das Gegenprinzip zur Kunst schlechthin erschienen ist – widerspiegelt; einer Trennung aber auch, die den literarischen Markt um 1800 als Ort der harten Konkurrenz und des mit desavouierenden Mitteln geführten Kampfes um die Lesergunst ausweist.

Es sind nämlich bezeichnenderweise insbesondere die Erfolgsschriftsteller der Zeit, denen Goethes Abneigung gegolten hat: Kotzebue als Dramatiker sowie Jean Paul und Lafontaine als Romanciers. Jean Paul ist mit seinem „Hesperus" (1795) der bekannteste Dichter seiner Zeit. Lafontaine (insgesamt 160 Bände) findet für seine Romane „Clara du Plessis und Clairant" (1794) und „Quinctius Heymeran von Flaming" (1795/96 u. 1798) seine Bewunderer z. B. in Charlotte von Kalb, Herder, Wieland, sogar in August Wilhelm Schlegel. Die Bücher beider stehen in vielen Leihbibliotheken; ihre Leserschaft setzt sich zum größeren Teil aus Frauen zusammen. Goethe urteilt in einem Brief gegenüber Schiller (17. 12. 1795) folgendermaßen: „Dass in Weimar jetzt die Hundsposttage [Kapitelbenennung im „Hesperus"] grassieren, ist mir ordentlich psychologisch merkwürdig; denn man sollte sich nicht träumen lassen, dass derselbe Geschmack so ganz heterogene Massen vertragen könne, als diese Produktion [„Quinctius Heymeran"] und Clara du Plessis ist. Nicht leicht ist mir ein solches Beispiel von Charakterlosigkeit bei einer ganzen Sozietät vorgekommen."

Im Briefwechsel des Jahres 1799 und den gleichzeitig entstandenen „Dilettantismusschemata" geht es Goethe und Schiller um den Status der literarischen Produktion von Frauen und um Kriterien für deren ästhetische Wertung. Sie ziehen Texte von Schriftstellerinnen zur Veranschaulichung des Dilettantischen heran und konstruieren ihre Unterscheidung von Kunst und Dilettantismus über die Gegensatzreihen aktiv/produzierend/wirkend und passiv/rezeptiv/leidend, welche mit der zeitgenössischen Bestimmung der Geschlechtscharaktere übereinstimmen. Bedeutsam für diese Argumentation sind Wilhelm von Humboldts Schriften „Über den Geschlechtsunterschied und dessen Einfluß auf die organische Natur" und „Über die männliche und

weibliche Form“, die dieser 1795 in Schillers Zeitschrift „Die Horen“ veröffentlicht hatte. Die aus ihren Diskussionen hervorgegangen Notizen bilden eine Art Vorbemerkung zur gemeinsamen Abhandlung „Über den Dilettantismus“.
Aus ihren Briefen wird auch ersichtlich, dass sie eine enge Verbindung zwischen dem Phänomen des Dilettantismus und der Präsenz von Frauen im literarischen Leben sehen. Von der Poesie haben nach Goethe die „Dilettanten und besonders die Frauen“ nur „sehr schwache Begriffe“; zuerst sollen die „dilettantischen Frauen“ nicht nur die Perfektion im Technischen erreichen, sondern einen Begriff von Vollendung gewinnen, bevor sie anfangen zu dichten: „Sie glauben gewöhnlich, wenn sie nur das Technische loshätten, so hätten sie das Wesen und wären gemachte Leute; allein sie sind sehr in der Irre“, notiert Eckermann nach einem Gespräch mit Goethe.

4.4.1 Der romantische Salon

In auffälligem Kontrast zu den zahlreichen blutjungen, bildschönen, ätherisch reinen Mädchengestalten in Erzählungen und Romanen stehen reife, lebenserfahrene Frauen im Mittelpunkt der frühromantischen Freundschaftszirkel in Jena und Berlin: Caroline Schlegel und Dorothea Schlegel, die beide kulturell bedeutsamen, geistig emanzipatorischen Elternhäusern entstammten. Neben ihnen sind vor allem Sophie Bernhardi (geb. Tieck), Henriette Herz, Rahel Levin (spätere Varnhagen), Sophie Mereau (spätere Brentano) und Bettina Brentano (spätere v. Arnim) zu nennen, die das gesellige und das geistige Klima dieser frühromantischen Zirkel bestimmt haben.

Der romantische Salon hat sein Vorbild vor allem in geselligen Zirkeln in Frankreich, in denen sich um eine adlige Frau ein Kreis von gesellschaftlich oder künstlerisch-wissenschaftlich bedeutenden Personen nach zumeist festen Regeln versammelt hat. Die Zirkel in Jena/Weimar und Berlin unterscheiden sich u. a. von den Vorbildern darin, dass das Kriterium für den Zutritt nicht die Standeszugehörigkeit, sondern die Geistesverwandtschaft ist. Das führt zu einer Vermischung von adliger und bürgerlicher Kultur, schafft auch eine Art von Gleichberechtigung zwischen den Geschlechtern und ermöglicht die deutsch-jüdische Symbiose im Sinne der Assimilation. Die romantischen Salons entwickeln eine spezifische Geselligkeitskultur, die nicht vorrangig aus der Individualität der Salonière resultiert, sondern ein Gemeinschaftsphänomen darstellt, das dem Gespräch von Gleichgesinnten entspringt. Evident allerdings ist die gleichberechtigte Zugehörigkeit von Frauen.

In Berlin führt *Henriette Herz* zwischen 1780 und 1803 einen Salon, in dem prominente Gelehrte, Wissenschaftler sowie Künstler und Künstlerinnen den Gedankenaustausch pflegen und sich im gemeinsamen Gespräch mit aktuellen Erscheinungen und Ideen (vor allem Goethe) auseinander setzen. *Rahel Levins* (spätere *Varnhagen*) Berliner Salons zwischen 1792 und 1806 und

1819 und 1833 ermöglichen ebenso wie der Salon Herz in fester Institutionalisierung die aufgeklärte, freie Geselligkeit unterschiedlicher Geister jenseits konfessioneller Zugehörigkeit. Die im Gang befindliche systematische Bearbeitung des Varnhagen-Nachlasses in Krakau differenziert das bisherige Bild der beteiligten Personen erheblich.
Der Jenaer Kreis hingegen ist lockerer gefügt. Von seinem Geist und den hervorstechenden Zügen der besonderen Art von gleichrangiger Geselligkeit unterrichtet uns Ludwig Tieck in seinem „Phantasus" (1812/1817). Er entsetzt sich allerdings auch in einem sehr privaten Brief an seine Schwester über das provokative und ungewöhnliche Verhalten der dort den Ton angebenden Frauen, wenn er schreibt:

„Die Veit ist unbeschreiblich brutal: Musikkennerin, Vertraute der Schlegel, Lucinde in einer Brechpotenz, eine wahre Polychrestpille, zu allen Dingen nutze [...] die (Caroline) Schlegel ist auch mehr listig als klug und mehr klug als verständig und mehr verständig als edel und mehr edel als eine Frau: man ist mit ihr wie mit einem Rhinozeros (hätt ich bald geschrieben), wie mit einem Androgyn oder vielmehr – hols der Teufel, ich kann mich nicht besinnen – wie mit einem Hermaphrodit. Dass die beiden Weiber sind, fällt einem gar nicht ein. [...] ich bin aber überzeugt, dass wenn ich jetzt nicht ihr Freund wäre, ich längst eine Posse gegen sie geschrieben hätte, denn diese Schwerfälligkeit und die Gesellschaft dieser Weiber, die Luciferinde und die andere, es ist ein Stoff, der sich dem Komiker von selbst anbietet; es geht über Ovids Metamorphosen hinaus, dass die Brendelchen eine Lucinde und Künstlerin ist, die jetzt sogar einen Roman schreibt. [...]"

Sosehr zunächst die freundschaftliche Offenheit im Jenaer Zirkel Gleichgesinnte assoziieren hilft, ihr halb öffentlicher Salon wie ihre Tischgemeinschaften den Kreis zu konsolidieren vermag, so sprengt nachher gegenseitige Eifersucht und Abneigung das fruchtbare Gemeinschaftsleben. Kleinmütige Animositäten, amouröser Klatsch, Alltagstrivialitäten vergiften die freundschaftlichen Verbindungen zunehmend. Die vormals als segensreich empfundene Intimität macht alle Teilnehmer an diesem Leben zu Mitwissern und verleitet manchen, z. B. in den späteren Ehescheidungsverfahren, zu parteilichen Aussagen. Denn so vehement wie das geistige Engagement, so frei von ökonomischer Rückversicherung oder sozialer Rücksichtnahme sind die Partnerbeziehungen. Es springt dabei ins Auge, mit welcher Entschiedenheit, unbesorgt um Ruf und Konventionen, die schreibenden Frauen ihr persönliches Glück zu gewinnen trachten. Der ihnen gemäße Weg ist nicht Entsagung, von Susette Gontard (Diotima) und Hölderlin gelebt, in Goethes „Wahlverwandtschaften" propagiert, sondern Scheidung aus alten Fesseln als Befreiung zu neuer Bindung.

4.4.2 Romantische Frauenschicksale

*Caroline Michaelis (Böhmer/Schlegel/Schelling; * 1763, † 1809)*

Die Tochter des Göttinger Orientalisten lebte Anfang der 90er-Jahre verwitwet mit ihrer Tochter Auguste in der Mainzer Republik. Wegen ihres leidenschaftlichen Eintretens für die republikanischen und demokratischen Ideen, ihrer Freundschaft zu zahlreichen Republikanern, insbesondere der Familie Forster, nicht zuletzt wegen ihres Verhältnisses mit einem französischen Offizier, von dem sie einen Sohn hatte, stand sie in höchst zweifelhaftem Ruf. Vor der sozialen Ächtung bewahrte sie die Eheschließung (1796) mit August Wilhelm Schlegel (* 1767), der zu diesem Zeitpunkt soeben durch Vermittlung Schillers eine Dozentur an der Universität Jena erhalten hatte. Wenige Jahre später wendete sie sich dem zwölf Jahre jüngeren Schelling (* 1775) zu, den sie 1803 heiratete. – Abgesehen von Sonetten auf geistliche Gemälde, die sie gemeinsam mit A. W. Schlegel verfasst hat (1799 publiziert im „Athenaeum"), ist Literarisches von ihr nicht bekannt. Aber sie versteht es, scharfsichtig und scharfzüngig ihre genauen Beobachtungen in ihren zahlreichen Briefen mitzuteilen, die einen bedeutsamen Beitrag für unser Verständnis der geistigen Verhältnisse zwischen allen Beteiligten untereinander und in ihrem Verhältnis zu den Konkurrenten Goethe und Schiller leisten. – Ihr ähnlich hat sich auch Rahel Varnhagen literarisch ausschließlich als Briefschreiberin profiliert.

Dorothea (Veit) Schlegel (1763 oder 1764, † 1839)*

Die Tochter des jüdischen Berliner Philosophen und Kaufmanns Moses Mendelssohn ließ sich 1798 vom Bankier Veit scheiden, um Friedrich Schlegel (* 1772) zu folgen, den sie 1804 heiratete. 1801 publizierte sie ihren Roman „Florentin".

In romantechnischer und struktureller Hinsicht handelt es sich hierbei um eine beachtliche Komposition, in inhaltlicher und gesellschaftskritischer Hinsicht dagegen lässt sich der Roman anderen romantischen Produktionen an die Seite stellen. Im Mittelpunkt des Romans steht ein junger Mann, der – wie viele andere der frühromantischen Helden – auf der Suche nach seinen Eltern nach einem Weg aus der Einsamkeit in die Harmonie einer Gemeinschaft und nach Heimkehr und Erlösung strebt.

Die von der Autorin ursprünglich geplante Fortsetzung hat der Roman nicht erhalten, weil sie am Ende keinen Platz mehr für dessen Protagonisten in der Gesellschaft der Zeit gefunden hat. In der „Zueignung an den Herausgeber", wohl als Eröffnung des zweiten Bandes vorgesehen, steht folgende Reflexion über das Problem, einen „befriedigenden Schluss" zu finden:

„Ich frage wiederum: Was hätte denn aus diesem Mann, den ihr den Helden nennt, werden sollen? – ‚Freilich, der Held eines Romans muss entweder verheiratet oder begraben werden.' – Verheiratet? Können wir uns damit beruhigen? Sehen wir nicht an Eduard und Juliane, dass oft von da an erst alles Leid und alle Verwirrung anhebt. – Der Tod! Ja, das wäre wirklich ein Schluss eines Romans, bei dem wir uns beruhigen müssten. Aber hier muss ich meine Klage und meine Reue wiederholen, dass dies Buch ein Roman und nicht, wie es wirklich ist, eine wahre Geschichte ist genannt worden".

Dorothea Schlegel ist in ihren Lebensentscheidungen ein öffentlicher Skandal: Sie lässt sich scheiden, sie verzichtet auf ihre Kinder, sie lebt mit Friedrich Schlegel lange Zeit unverheiratet zusammen. In ihrer Auffassung vom Stellenwert schriftstellerischer Tätigkeit und in ihren literarischen Produktionen hingegen ist sie alles andere als zukunftsweisend: Ihre aus altfranzösischen Handschriften der Pariser „Bibliothèque nationale" übersetzte und kommentierte „Geschichte des Zauberers Merlin" (1804) erscheint ebenso wie auch ihre Übersetzung der „Corinna" der Mme de Staël (4 Bde., 1807/08) unter Friedrich Schlegels Namen; es gibt keine Veranlassung zu meinen, dies sei gegen ihren Willen geschehen.

Friedrich Schlegels Frauenbild in der „Lucinde" ist zwar dem konventionellen Bild von der Frau als Hausfrau und Mutter diametral entgegengesetzt, aber dennoch in keiner Weise dazu angetan, gesellschaftspolitisch der Frau Freiräume zu ihrer Entfaltung zu schaffen. Seine Romanfigur Lucinde hat die erotische Wirkung auf Grund ihrer natürlichen Veranlagung und Ausstattung als Frau, also in erster Linie auf Grund ihrer naturbedingten Beschaffenheit, nicht in der Vorstellung ihrer prinzipiellen Gleichwertigkeit mit dem Mann.

Dorothea Schlegel entwickelt nach ihrem sozialen Aufbegehren, das sie aus einer klassischen Konvenienzehe mit dem Bankier Veit in Berlin führt, auch nicht den sozialen Elan, unabhängig von ihrem individuellen Glück das ihres Geschlechts zu verfolgen. Sie ist auf einer ganz persönlichen Suche, die sie ins Mittelalter führt und sie zuletzt (1808) zum katholischen Glauben konvertieren lässt. Ihr persönliches Verhalten verliert nach und nach die früheren Züge des partiellen Widerstandes und mündet später in Wien in völlige Zustimmung zu den geltenden gesellschaftlichen Anschauungen.

*Sophie Mereau (geb. Schubert; spätere Brentano; * 1770, † 1806)*

Schon in den 90er-Jahren des 18. Jahrhunderts gehörte Sophie Mereau zu den bekanntesten Persönlichkeiten in Jena. Als eingeführte Schriftstellerin stand sie im Mittelpunkt des Universitätslebens: Sie besuchte als einzige Frau bei Fichte Vorlesungen und pflegte Kontakt mit Friedrich Schlegel und anderen Romantikern; sogar mit Goethe und besonders Schiller korrespondierte sie einige Zeit. In Schillers Zeitschriften „Thalia" und „Horen" veröffentlichte sie Gedichte (z. B. „Bei Frankreichs Feier den 14ten Julius 1790"; „Schwarzburg") und zwei Übersetzungen von Geschichten aus Boccaccios „Decamerone". Zuvor schon hatte sie ihren Roman „Das Blüthenalter der Empfindung" (anonym 1794) publiziert. Ein Teilabdruck ihres Briefromans „Amanda und Eduard" erschien 1797 in Schillers „Horen", der gesamte Roman erst 1803. Biographisch aufschlussreich und charakteristisch für die emanzipatorischen Möglichkeiten dieser Zeit ist ihre Erzählung „Die Flucht nach der Hauptstadt", die eins ihrer zuletzt erschienenen eigenen Werke ist; allerdings könnte sie auch diejenige Erzählung sein, vor deren Publikation sie Schiller 1796 u. a. aus moralischen Gründen gewarnt hatte.

Den Ausgangspunkt in dieser wie in einigen anderen ihrer Erzählungen bildet der Widerstreit zwischen Konvenienz- und Liebesehe. Die Protagonistin (P.), eine dem Theater leidenschaftlich Verfallene, realisiert die längst vorbedachte Flucht mit einem ihr lieben jungen Mann, Albino, sobald ihr der Vorsatz des Vaters, sie mit dem Sohn eines Landedelmanns zu verheiraten, klar ist. Sie flieht mit ihm gemeinsam in die Hauptstadt, nach B. Dort vom Geliebten durch die Intrige eines „Freundes" getrennt, durchlebt P. eine ganze Reihe von Stationen, in denen sie aus unterschiedlichen Gründen mit immer neuen Partnern Verbindungen eingeht. Ihren ökonomischen Unterhalt und ihre soziale sowie geistige Heimat findet P. bei Theatercompagnien. Eines Tages sehen sich P. und Albino wieder. Nach neuerlichen Verwicklungen steht einer Rückkehr und einer Versöhnung mit den Eltern wie dem Genuss der glücklichen Ruhe eines stillen Lebens nun nichts mehr entgegen.

Die Protagonistin P., erfinderisch und scharfsinnig, wird während ihres Bildungsganges eine durch selbstgewählte Tätigkeit zufriedene Frau. Außerhalb des wohlbehütenden Elternhauses hat sie es geschafft, sich mit ihrer Tätigkeit als Berufsschauspielerin eine eigene ökonomische Existenzgrundlage zu erwerben. Ihre Theaterleidenschaft dient der Selbstbegegnung in fremden Rollen, zielt unbewusst auf Selbstdarstellung, bewusst auf Verwandlung des bürgerlichen Alltags durch das Medium der Kunst. Anzunehmen ist, dass Theater nur eine Station auf ihrem Weg der Selbstfindung ist, genau wie die „Schule der Männer", die sie durchläuft. Mereaus P. ist eine mutige und entschlussfreudige Frau, die auf ihrer Flucht bewusst die von einer Männergesellschaft gesetzten Normen durchbricht. Doch bei aller Selbständigkeit der Entscheidungen bildet die Liebe zu den vier Männern den Bezugspunkt für das Selbst und den maßgeblichen Richtwert ihrer Entschlüsse.

Sophie Mereau selbst hatte 1796 spektakulär Berlin und Potsdam mit einem Liebhaber besucht, gleichsam eine Flucht aus dem Eheleben mit Karl Mereau in Jena. Gleichzeitig wirkt die Erzählung aber auch wie die Poetisierung wesentlicher Teile der Biographie von Marianne Ehrmann (1755–1795), einer in den 80er- und 90er-Jahren bedeutsamen Autorin und Publizistin; auch die Ähnlichkeit der Gestalt P. mit der Titelfigur Amalie im gleichnamigen Roman (1788) Marianne Ehrmanns ist erwähnenswert.

Sophie Mereau ist den Zeitgenossen für ihre extravaganten Unternehmungen bekannt. Ihre kapriziöse Schönheit, der literarische Erfolg und ihre offen gelebten Liebesaffären geben Stoff für Bewunderung und Klatsch. Im Jahr 1800 verlässt sie ihren Ehemann Karl Mereau und trennt sich auch für einige Zeit von ihrem aktuellen Geliebten, Clemens Brentano. Nach ihrer Scheidung von Mereau betreibt sie als eine der ersten Frauen Schreiben als Beruf, um sich und ihre Tochter zu versorgen. 1803 heiratet sie Clemens Brentano, von dem sie ein Kind erwartet. Eine Zeit beginnt, in der sie ihren Wünschen nicht gerecht werden kann. Brentano fordert ihre ganze Aufmerksamkeit und ihre völlige Hingabe, damit er sein Genie entwickeln könne.
Sophie Mereau scheitert letztlich an der Widersprüchlichkeit von absolutem Liebesverlangen und sozialer Rollenzuweisung. In ihren Werken äußert sie zwar Kritik an den (Geschlechter-) Verhältnissen um 1800, doch nur im „Blüthenalter“ (1794) werden offene Empörung gegen die Rechtslage der Frau und Propagierung der Gleichberechtigung explizit formuliert.
Es erscheint angesichts ihrer vielfältigen Befreiungsversuche paradox, dass Clemens Brentano sie mit seinem Wunsch nach einem Kind in einem zentralen Punkt traditioneller Liebesvorstellung tyrannisiert, sie, die die Unbedingtheit der Liebe, nicht der Familie, auf ihre Fahnen geschrieben hat. Es ist fast Ironie, dass Sophie Mereau zuletzt von ihrem Geschlechterschicksal im Kindbett eingeholt wird – als Opfer, da sie im Zustand physischer und psychischer Erschöpfung kurz nach der Entbindung stirbt.
Die Zahl ihrer Unternehmungen und Publikationen ist beeindruckend: Sophie Mereaus literarische Werke umfassen Gedichte, Erzählungen, Romane, Idyllen sowie Übersetzungen aus dem Englischen, Französischen, Italienischen und Spanischen; dazu kommen die Herausgeberschaft, Mitarbeit und Redaktion bei Almanachen und Taschenbüchern. Mit ihren Übersetzungen und Bearbeitungen will sie zur Realisierung des Programms beitragen, „Weltliteratur“ dem deutschen Leser nahe zu bringen (Madame de Lafayette: „Die Prinzessin von Cleves“; Boursault: „Der Prinz von Condé“; Montesquieu: „Persische Briefe“). Darüber hinaus macht sie das deutsche Publikum mit spanischen Novellen der Maria de Zayas und aktueller englischer Literatur bekannt. Mit der Wahl von Vorlagen wie der „Briefe der Ninon de Lenclos“ oder Boccaccios Roman „Fiammetta“ leistet sie einen wesenlichen Beitrag zur literarischen Profilierung der Frauen.

Karoline von Günderode (1780, † 1806)*

In „Kein Ort. Nirgends“ (1979) lässt es Christa Wolf zu einer fiktiven Begegnung zwischen der Günderode und Sophie Mereau in Winkel am Rhein kommen. In Wirklichkeit gibt es kaum Zeugnisse für eine Auseinandersetzung der einen mit der anderen.

Die individuelle Einmaligkeit Karolines von Günderrode, wie sie sich in ihrer politischen, philosophischen und poetisch-ästhetischen Orientierung zeigt, kann in diesem Zusammenhang nicht einmal skizziert werden. Hier interessiert ihre im Vergleich mit Sophie Mereau ganz andere Reaktion auf die sozialen und kulturellen Verhältnisse, ihre *Entschiedenheit*, sich als literarisch ambitionierte Frau gegen den gesellschaftlichen Konsens, gegen die Vorurteile der Männerwelt, gegen deren Bildungsvorbehalte, gegen die maßgebliche „Institution Literatur" bewähren und auch behaupten zu wollen. In der Ausgangsposition sind sich beide Frauen sehr ähnlich, verwandt in ihrem Bildungsweg, doch sehr verschieden in dem, was sie aus dieser Situation zu machen suchen.

Das Verbindungsglied stellt Clemens Brentano dar, der beiden Frauen, eng mit ihnen vertraut, mit seinen Urteilen über die spezifisch weibliche Befähigung und die für eine Frau ziemliche Schicklichkeit sehr zugesetzt hat. Er schreibt an Karoline von Günderode zu ihrer ersten Sammlung *„Gedichte und Phantasien"*, die sie unter dem Pseudonym „Tian" 1804 hat erscheinen lassen: „Das Einzige, was man der ganzen Sammlung vorwerfen könnte, wäre, dass sie zwischen dem Männlichen und dem Weiblichen schwebt." Damit trifft er den neuralgischen Punkt Karoline von Günderodes sehr genau, die, gerade auch in der verdeckten Autorschaft, durchaus den Anspruch auf ein Werk jenseits der „mittleren Sphäre" erhoben hat. Sie antwortet Clemens Brentano mit Gedanken, die die Entschiedenheit dokumentieren, mit der sie sich einen ihr gemäßen Platz zu erobern sucht:

> „Wie ich auf den Gedanken gekommen bin meine Gedichte drukken zu lassen wollen Sie wissen? Ich habe stets eine dunkle Neigung dazu gehabt, warum? u wozu? frage ich mich selten; ich freue mich sehr als sich jemand fand der es übernahm mich bei dem Buchhändler zu vertretten, leicht u unwissend was ich that, habe ich so die Schranke zerbrochen, die mein innerstes Gemüth von der Welt schied; u noch hab ich es nicht bereut, denn immer neu u lebendig ist die Sehnsucht in mir mein Leben in einer bleibenden Form auszusprechen, in einer Gestalt die würdig sei zu den vortreflichsten hinzuzutretten sie zu grüßen u Gemeinschaft mit ihnen zu haben. Ja nach dieser Gemeinschaft hat mir stets gelüstet, dies ist die Kirche nach der mein Geist walfartet auf Erden" („Sämtliche Werke" III).

Offenbar hat Karoline von Günderode die Ansprüche der „Institution Literatur" ganz verinnerlicht, sie mystifiziert sie regelrecht, wenn sie von der „Kirche" spricht, nach der sie „walfartet". Trotz ihres durch Erfahrung gebildeten Bewusstseins von weiblicher Benachteiligung im Allgemeinen, strebt sie den individuellen Nachweis ihrer eigenen Tauglichkeit an; sie stellt die geltenden Voraussetzungen nicht grundsätzlich in Frage, sondern passt sich, in ihren Sujets, in den anspruchsvollen Formen, die sie für ihre Dichtungen wählt, den geltenden Maßstäben an.

Im Unterschied zu Sophie Mereau gelingt es Karoline von Günderode jedoch kaum, ihr Freiheitsstreben literarisch umzusetzen. Trotz der vielen Bekannten und der Freunde, mit denen sie zeitweilig in enger Verbindung lebt, kann sie das Bewusstsein, Außenseiterin zu sein, nicht überwinden. Immer wieder verlieren sich Beziehungen, die ihre Isolation hätten aufbrechen können. Sie beendet die Liebesbeziehung zu Friedrich Creuzer und kündigt den Kontakt zu Bettina von Brentano wenige Wochen vor ihrem Freitod (26. 7. 1806) auf, wie Clemens Brentano in seinem Brief an Sophie Mereau (20. 6. 1806) verwundert schreibt: „Die Günderode hat kurz und überraschend ohne allen Verstand Bettinen die Freundschaft aufgesagt." Der Freitod ist der radikalste Protest, aber zugleich auch das radikalste Fluchtkonzept.

4.5 Extreme Lebensläufe romantischer Autoren

Clemens Brentano: Gustav Wasa (1800)
Godwi (1801)
Heinrich von Kleist:
Prinz Friedrich von Homburg (1809/10; veröffentlicht 1821)

Clemens Brentano (1778, † 1842)*
Brentano, dem ein stattliches Vermögen die Entscheidung zum Beruf eines unabhängigen Dichters erleichtert, weist eine exzentrische Lebensbahn ganz besonderer Art auf. Zunächst schockiert er zwei Jahrzehnte Verwandte, Freunde und Zeitgenossen mit seinen skandalösen Liebesverhältnissen. Dann gleitet er in das andere Extrem, das mit seiner so genannten Generalbeichte von 1817 und dem jahrelangen Aufenthalt bei der stigmatisierten Augustinerin Anna Katharina Emmerick gekennzeichnet werden kann. Noch 1835 heißt es in einer brieflichen Mitteilung über ihn: „Er hat den schlechtesten Ruf und sieht in der Tat etwas satanisch aus [...]."
Weder ökonomische Zwänge noch gesellschaftliche Spielregeln schnüren Brentano ein. Seine Gefährdung erwächst aus dem Gegenteil, aus einem Mangel an realer Begrenzung: einmal aus dem Fehlen konkreter Aufgaben bzw. ihrer Verweigerung; dann aus seiner Bereitschaft zu grenzenloser Anverwandlung und Übersteigerung des Übernommenen, wie sie in seinem an Tieck orientierten, satirischen Erstling „Gustav Wasa" (1800) und an seinem Roman „Godwi" (1801), der sich an das arabeske Stilprinzip von Fr. Schlegels Roman „Lucinde" (1799) anlehnt, ablesbar sind. Ihn gefährdet besonders, wie er selbst bekennt, die Abhängigkeit von einer dem Willen nicht unterworfenen, selbsttätigen Phantasie; ihn bedroht geradezu die übergroße

Neigung, durch imaginative Vorwegnahme die angestrebte Wirklichkeit vorzeitig zu erschöpfen. In einem Brief an Runge (12. 1. 1810) beklagt Brentano diesen Mangel an Realitätssinn:

„Sie werden vielleicht selbst schon erfahren haben, dass man sich mit Wünschen und Hoffnungen so herzlich herumtragen kann, dass man endlich glaubt, es sei alles bereits gelungen und erfüllt, ja mir ist es mit solchen Täuschungen in meinem Leben einigemahl schon so ernstlich ergangen, dass ich im vollen Genuss des Planes bis zur Sättigung gelangt, und dadurch um das Werk selbst gekommen bin, das zwischen beiden liegen sollte."

Brentanos Kräfte erlahmen immer wieder vor Vollendung der Pläne, weil ihn gleichsam als Reaktion auf die Schreibbesessenheit der lähmende Zweifel überfällt, ob nicht das ausgesprochene Wort den Sinn verfälsche. Diese Sprachkrise verstärkt sich zeitweilig zu einem Inspirationsverlust. Als Brentano nach 1824 die Sprache wieder findet, publiziert er, den veränderten Zeitverhältnissen gehorchend, überwiegend polemische Tagesschriften.

Heinrich von Kleist (1777, † 1811)*
Kleist gehört der romantischen Generation an. Doch trotz zahlreicher Kontakte und Bekanntschaften und zeitweiliger Zusammenarbeit mit Adam Müller und Tieck ist er keiner der Gruppierungen zuzurechnen. Seine Dramen und Erzählungen weisen beträchtliche Unterschiede zu den von den Romantikern bevorzugten Dichtungstypen und Stilformen auf. Doch deshalb den mächtigen Einfluss romantischer Ideen auf ihn zu leugnen, hieße ihn stärker isoliert sehen, als er es tatsächlich als Folge seines kompromisslosen Charakters war. Kleists Leben spiegelt ungeglättet die widersprüchlichen Zeitverhältnisse. Ruheloses Probieren, rascher Wechsel von Neubeginn und Abbruch sind die Kennzeichen einer andauernden Lebenskrise.
Die der Familientradition gemäße, zunächst eingeschlagene Offizierslaufbahn gibt Kleist 1799 auf. Er studiert einige Zeit Philosophie, Physik, Mathematik, Staatsökonomie, strebt jedoch bald die Tätigkeit eines freien Schriftstellers an und macht hierzu die Bekanntschaft von Zschokke, Wieland, Geßner, Goethe, Schiller. In dieser Zeit verlobt er sich und entlobt sich zwei Jahre später. Er reist rastlos, solange es seine finanziellen Mittel erlauben, durch Europa. Für kurze Zeit versucht er, in der ländlichen Abgeschiedenheit einer Schweizer Insel Ruhe zu finden; doch finanzielle Schwierigkeiten erzwingen den Abbruch des Experiments. Wirtschaftliche Notlagen veranlassen Kleist, 1800/01 und 1804/06 Stellungen im Staatsdienst anzunehmen bzw. 1811 anzustreben. 1803 plant er, auf französischer Seite gegen England zu kämpfen, doch wird er nach Deutschland zurückgeschickt. Krankheit und

Verzweiflung führen Ende des Jahres zum völligen Zusammenbruch; in dieser Zeit beabsichtigt er, Tischler zu werden. 1809 kommt er zu spät, um auf österreichischer Seite am Krieg gegen Napoleon teilzunehmen.

In all den Jahren schreibt Kleist, doch ohne ein Vertrauen in die vermittelnde Kraft der Sprache zu gewinnen. In Phasen des Selbstzweifels vernichtet er immer wieder Aufzeichnungen und fast fertige Manuskripte. Eine Inszenierung eigener Theaterstücke bleibt ihm verwehrt; die zustande gekommenen Aufführungen sind ohne Erfolg. Die von ihm herausgegebenen Zeitschriften, die er weitgehend mit eigenen Texten füllt, sind nicht ohne Resonanz, aber dennoch kurzlebig: „Phöbus. Ein Journal für die Kunst" (1807–1809), „Germania" (1809), „Berliner Abendblätter" (1810/11). Mit den „Abendblättern" verwirklicht Kleist einen neuen Typ lokaler Tageszeitung, in der politische Nachrichten und Kommentare, literarisches Feuilleton und Theaterberichterstattung gemischt sind. Indes sichert ihm keine der vielfältigen Tätigkeiten eine feste Position im literarischen Leben.

Zu einer unbedrängten Schriftstellerexistenz fehlt Kleist die ökonomische Unabhängigkeit, wie sie z. B. Achim von Arnim besessen hat, der ein Leben ungestörter wissenschaftlicher und literarischer Arbeit in der Zurückgezogenheit seines Landgutes und in leidlichen Verhältnissen hat führen können. Er vermag auch nicht, sich den Anforderungen der gesellschaftlichen Verhältnisse so weit anzupassen wie z. B. die Brüder Schlegel, Uhland oder die Brüder Grimm, die sich die vorhandenen Freiräume akademischer Lehrtätigkeit oder bibliothekarischer Beschäftigung zunutze machen. Außerdem geht ihm der Wille, vielleicht auch die Kraft, zu einer Doppelexistenz ab, wie sie wenige Jahre später beispiellos E. T. A. Hoffmann als preußischer Kammergerichtsrat und nachtschwärmender Dichter und Komponist lebt.

Kleist stellt sich – allen Misserfolgen und Entmutigungen zum Trotz – immer von neuem seinen Problemen, in denen er solche seiner Zeit erkennt. In seinem letzten Drama, *„Prinz Friedrich von Homburg"* (1809/10), greift er auf das historische Ereignis der Schlacht von Fehrbellin (1675) zurück, in der die zahlenmäßig unterlegenen deutschen Truppen die Schweden besiegen und damit den Grundstein für den Aufstieg Brandenburgs zu einer der führenden Mächte Europas legen. Fast überdeutlich formuliert Kleist die Verbindung zu den zeitgenössischen Erfordernissen, wenn er das Drama in dem Satz „In Staub mit allen Feinden Brandenburgs!" enden lässt. Lange hat daher auch das staatspolitische Verständnis des Stückes seine Interpretation beherrscht. Doch schon an der überaus reservierten Aufnahme des Dramas, namentlich im preußischen Königshaus, kann man ablesen, dass die Vielschichtigkeit des „Prinz Friedrich von Homburg" den Zeitgenossen nicht entgangen ist: Gewichtiger als der Aufruf zu patriotischer Solidarität und nationaler Befreiung wird Kleists Kritik an der preußischen Führung und

sein Eintreten für eine Reform des Heeres gewertet. Sie stößt ebenso wie der im Drama dargestellte Konflikt zwischen der „Ordre des Krieges" und der „Ordre des Herzens" auf Ablehnung.
Kleist lässt dem Prinzen von Homburg, der gegen die Ordre zu früh in die Schlacht eingegriffen hat, den Prozess machen und ihn zum Tode verurteilen. Er verschärft damit gegen seine Quelle, nach der dem Prinzen lediglich ein Verweis erteilt worden ist, den Widerstreit zwischen Staatsraison und subjektiver, gefühlsbestimmter Willkür. Gerade in der Abweichung von der geschichtlichen Wirklichkeit, in der Überzeichnung der aufeinander prallenden, extremen Positionen wird Kleists individuelle Zeiterfahrung wie sein persönliches Lebensgefühl sichtbar. Im Drama eröffnet das vom Prinzen ausgesprochene Einverständnis mit dem Urteil dem Kurfürsten die Möglichkeit zur Begnadigung. Damit kann die Versöhnung zwischen dem „Kriegsgesetz" und den „lieblichen Gefühlen", die beide herrschen sollen (IV, 1), schließlich poetische Wirklichkeit werden.
Für Kleists Leben allerdings bleibt eine solche Versöhnung ein Traum, eine Utopie. Vor den unlösbaren Spannungen zwischen den gesellschaftlichen Gesetzmäßigkeiten und seiner eigenen inneren Wahrheit kapitulierend, nimmt er sich – der Günderode vergleichbar – das Leben. „Die Wahrheit ist, dass mir auf Erden nicht zu helfen war", schreibt er in seinem letzten Brief (21.11.1811) an seine Stiefschwester Ulrike. So endet ein Dichter, der wie kein zweiter Ernst gemacht hat mit der radikalen Verbindung von Politik, Kunst und Leben.

Jahr	Daten zur Literatur	Allgemeine kulturgeschichtliche und politische Daten
1755	J. J. Winckelmann: Gedanken über die Nachahmung der griechischen Werke in der Malerei und Bildhauerkunst	
1764	J. J. Winckelmann: Geschichte der Kunst des Altertums	
1775		Goethe übersiedelt nach Weimar
1776		Amerikanische Unabhängigkeitserklärung: A. Smith: Eine Untersuchung über Natur und Wesen des Volkswohlstandes
1779	G. E. Lessing: Nathan der Weise	
1780	G. E. Lessing: Die Erziehung des Menschengeschlechts	Friedrich II.: Über die deutsche Literatur; Salon Herz in Berlin (bis 1803)
1781	Fr. Schiller: Die Räuber; I. Kant: Kritik der reinen Vernunft	Tod Lessings; Beginn der Reformen Kaiser Josephs II. (Aufhebung der Leibeigenschaft, Toleranzpatent)
1782	J. K. A. Musäus: Volksmärchen der Deutschen	W. A. Mozart: Die Entführung aus dem Serail
1783	Fr. Schiller: Die Verschwörung des Fiesko zu Genua; J. W. v. Goethe: Das Göttliche	Friede von Versailles
1784	Fr. Schiller: Kabale und Liebe; I. Kant: Was ist Aufklärung?; J. G. Herder: Ideen zur Philosophie der Geschichte der Menschheit (4 Bände bis 1791)	
1785	K. Ph. Moritz: Anton Reiser (4 Bände bis 1794); Fr. Schiller: An die Freude	Halsbandprozess in Frankreich; J. H. Campe: Allgemeine Revision des gesamten Schul- und Erziehungswesens (bis 1791)
1786		Goethes erste Italienreise; Tod Friedrichs II., Nachfolger Friedrich Wilhelm II.; W. A. Mozart: Figaros Hochzeit
1787	J. W. v. Goethe: Iphigenie auf Tauris; J. J. W. Heinse: Ardinghello; Fr. Schiller: Don Carlos	J. H. W. Tischbein: Goethe auf Ruinen in der Campagne; W. A. Mozart: Don Giovanni, Eine kleine Nachtmusik
1788	Fr. Schiller: Die Götter Griechenlands; J. W. v. Goethe: Egmont; I. Kant: Kritik der praktischen Vernunft	

Jahr	Daten zur Literatur	Allgemeine kulturgeschichtliche und politische Daten
1789		Beginn der Französischen Revolution
1790	J. W. v. Goethe: Torquato Tasso, Faust. Ein Fragment; I. Kant: Kritik der Urteilskraft	Tod Kaiser Josephs II., Nachfolger Leopold II.
1791		W. A. Mozart: Die Zauberflöte; D. A. F. Marquis de Sade: Justine oder die Gefahren der Tugend
1792	J. G. Sulzer: Allgemeine Theorie der schönen Künste (4 Bände bis 1709)	Krieg Frankreichs gegen Österreich; Sturm auf die Tuilerien; Tod Leopolds II., Nachfolger Franz II.; Goethes Teilnahme an der Kanonade von Valmy; 1. Salon Rahel Levins (spätere Varnhagen) in Berlin (bis 1806)
1793	Fr. Schiller: Über Anmut und Würde; J. G. Herder: Briefe zur Beförderung der Humanität (10 Bände bis 1797); J. G. Fichte: Zurückforderung der Denkfreiheit	Hinrichtung Ludwigs XVI.; Herrschaft der Jakobiner; Zweite Teilung Polens
1794	F. G. Fichte: Grundlage der gesamten Wissenschaftslehre; J. W. v. Goethe: Reineke Fuchs; S. Mereau: Das Blüthenalter der Empfindung	Allgemeines Landrecht in Preußen; Danton und Robespierre werden hingerichtet; Gründung der „École Polytechnique" in Paris; Bündnis zwischen Goethe und Schiller
1795	J. W. v. Goethe: Unterhaltungen deutscher Ausgewanderten, Wilhelm Meisters Lehrjahre; Fr. Schiller: Über die ästhetische Erziehung des Menschen in einer Reihe von Briefen; Über naive und sentimentalische Dichtung; F. W. J. Schelling: Vom Ich als Prinzip der Weltseele; I. Kant: Zum ewigen Frieden; Jean Paul [Fr. Richter]: Hesperus oder 45 Hundsposttage; L. Tieck: Peter Lebrecht (2 Bände bis 1796), Geschichte des Herrn William Lovell (3 Bände bis 1796)	Herrschaft des Direktoriums in Frankreich; Friede zu Basel zwischen Preußen und Frankreich; Dritte Teilung Polens; J. Haydn: (seit 1791) zwölf Londoner Symphonien; Eröffnung des Schauspielhauses in Potsdam
1796	Jean Paul: Leben des Quintus Fixlein; Blumen-, Frucht- und Dornenstücke oder Ehestand, Tod und Hochzeit des Armenadvokaten	Tod Katharinas II. von Russland, Nachfolger Paul I. (1801 ermordet); Einführung der Pockenimpfung durch E. Jenner

Jahr	Daten zur Literatur	Allgemeine kulturgeschichtliche und politische Daten
1796	F. St. Siebenkäs im Reichsmarktflecken Kuhschnappel (3 Bände bis 1797)	
1797	J. W. v. Goethe: Hermann und Dorothea; F. W. J. Schelling: Ideen zu einer Philosophie der Natur; Fr. Hölderlin: Hyperion oder der Eremit in Griechenland (2 Bände bis 1799); I. Kant: Die Metaphysik der Sitten; L. Tieck: Volksmärchen; W. H. Wackenroder: Herzensergießungen eines kunstliebenden Klosterbruders	Tod Friedrich Wilhelm II., Nachfolger Friedrich Wilhelm III.; J. Haydn: Kaiser-Quartett [mit der Melodie des „Deutschlandliedes"]
1798	J. W. v. Goethe: Balladen; Fr. Schiller: Balladen; Fr. Schiller: Wallenstein-Trilogie (gedr. 1800); Fr. Hölderlin: Tod des Empedokles; F. W. J. Schelling: Von der Weltseele; A. W. Schlegel/Fr. Schlegel: Athenäum (bis 1800); L. Tieck: Franz Sternbalds Wanderungen	Koalitionskrieg gegen Frankreich; Th. R. Malthus: Versuch über das Bevölkerungs-Gesetz; J. Haydn: Die Schöpfung
1799	Novalis [Fr. v. Hardenberg]: Die Christenheit oder Europa; Fr. Hölderlin: Gedichte; Fr. Schlegel: Lucinde; Fr. Schleiermacher: Reden über die Religion an die Gebildeten unter ihren Verächtern; W. H. Wackenroder: Phantasien über die Kunst für Freunde der Kunst	Sturz des Direktoriums; Napoleon Bonaparte wird Erster Konsul; Verbot der Gewerkschaften in England; erste Dampfmaschine in Berlin
1800	J. G. Fichte: Der geschlossene Handelsstaat; Novalis: Hymnen an die Nacht; Jean Paul: Titan (4 Bände bis 1803); Fr. Schiller: Das Lied von der Glocke; Fr. Schiller: Maria Stuart; F. W. J. Schelling: System des transzendentalen Idealismus; L. Tieck: Leben und Tod der heiligen Genoveva	Vereinigtes Königreich Großbritannien und Irland gegründet; Entdeckung des galvanischen Elements durch Alessandro Volta
1801	C. Brentano: Godwi oder das steinerne Bild der Mutter (2 Bände bis 1802); G. W. F. Hegel/F. W. J. Schelling: Kritisches Journal der Philosophie (2 Bände bis 1803);	Friede von Lunéville; J. Haydn: Die Jahreszeiten; O. Evans konstruiert die erste Hochdruckdampfmaschine

Jahr	Daten zur Literatur	Allgemeine kulturgeschichtliche und politische Daten
1801	S. Mereau: Kalathiskos (2 Bände bis 1802); D. Schlegel: Florentin; Fr. Schiller: Die Jungfrau von Orleans	
1802	Novalis: Heinrich von Ofterdingen; Novalis: Geistliche Lieder und Schriften [postum]	Entzifferung der babylonischen Keilschrift durch G. F. Grotefend; L. van Beethoven: Heiligenstädter Testament; A. v. Humboldt besteigt den Chimborasso in Ecuador
1803	C. Brentano: Die lustigen Musikanten; J. W. v. Goethe: Leben des Benvenuto Cellini; J. P. Hebel: Alemannische Gedichte; H. v. Kleist: Die Familie Schroffenstein; A. F. F. Kotzebue: Die deutschen Kleinstädter; S. Mereau: Amanda und Eduard; F. W. J. Schelling: Vorlesung über die Methode des akademischen Studiums; Fr. Schiller: Die Braut von Messina; J. G. Seume: Spaziergang nach Syrakus im Jahre 1802; F. L. Z. Werner: Die Söhne des Thales (2 Bände bis 1804)	Tod Herders; Tod Klopstocks
1804	K. v. Günderode: Gedichte und Phantasien; Jean Paul: Vorschule der Ästhetik, Flegeljahre (4 Bände bis 1805); E. A. F. Klingemann: Nachtwachen von Bonaventura; Fr. Schiller: Wilhelm Tell; Fr. Schleiermacher: Platons Werke (Übersetzung; 6 Bände bis 1809)	Bonaparte wird als Napoleon I. zum erblichen Kaiser der Franzosen gekrönt und vom Papst gesalbt; französisches Zivilrecht im „Code civil" („Code Napoléon") geregelt; L. van Beethoven: 3. Symphonie Es-Dur; Fr. Sertürner entdeckt im Opium das Morphium
1805	J. W. v. Goethe: Winckelmann und sein Jahrhundert	Tod Schillers; J.-M. Jacquard erfindet Webmaschine für gemusterte Gewebe
1806	C. Brentano/A. v. Arnim: Des Knaben Wunderhorn; K. v. Günderode: Poetische Fragmente, Melete	Gründung des Rheinbundes; Erlöschen des Heiligen Römischen Reiches Deutscher Nation mit der Niederlegung der Kaiserkrone durch Franz II.; Freitod der Günderrode
1807	J. v. Görres: Die teutschen Volksbücher; G. W. F. Hegel: System der Wissenschaft. Die Phänomenologie des Geistes; J. F. Herbart: Allgemeine	Friede zu Tilsit; Königreich Westfalen unter Napoleons Bruder Jerôme; Beginn der preußischen Reformen; Verbot des Sklavenhandels in

Jahr	Daten zur Literatur	Allgemeine kulturgeschichtliche und politische Daten
1807	Pädagogik; Jean Paul: Levana; H. v. Kleist: Amphitryon	den britischen Kolonien; erstes Dampfschiff auf dem Hudson
1808	J. G. Fichte: Reden an die deutsche Nation; J. W. v. Goethe: Faust (1. Teil); H. v. Kleist: Der zerbrochene Krug, Penthesilea, Die Marquise von O…, Die Hermannsschlacht; Fr. Schlegel: Von der Sprache und Weisheit der Inder; G. H. v. Schubert: Ansichten von der Nachtseite der Naturwissenschaft	Brockhaus begründet sein Konversationslexikon; Goethe trifft Napoleon in Erfurt; USA verbieten Slaveneinfuhr
1809	J. W. v. Goethe: Pandora, Die Wahlverwandtschaften; Jean Paul: Dr. Katzenbergers Badereise; H. v. Kleist: Prinz Friedrich von Homburg; F. W. J. Schelling: Philosophische Untersuchungen über die menschliche Freiheit	C. D. Friedrich: Mönch am Meer; F. Goya: Die Erschießung spanischer Freiheitskämpfer; L. van Beethoven: 5. Klavierkonzert Es-Dur; K. F. Zelter gründet in Berlin die „Liedertafel"; C. F. Gauß: Theorie der Bewegung der Himmelskörper
1810	A. v. Arnim: Armut, Reichtum, Schuld und Buße der Gräfin Dolores; J. G. Fichte: Die Wissenschaftslehre in ihrem allgemeinen Umrisse; F. H. K. (de la Motte) Fouqué: Der Held des Nordens (3 Bände seit 1808); J. W. v. Goethe: Zur Farbenlehre; H. v. Kleist: Das Käthchen von Heilbronn, Erzählungen (2 Bände bis 1811); A. Müller: Elemente der Staatskunst; F. L. Z. Werner: Der vierundzwanzigste Februar (gedr. 1815)	Fortsetzung der preußischen Reformen unter K. A. v. Hardenberg; Gründung der Berliner Universität durch W. v. Humboldt; L. van Beethoven: Musik zu Goethes „Egmont"
1811	A. v. Arnim: Halle und Jerusalem; C. Brentano: Der Philister vor, in und nach der Geschichte; F. H. K. (de la Motte) Fouqué: Undine; J. P. Hebel: Schatzkästlein des rheinischen Hausfreundes	C. D. Friedrich: Morgen im Riesengebirge, Greifswalder Hafen; Fichte erster Rektor der Universität in Berlin; F. L. Jahn errichtet den ersten Turnplatz in Hasenheide (Berlin); F. Krupp gründet Gussstahlfabrik in Essen; Freitod Kleists
1812	A. v. Arnim: Isabella von Ägypten, Kaiser Karls des Fünften erste Jugendliebe; J. W. v. Goethe: Aus meinem Leben. Dichtung und Wahrheit (bis 1831); J. Grimm/ W. Grimm: Kinder- und Hausmär-	Napoleons Russlandfeldzug

Jahr	Daten zur Literatur	Allgemeine kulturgeschichtliche und politische Daten
1812	chen (3 Bände bis 1822); G. W. F. Hegel: Wissenschaft der Logik; L. Tieck: Phantasus (3 Bände bis 1816)	
1813	E. M. Arndt: An die Preußen; E. T. A. Hoffmann: Phantasiestücke in Callots Manier (4 Bände bis 1815); A. Schopenhauer: Über die vierfache Wurzel des Satzes vom zureichenden Grund	Beginn der Befreiungskriege gegen Napoleon; Aufruf des Königs von Preußen „An mein Volk!"; Völkerschlacht bei Leipzig; Auflösung des Rheinbundes
1814	E. M. Arndt: Entwurf einer teutschen Gesellschaft; A. v. Chamisso: Peter Schlemihls wundersame Geschichte; Th. Körner: Leier und Schwert; G. H. v. Schubert: Die Symbolik des Traumes	Wiener Kongress versucht, Europa neu zu ordnen; L. van Beethoven: Fidelio; Stephenson baut erste Lokomotive; Gasbeleuchtung in London (1815 in Paris, 1826 in Berlin)
1815	C. Brentano: Die Gründung Prags; J. v. Eichendorff: Ahnung und Gegenwart; J. W. v. Goethe: Sonette; E. T. A. Hoffmann: Die Elixiere des Teufels; L. Uhland: Gedichte	Schlacht bei Waterloo; Napoleons Verbannung nach St. Helena; F. Schubert vertont Gedichte von Goethe, darunter „Erlkönig" und „Heidenröslein"
1816		F. Bopp entdeckt die Verwandtschaft der indoeuropäischen Sprachen; K. v. Haller: Restauration der Staatswissenschaft
1817	C. Brentano: Die Geschichte vom braven Kasperl und dem schönen Annerl; A. v. Arnim: Die Kronenwächter; E. T. A. Hoffmann: Nachtstücke	Wartburgfest der deutschen Burschenschaften
1818	A. v. Arnim: Der tolle Invalide auf dem Fort Ratonneau; C. Brentano: Aus der Chronika eines fahrenden Schülers	Die „Allgemeine deutsche Burschenschaft" wird gegründet
1819	J. v. Eichendorff: Das Marmorbild; J. W. v. Goethe: West-östlicher Divan; E. T. A. Hoffmann: Die Serapionsbrüder (4 Bände bis 1821); A. Schopenhauer: Die Welt als Wille und Vorstellung	Ermordung Kotzebues; Beginn der sog. Demagogenverfolgung im Zusammenhang mit den „Karlsbader Beschlüssen"; 2. Salon Rahel Levin Varnhagens in Berlin (bis 1833)
1820	E. T. A. Hoffmann: Lebensansichten des Katers Murr (2 Teile bis 1822); W. Müller: Die schöne Müllerin	A. Ampère entdeckt Kraftwirkungen zwischen elektrischen Strömen

Jahr	Daten zur Literatur	Allgemeine kulturgeschichtliche und politische Daten
1821	J. W. v. Goethe: Wilhelm Meisters Wanderjahre oder die Entsagenden; G. W. F. Hegel: Grundlinien der Philosophie des Rechts	
1822	E. T. A. Hoffmann: Meister Floh	Tod Hoffmanns
1826	J. v. Eichendorff: Aus dem Leben eines Taugenichts; L. Tieck: Der Aufruhr in den Cevennen; Justinus Kerner: Gedichte	
1828	J. W. v. Goethe: Novelle	
1832	J. W. v. Goethe: Faust (2. Teil)	Tod Goethes

Literaturhinweise

a) Textsammlungen

- Deutsche Literatur zur Zeit der Klassik. Hrsg. v. Karl Otto Conrady. Stuttgart 1977.
- Epochen der deutschen Lyrik. Hrsg von Walther Killy. Neuaufl. München 2001 [Cassette mit 10 Bdn., darin: Bd. 6: Gedichte 1770–1800. Hrsg. v. Gerhart Pickerodt; Bd. 7: Gedichte 1800–1830. Hrsg. v. Jost Schillemeit].
- Erzählungen der Romantik mit Materialien. Auswahl der Texte und der Materialien v. Wilhelm Große. Stuttgart 1981.
- Frauenbriefe der Romantik. Hrsg. v. Katja Behrens. Mit zeitgenössischen Portraits. Frankfurt a. M. 1981.
- Kinder- und Jugendliteratur der Romantik. Eine Textsammlung. Hrsg. v. Hans-Heino Ewers. Stuttgart 1994.
- Klassik. Kunst- und Dichtungstheorien. Hrsg. v. Wilhelm Große. Stuttgart 1981.
- Die Französische Revolution in Deutschland. Zeitgenössische Texte deutscher Autoren. Hrsg. v. Friedrich Eberle u. Theo Stammen. Stuttgart 1989.
- Die politische Romantik in Deutschland. Eine Textsammlung. Hrsg. v. Klaus Peter. Stuttgart 1985.
- Das klassische Weimar. Texte und Zeugnisse. Hrsg. v. Heinz Pleticha. München 1983.

b) Begriffe und Epochen

Klassik

- Literarische Klassik. Hrsg. v. Hans-Joachim Simm. Frankfurt a. M. 1988.
- Verlorene Klassik? Ein Symposium. Hrsg. v. Wolfgang Wittkowski. Tübingen 1986.
- Über das Klassische. Hrsg. v. Rudolf Bockholdt. Frankfurt a. M. 1987.

Romantik

- Best, Otto F.: Die blaue Blume im englischen Garten: Romantik – ein Missverständnis? Frankfurt a. M. 1998.
- Hoffmeister, Gerhart: Deutsche und europäische Romantik. 2. A. Stuttgart 1990.
- Schulz, Gerhard: Romantik. Geschichte und Begriff. München 1996.

c) Gesamtdarstellungen der Epoche, Aufsatzsammlungen und Bibliographien

- Barner, Wilfried u. a. (Hrsg.): Unser Commercium. Goethes und Schillers Literaturpolitik. Stuttgart 1984.
- Behler, Ernst: German romantic literary theory. Cambridge 1993.
- Borchmeyer, Dieter: Die Weimarer Klassik. Porträt einer Epoche. Weinheim 1994.
- Bürger, Christa: Leben Schreiben. Die Klassik, die Romantik und der Ort der Frauen. Stuttgart 1990.

- Denneler, Iris: Die Kehrseite der Vernunft. Zur Widersetzlichkeit der Literatur in Spätaufklärung und Romantik. München 1996.
- Die literarische Frühromantik. Hrsg. v. Silvio Vietta. Göttingen 1983.
- Gallas, Helga und Anita Runge: Romane und Erzählungen deutscher Schriftstellerinnen um 1800. Eine Bibliographie mit Standortnachweisen. Unter Mitarbeit von Reinhild Hannemann u.a. Stuttgart u.a. 1993.
- Gedichte und Interpretationen. Bd. 3: Klassik und Romantik. Hrsg. v. Wulf Segebrecht. Stuttgart 1984.
- Hörisch, Jochen: Die andere Goethezeit: poetische Mobilmachung des Subjekts um 1800. München 1992.
- Hoock-Demarle, Marie-Claire: Die Frauen der Goethezeit. Aus dem Französischen von Renate Hörisch-Helligrath. München 1990.
- Kammler, Eva: Zwischen Professionalismus und Dilettantismus. Romane und ihre Autorinnen um 1800. Opladen 1992.
- Kastinger Riley, Helene M.: Die weibliche Muse. Sechs Essays über künstlerisch schaffende Frauen der Goethezeit. (Camden House) Columbia (South Carolina) 1986.
- Kremer, Detlef: Prosa der Romantik. Stuttgart 1997.
- Lange, Victor: Das klassische Zeitalter der deutschen Literatur. 1740–1815. München 1983.
- Lubkoll, Christine: Mythos Musik. Poetische Entwürfe des Musikalischen in der Literatur um 1800. Freiburg 1995.
- Pfotenhauer, Helmut: Um 1800: Lernfigurationen der Literatur, Kunstliteratur und Ästhetik. Tübingen 1991.
- Reed, Terence James: Die klassische Mitte. Goethe und Weimar. 1775–1832. Stuttgart 1982.
- Romane und Erzählungen der deutschen Romantik. Neue Interpretationen. Hrsg. v. Paul Michael Lützeler. Stuttgart 1981.
- Die deutsche Romantik. Poetik, Formen und Motive. Hrsg. v. Hans Steffen. 4. A. Göttingen 1989.
- Romantik in Deutschland. Ein interdisziplinäres Symposion. Hrsg. v. Richard Brinkmann. Stuttgart 1978.
- Romantik-Handbuch. Hrsg. v. Helmut Schanze. Stuttgart 1994.
- Die deutschen Romantiker: 125 Lebensläufe. Ein Personenlexikon von Klaus Günzel. Zürich 1995.
- Runge, Anita: Literarische Praxis von Frauen um 1800. Briefroman, Autobiographie, Märchen. Hildesheim, Zürich, New York 1997.
- Stephan, Inge: Literarischer Jakobinismus in Deutschland (1789–1806) Stuttgart 1976.
- Weimar–Jena. Epochenzentren um 1800. Von Thomas Kopfermann und Dietrich Steinbach. Stuttgart u.a. 1992.
- Ziolkowski, Theodore: Das Amt der Poeten. Die deutsche Romantik und ihre Institutionen. Stuttgart 1992 [auch: München 1994].

d) Zur Sozial- und Kulturgeschichte

- Botzenhart, Manfred: Reform, Restauration, Krise. Deutschland 1789–1847. Frankfurt a. M. 1985.
- Bovenschen, Silvia: Die imaginierte Weiblichkeit. Exemplarische Untersuchungen zu kulturgeschichtlichen und literarischen Präsentationsformen des Weiblichen. 7. A. Frankfurt a. M. 1993.
- Deutschland unter Napoleon in Augenzeugenberichten. Hrsg. u. eingeleitet v. Eckart Kleßmann. München 1976.
- Fetting, Friederike: „Ich fand in mir eine Welt". Eine sozial- und literaturgeschichtliche Untersuchung zur deutschen Romanschriftstellerin um 1800. Charlotte von Kalb, Caroline von Wolzogen, Sophie Mereau-Brentano, Johanna Schopenhauer. München 1992.
- Frauen. Portraits aus zwei Jahrhunderten. Hrsg. von Hans-Jürgen Schultz. Stuttgart 1981.
- Frauenfreundschaft – Männerfreundschaft. Literarische Diskurse im 18. Jahrhundert. Hrsg. v. Wolfram Mauser u. Barbara Becker-Cantarino. Tübingen 1991.
- Frevert, Ute (Hrsg.): Bürgerinnen und Bürger. Geschlechterverhältnisse im 19. Jahrhundert. Zwölf Beiträge mit einem Vorwort v. Jürgen Kocka. Göttingen 1988.
- Gaus, Detlef: Geselligkeit und Gesellige. Bildung, Bürgertum und bildungsbürgerliche Literatur um 1800. Stuttgart 1998.
- Killy, Walther: Von Berlin bis Wandsbeck: Zwölf Kapitel deutscher Bürgerkultur um 1800. München 1998.
- Klassik und Moderne. Die Weimarer Klassik als historisches Ereignis und Herausforderung im kulturgeschichtlichen Prozess. Hrsg. v. Karl Richter u. Jörg Schönert. Stuttgart 1983.
- Köhler, Astrid: Salonkultur im klassischen Weimar. Stuttgart 1996.
- Koselleck, Reinhart: Preußen zwischen Reform und Revolution. Allgemeines Landrecht, Verwaltung und soziale Bewegung von 1791 bis 1848. 3. A. Stuttgart 1981.
- Kuhn, Axel: Die Französische Revolution. Stuttgart 1999.
- Müller-Seidel, Walter: Die Geschichtlichkeit der deutschen Klassik. Literatur- und Denkformen um 1800. Stuttgart 1983.
- Prokop, Ulrike: Weiblicher Lebenszusammenhang. Von der Beschränktheit der Strategien und der Unangemessenheit der Wünsche. 5. A. Frankfurt a. M. 1988.
- Salons der Romantik. Beiträge eines Wiepersdorfer Kolloquiums zu Theorie und Geschichte des Salons. Hrsg v. Hartwig Schultz. Berlin u. New York 1997.
- Schwarz, Gisela: Literarisches Leben und Sozialstrukturen um 1800. Zur Situation von Schriftstellerinnen am Beispiel von Sophie Brentano-Mereau geb. Schubart. Frankfurt u. a. 1991.
- Wilhelmy-Dollinger, Petra: Die Berliner Salons. Mit kulturhistorischen Spaziergängen. Berlin u. New York 2000.
- Ziolkowski, Theodore: Das Wunderjahr in Jena: Geist und Gesellschaft 1794/95. Stuttgart 1998.

Register der Autoren und Werke

(Die in der Datentafel S. 160–166 genannten Namen sind hier nicht erfasst.)